COURS ABRÉGÉ

D'HIPPOLOGIE

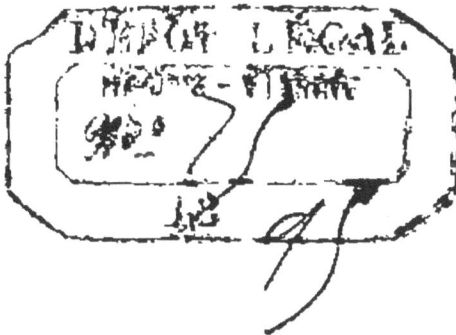

COURS ABRÉGÉ
D'HIPPOLOGIE

A L'USAGE DES SOUS-OFFICIERS

DES BRIGADIERS ET ÉLÈVES BRIGADIERS

RS CORPS DE TROUPE A CHEVAL

RÉDIGÉ PAR LES SOINS DE LA COMMISSION D'HYGIÈNE HIPPIQUE

Approuvé par le Ministre de la Guerre le 2 avril 1875

5ᵉ ÉDITION

PARIS | | **LIMOGES**

11, Place St-André-des-Arts. | | 46, Nouvelle Route d'Aixe, 46

HENRI CHARLES-LAVAUZELLE

Éditeur du *Bulletin officiel* du Ministère de la guerre.

1895

COURS ABRÉGÉ

D'HIPPOLOGIE

PREMIÈRE PARTIE.

—

Considérations générales
sur l'organisation et la physiologie
du cheval.

—

L'objet qu'on s'est proposé, par la rédaction de ce petit cours d'hippologie, a été de donner aux cavaliers les notions les plus essentielles sur l'animal qui a bien le droit d'être considéré comme leur compagnon, puisque, dans leur service, ils ne font qu'un ensemble et qu'ils réalisent, par leur association, cet être chimérique : le centaure, moitié homme, moitié cheval, par lequel l'antiquité avait figuré l'idéal du cavalier parfait.

Ces notions, qui vont être exposées aussi simplement que possible, auront sans doute pour résultat, lorsqu'elles seront bien comprises, de donner au cavalier une idée plus élevée de son compagnon de travail, de le lui faire aimer davantage et de le déterminer à l'entourer, avec plus de dévouement, de tous les soins qui sont nécessaires à sa conservation et à son utilisation plus complète et plus durable.

CHAPITRE PREMIER.

Locomotion.

Tout ce que nous allons dire s'applique également au mulet et à l'âne.

Le cheval, considéré au point de vue des services principaux qu'il nous rend, peut être comparé à la machine qui met en mouvement les wagons de chemin de fer.

C'est sa force que nous utilisons; et nous l'appliquons, soit pour mettre des voitures en mouvement, soit pour le transport de poids vivants ou morts : cavaliers ou bagages.

§ 1. — SQUELETTE (fig. 1). La machine du cheval a pour charpente intérieure ce qu'on appelle le *squelette*, c'est-à-dire l'assemblage des

os, parties du corps qui, par leur dureté et leur
consistance comme pierreuses, sont bien adap-
tées aux usages qu'elles ont à remplir, soit pour
protéger les parties intérieures. soit pour supporter la machine, soit pour contribuer à ses
mouvements.

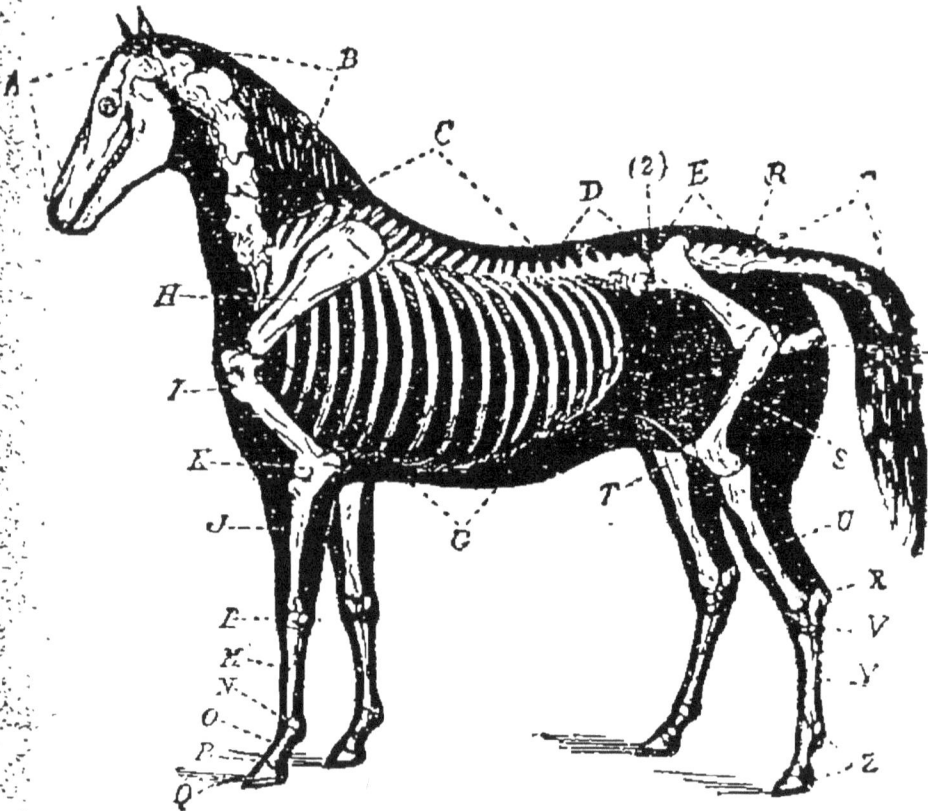

Fig. 1. — Le squelette.

A Os de la tête.
B. Os du cou ou vertèbres cer-
vicales, au nombre de sept.
C. Os du dos ou vertèbres
dorsales, au nombre de dix-
huit.
D. Os du rein ou vertèbres
lombaires, au nombre de
s x.

E. Os de la croupe ou sacrum.
F. Os de la queue ou coccygiens.
G. Côtes, au nombre de dix-
huit.
H. Os de l'épaule ou scapulum.
1. Os du bras ou humérus.

J. Os de l'avant-bras ou radius.

K. Os du coude ou olécrane.

L. Os du genou ou os du carpe.

M. Os du canon antérieur ou métacarpe.

N. Grands sésamoïdes.

O. Os du paturon ou première phalange.

P. Os de la couronne ou deuxième phalange.

Q. Os du pied ou troisième phalange.

R. Os de la croupe ou coxal.
(1) Portion de l'illium formant la pointe de la hanche.
(2) Ischium formant la pointe de la fesse.

S. Os de la cuisse ou fémur.

T. Os du grasset ou rotule.

U. Os de la jambe ou tibia.

V. Os du jarret ou métatarsiens.

X. Os appelé calcanéum et formant la pointe du jarret.

Y. Os du canon postérieur ou métatarsien.

Z. Os du paturon, de la couronne et du pied, portant les mêmes noms que dans les membres antérieurs.

Le squelette, ou charpente osseuse, a pour partie centrale, sur laquelle toutes les autres prennent leur appui, d'une manière directe ou indirecte, ce qu'on appelle la *colonne vertébrale*, qui est verticale dans l'homme et horizontale dans les animaux auxquels on donne le nom de *quadrupèdes*, parce qu'ils se tiennent sur quatre pieds, tandis que l'homme, qui ne se tient que sur deux, est bipède.

La colonne vertébrale, qui supporte la tête (A) en avant et se termine par les os de la queue (F), est formée d'une succession d'os courts : les vertèbres, auxquelles font suite, en arrière, l'os du sacrum, formé lui-même de la soudure entre elles d'une série de cinq vertèbres.

Les vertèbres, au nombre de 31 chez le cheval, 7 pour l'encolure (B), 18 pour le dos (C) et 6 pour les reins (D), sont juxtaposées les unes aux autres et forment, par leur ensemble et avec le sacrum (ⵉ), grâce à un grand trou dont chacune d'elles est percée, un long étui, qui s'étend de la tête à l'origine de la queue, et dans lequel est logée la *moelle épinière*, partie très importante, dont les usages seront indiqués plus loin.

Les vertèbres sont associées entre elles d'une manière très intime par plusieurs points de contact et par un système particulier d'engainement, chacune présentant en avant une partie en relief qui est reçue dans un creux de celle qui la précède, et, en arrière, un creux qui reçoit les parties saillantes de celle qui la suit ; d'où une des conditions de l'extrême solidité de la colonne vertébrale et de la résistance qu'elle oppose aux fardeaux dont on la charge.

L'union des vertèbres entre elles résulte d'un ensemble de liens particuliers appelés *ligaments*, qui vont de l'une à l'autre ou sont communs à toutes, dans toute l'étendue de la colonne. Ces liens sont formés d'une substance qui est douée d'une très grande force de résistance aux tractions, mais qui possède une souplesse suffisante pour que les vertèbres puissent jouer les unes sur les autres, dans une certaine limite, beaucoup plus étendue à la région de l'encolure qu'à celles du dos et des reins.

A l'encolure, la colonne vertébrale, n'ayant que le poids de la tête à supporter, jouit d'une très grande mobilité qui permet des mouvements dans tous les sens : en haut, en bas et de chaque côté; mouvements si étendus que l'animal peut porter sa tête vers les dernières parties de son corps.

Mais dans la région du dos et des reins, la

1.

colonne vertébrale, faisant l'office d'une voûte destinée à supporter la masse du corps, et ayant en outre à transmettre aux parties antérieures les mouvements communiqués par les membres postérieurs, et inversement, quand la marche s'effectue en arrière, la colonne vertébrale, disons-nous, devait être plus rigide dans ces régions que dans celle de l'encolure. Aussi les vertèbres du dos et des reins sont-elles plus étroitement associées entre elles, de manière que leurs mouvements, les unes sur les autres, sont bien plus limités. En outre, par leur disposition d'ensemble, elles forment une espèce de voûte à grande courbure, qui est une condition de la résistance de la colonne à l'action des poids qu'elle est destinée à supporter normalement, et à la pression des fardeaux dont on la charge quand l'animal est utilisé, soit pour le service de la selle, soit pour celui de la somme.

La colonne vertébrale est donc tout à la fois et rigide et flexible, en sorte qu'elle possède en même temps et la force qui lui permet de résister aux efforts qu'elle doit supporter, et la souplesse, grâce à laquelle elle se prête, dans une certaine mesure, à ces efforts et en amortit les effets.

Dans la partie antérieure du dos, les vertèbres présentent de hauts prolongements qui forment relief sous la peau et constituent ce qu'on appelle le garrot; — à partir du garrot jusqu'à la croupe, toutes les vertèbres sont au même niveau, et les reliefs qu'elles présentent à leur partie supérieure, dans le squelette, sont effacés par les muscles qui leur sont juxtaposés de chaque côté et prennent sur elles leur point d'appui.

De chaque côté de la colonne vertébrale, à la région du dos, partent de grands arcs osseux, dont la courbure s'accuse de plus en plus des parties antérieures vers les postérieures. Ces arcs osseux, ou les côtes (G), au nombre de dix-huit dans le cheval, forment une espèce de cage par leur ensemble, et avec le concours des vertèbres en même nombre qui leur servent de supports, et d'un os médian inférieur, sur lequel ils s'appuient. Cette cage est celle de la poitrine, dans laquelle se trouvent logés le cœur et les poumons. Les arcs costaux servent de contre-forts, pour ainsi dire, à la colonne vertébrale, et augmentent les conditions de sa solidité. En même temps leur voussure les rend aptes à résister aux pressions qu'ils ont à supporter, lorsque le dos est chargé.

Les côtes (G) sont associées aux vertèbres du dos par des ligaments souples qui permettent leur mobilité et rendent possibles les mouvements de la respiration. Leur jonction à l'os du sternum se fait par un mécanisme spécial, plus solide pour les premières côtes, et plus flexible pour les dernières, qui laisse également à ces os la mobilité que nécessite le rôle qu'ils ont à remplir dans la fonction de la respiration.

A la partie postérieure de la colonne vertébrale se trouve disposée une autre cage osseuse, placée au-dessous de l'os du sacrum, et dans la cavité de laquelle sont contenues la vessie, les dernières parties de l'intestin, et, chez les femelles, une partie de la matrice. Cette cavité, qui a reçu le nom de bassin, est formée, non pas par des os mobiles comme celle de la poitrine, mais par un assemblage d'os volumineux, très solidement soudés ensemble, au moins quand l'animal est achevé, et c'est par leur intermédiaire que la partie postérieure du tronc s'appuie sur la colonne des membres de derrière, dont les os du bassin forment le premier rayon. Entre la cavité de la poitrine en avant et celle du bassin en arrière, existe la grande cavité du ventre. Mais à la formation de celle-ci le squelette ne concourt que par la colonne vertébrale en haut et les dernières côtes en avant ; de chaque côté et en dessous, les parois de cette grande cavité ne sont constituées que par des parties molles, disposées en couches superposées de muscles et de grandes toiles, formées de substances résistantes ou élastiques. Grâce à la composition de ses parois, la cavité du ventre est susceptible de s'agrandir dans une très grande limite et de se prêter ainsi à l'augmentation de volume des parties qu'elle renferme. Ces parties, dont le volume est susceptible de varier, sont l'estomac et les intestins, et, chez les femelles, la matrice. Il fallait que les parois du ventre pussent céder à l'effort excentrique des unes et des autres en état de réplétion.

La flexibilité et l'extensibilité de leurs parties constituantes répondent à cette nécessité.

Le corps de l'animal est supporté par quatre membres qui ont pour charpente intérieure une succession d'os disposés les uns au-dessus des autres, mais non pas superposés en direction verticale comme les pierres dans une colonne qui supporte un bâtiment. Au lieu de cette superposition suivant la ligne d'aplomb, les os des membres affectent généralement, les uns par rapport aux autres, une direction oblique. Ainsi, si nous les considérons dans chacune des régions auxquelles ils servent de base, nous voyons l'os de l'épaule (H) qui forme un angle avec celui du bras, placé immédiatement au-dessous ; l'os du bras (I) qui forme à son tour un angle avec celui de l'avant-bras (J), auquel il est superposé. Cette disposition n'existe plus pour l'os de l'avant-bras par rapport à celui du canon, qui lui fait suite ; ces deux os sont placés, l'un par rapport à l'autre, en direction verticale, séparés à l'endroit du genou (L) par deux couches d'osselets superposés. Mais au-dessous du canon (M), la disposition angulaire se rétablit ; l'os du paturon (O) est oblique par rapport à celui du canon, et les os de la couronne (P) et du pied (Q), qui lui sont continus, affectent, par rapport à la ligne verticale du canon, la même direction que l'os du paturon.

Dans les membres postérieurs, la disposition angulaire des rayons osseux, les uns relativement aux autres, est encore plus accusée que dans les membres antérieurs. L'os de la cuisse (S), le premier qui se détache du tronc, est oblique sur celui de la hanche (R-I) ; l'os de la jambe (U) est oblique à son tour et en sens inverse sur celui de la cuisse. L'os du canon (Y) forme un angle ouvert avec celui de la jambe, et enfin l'os du paturon forme un angle, à son tour, avec le rayon vertical du canon.

Cette disposition angulaire, les uns par rapport aux autres, des os qui, par leur superposition, constituent les colonnes des membres, n'est pas une condition aussi favorable à la solidité que la superposition verticale ; mais il ne fallait pas seulement que les colonnes des membres eussent la rigidité nécessaire pour supporter le poids du corps, il fallait aussi qu'elles fussent assez flexibles pour que les réactions du sol contre le corps en mouvement fussent amorties par le jeu des ressorts que représentent les angles formés par les os à leur point de jonction. Nous savons, par notre expérience personnelle, que lorsque nous faisons un saut, nous devons retomber sur la pointe de nos pieds, pour que la secousse imprimée à notre corps ne donne pas lieu à des ébranlements douloureux. Si ce sont nos talons qui portent les premiers, cette secousse est, au contraire, des plus pénibles et peut être suivie d'accidents, de déchirures intérieures, ou même de fractures des os, pour peu que le saut accompli ait d'élévation. C'est que, dans le premier cas, les angles que forment le pied avec la jambe, la jambe avec la cuisse et la cuisse avec la bassin, ont amorti la chute ; tandis que, dans le second, la réaction du sol est transmise intégralement au tronc par la ligne verticale des os de la jambe et de la cuisse superposés. Cet exemple donne la démonstration de l'utilité des angles formés par les rayons des membres, pour que les réactions du sol dans les différentes allures ne soient transmises au corps qu'après avoir été affaiblies par le jeu des angles des jointures. On sait que, malgré cela, ces réactions sont encore énergiques pour le cavalier Elles ne seraient pas supportables si les colonnes des membres étaient constituées par des pièces rigides, superposées en ligne ver-

ticale, comme les assises des colonnes d'archi-
tecture.

Les membres antérieurs et les membres postérieurs ne sont pas unis au tronc de la même
manière.

Dans les membres de derrière, l'os de la
cuisse est en rapport direct avec celui de la
hanche ; sa tête est reçue dans une cavité que
présente ce dernier. Cette disposition était
nécessaire pour que l'impulsion communiquée
par le membre postérieur fût transmise intégralement au bassin, et, par son intermédiaire, à
la colonne vertébrale, qui est elle-même le
moyen de transmission de ce mouvement à
l'avant-main. Mais si, grâce aux rapports directs
de contact du squelette du bassin avec celui du
membre de derrière, l'impulsion est transmise
intégralement au tronc, d'un autre côté les réactions du sol contre lui lui sont aussi communi-
quées avec beaucoup plus d'énergie. L'expérience
démontre, en effet, que les réactions de l'arrière-
train sont beaucoup plus fortes que celles de
l'avant-main. C'est que l'union des membres de
devant avec le tronc est établie par l'intermédiaire des parties molles. La cage de la poitrine
est suspendue entre les deux os des épaules
par une espèce de soupente formée par des
muscles doublés d'une forte toile ligamenteuse ;
et grâce à cette disposition, complémentaire de
celle qui résulte de l'angularité des rayons, la
condition se trouve réalisée pour que les réactions des allures soient bien plus faibles pour
l'avant-main que pour l'arrière-train.

Aux points de leurs *jointures* qu'on appelle
encore les *articulations*, les os des membres sont

unis par un appareil de ligaments, tout à la fois très résistants et flexibles, qui permet les mouvements de l'un sur l'autre, soit dans toutes les directions comme aux jointures supérieures des membres, soit seulement dans deux sens opposés, à la manière des charnières, comme au genou, au jarret, au boulet, par exemple.

§ 2. MUSCLES (fig. 2). Autour de la charpente du squelette sont groupés les masses des muscles qui donnent au corps de l'animal sa forme et ses contours, en remplissant les vides du squelette et en effaçant les reliefs trop anguleux. Les muscles, qui constituent ce qu'on appelle les *chairs* ou les *viandes* en langage de boucherie, sont les organes qui produisent les mouvements, et ils les produisent par la propriété qui leur appartient essentiellement de se raccourcir, ou, pour parler le langage technique, de se *contracter.*

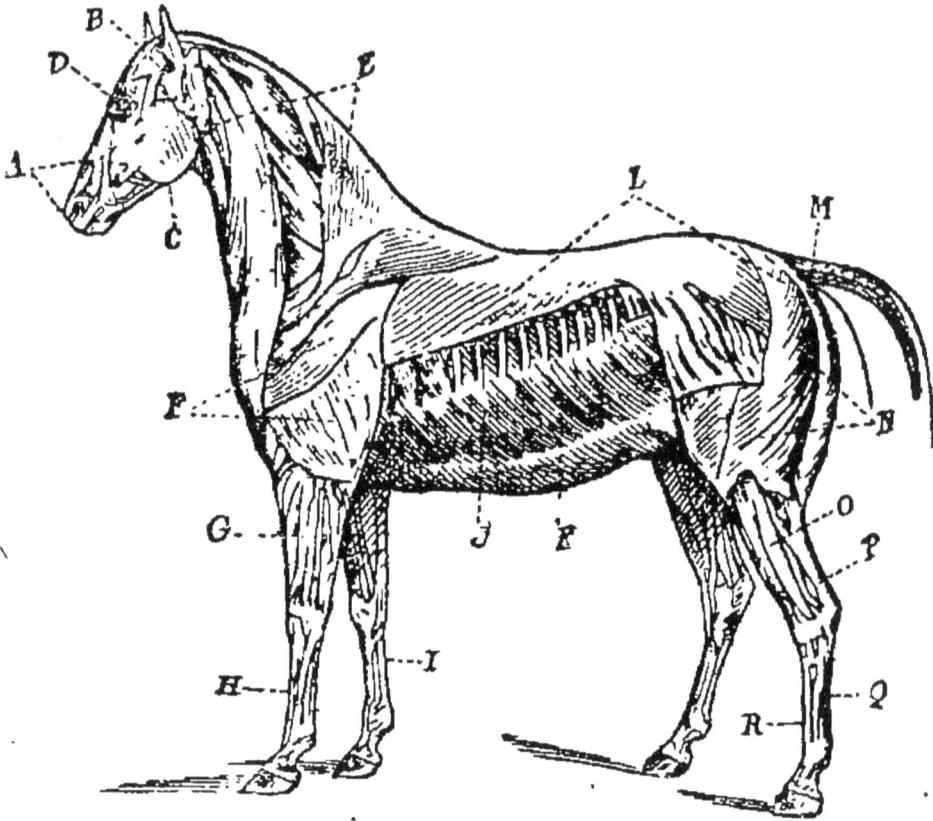

A. Muscles du nez et des lèvres.
B. Muscles de l'oreille.
C. Masséter (muscle rapprochant les mâchoires.)
D. Muscle des paupières
E. Muscles de l'encolure.
F. Muscles de l'épaule et du bras.
G. Muscles de l'avant-bras.
H Tendons des muscles extenseurs du pied.
I. Tendons des muscles fléchisseurs du pied.

J. Muscles intercostaux.
K. Muscles de l'abdomen.
L. Muscles du dos, des reins et de la croupe.
M. Muscles de la queue.
N. Muscles de la cuisse et des fesses.
O. Muscles de la jambe.
P. Cordon tendineux du jarret.
Q. Tendons des membres fléchisseurs du pied.
R. Tendons des membres extenseurs du pied.

Quand un muscle se contracte, c'est-à-dire revient sur lui-même dans le sens de sa longueur, ses deux extrémités se rapprochent l'une de l'autre proportionnellement ; et s'il est attaché par chacune de ces extrémités à deux os mobiles l'un sur l'autre, comme par exemple l'os de l'avant-bras et l'os du bras, le muscle, en se raccourcissant, aura pour effet, suivant sa situation par rapport à eux, soit de les attirer l'un vers l'autre en fermant l'angle qu'ils forment ensemble, soit de les écarter en ouvrant cet angle. Les muscles qui rapprochent les os les uns des autres, en fermant la charnière de leurs jointures, sont appelés *fléchisseurs*, et l'on appelle *flexion* ce mouvement de fermeture ; les muscles qui écartent les os, c'est-à-dire qui tendent à ouvrir les charnières des jointures, sont appelés *extenseurs*, et l'on appelle *extension* le mouvement opposé à la *flexion*. Les muscles fléchisseurs et les muscles extenseurs sont opposés les uns aux autres par leur situation sur les os et par leurs fonctions. Quand les uns se contractent, les autres s'allongent dans le même moment, et réciproquement, ce qui fait dire qu'ils sont *antagonistes*. Ainsi, par exemple, quand les muscles placés en avant de la jambe, chez le cheval, se contractent et font fléchir le jarret, les muscles placés en arrière s'allongent pour se prêter à cette flexion. Quand vient leur tour de se contracter, et de redresser ou *étendre* le jarret que les premiers ont fermé, ceux-ci se relâchent et s'allongent à leur tour pour permettre cette extension.

Partout où des mouvements doivent être produits, dans le sens de la flexion et de l'extension, ou dans le sens du rapprochement et de l'écartement des membres du tronc où ils sont fixés, il y a des muscles groupés à l'opposé les uns des autres et qui s'alternent dans leurs contractions et dans leurs allongements, pour que ces mouvements puissent s'effectuer.

Les muscles s'attachent aux os d'une manière extrêmement intime, soit directement, soit par l'intermédiaire de cordages spéciaux, qu'on appelle des *tendons*, qui ont la propriété d'être inextensibles et de transmettre à des distances plus ou moins grandes les effets de la contraction des muscles dont ils sont la continuité. Ainsi, par exemple, chez le cheval, les muscles qui font mouvoir le pied sur le boulet sont situés, pour les membres antérieurs, autour de l'os de l'avant-bras, et pour les membres postérieurs, autour de l'os de la jambe, dans la région supérieure de l'un et de l'autre de ces rayons. Les mouvements produits par la contraction de ces muscles sont transmis aux pieds par de longs *tendons* qui descendent le long du canon et sont faciles à sentir sous la peau, surtout à la face postérieure de cette région, par le relief de la corde tendue qu'ils constituent, lorsque le membre est à l'appui.

Lorsque toute la machine du cheval est mise en mouvement à l'une ou à l'autre des allures qui lui sont propres, l'impulsion qui lui est communiquée résulte des contractions alternées des muscles opposés les uns aux autres, qui, tantôt fermant les angles articulaires, et tantôt les ouvrant, transforment les membres, considérés dans leur ensemble, en des ressorts actifs dont les détentes successives enlèvent le corps du sol au moment où l'appui s'y opère, et le lancent en avant avec plus ou moins d'énergie, suivant que l'allure est plus ou moins rapide.

Voilà un aperçu de la machine du cheval, considérée au point de vue du mecanisme de ce qu'on appelle la *locomotion*, c'est-à-dire de la faculté qu'elle possède de se mouvoir, d'opérer des mouvements de déplacement d'un lieu dans un autre.

CHAPITRE II.

Nutrition.

Si la faculté de locomotion est très développée dans le cheval, au double point de vue de l'intensité de la force et de la rapidité des mouvements, la machine animale, comme celles que l'homme construit, n'est pas une source de force par elle-même : elle ne l'est qu'autant qu'elle reçoit les aliments nécessaires à son activité. L'aliment de la locomotive des chemins de fer est le charbon, c'est lui qui fournit la chaleur nécessaire pour produire le mouvement. L'aliment de l'activité de la machine du cheval, c'est sa nourriture journalière : c'est le foin, l'avoine, la paille, le son ; mais c'est l'avoine surtout, l'aliment par excellence du cheval de travail. Mais, tandis que le charbon fourni à la locomotive est immédiatement brûlé dans son foyer, l'aliment du cheval doit être dissous, liquéfié, afin qu'il puisse passer dans son sang et être incorporé à sa propre substance. Là est la grande différence entre les machines vivantes et celles que l'homme a construites et auxquelles

il a pu donner les apparences et presque les réa-
lités le la vie.

Pour passer de l'état où ils sont, quand l'animal les met dans sa bouche, à l'état où ils doivent
être pour être incorporés au sang, les aliments
subissent une série de transformations dont l'ensemble constitue ce qu'on appelle la *digestion*.
(Fig. 3.)

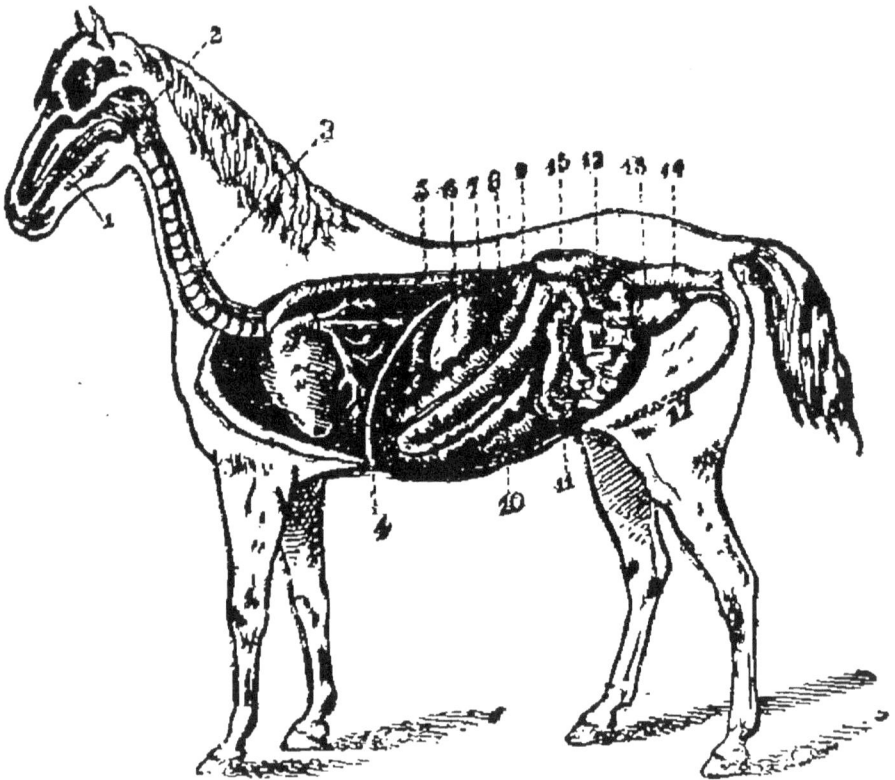

Figure 3. — Appareil digestif.

1. Bouche.	3. Œsophage.
2. Pharynx.	4. Diaphragme.

5. Rate.
6. Estomac (sac gauche).
7. Duodénum.
8. Foie (extrémité supérieure)
9. Gros côlon.
10. Cœcum.
11. Intestin grêle.

12. Côlon flottant.
13. Rectum.
14. Anus.
15. Rein gauche et son uretère.
16. Vessie.
17. Urèthre.

La digestion commence dans la bouche (1), se continue dans l'estomac et l'intestin, et se termine quand les résidus des matières alimentaires sont expulsés par l'anus sous la forme de ce qu'on appelle les crottins.

Dans la bouche, les aliments subissent une première préparation des plus essentielles pour que la digestion puisse s'accomplir au plus grand bénéfice de l'animal, c'est-à-dire de manière qu'il puisse tirer le plus grand parti possible des substances dont il se nourrit. Cette préparation est celle du broiement de ces substances. Dans tous les aliments du cheval, il y a des parties dures, qui ont la composition du bois et qui ne sont pas susceptibles de se dissoudre. La partie vraiment nutritive des aliments est intimement associée à celles-ci et ne peut en être extraite que par un broiement prolongé qui détruit la texture fibreuse du son, de la paille, du foin, rompt l'enveloppe de l'avoine ou des autres grains et met en liberté ce qui, dans la matière alimentaire, constitue l'aliment à proprement parler, le *nutriment*, comme on l'appelle, parce que c'est par excellence ce qui nourrit. Tel est l'office de la *mastication* ou action de mâcher : c'est de broyer les aliments de manière à détruire la texture de toutes leurs parties résistantes. Les dents, que les mâchoires mettent en mouvement, agissent comme des meules de

moulin : elles écrasent les aliments compris
entre elles quand les mâchoires se rapprochent,
et elles les triturent, dans le mouvement d'un
côté à l'autre que la mâchoire inférieure exécute sur la supérieure.

En même temps que les mouvements des
mâchoires s'effectuent, la salive est versée dans
la bouche en quantité très abondante, si abondante qu'un poids donné de foin absorbe, pour
être avalé, quatre fois son poids de salive.
Grâce au mélange de la salive avec les aliments, ils sont convertis pendant la mastication
en une sorte de pulpe demi-liquide, dont toutes
les parties sont bien mélangées, et c'est sous
cette forme qu'ils sont avalés au fur et à mesure
que leur mastication s'achève.

L'importance de cet acte préparatoire est
telle que lorsque les dents ne fonctionnent pas
avec régularité, pour cause, soit de vieillesse,
soit de maladie de l'une d'elles, comme dans le
cas de carie, ou bien encore lorsque l'animal,
trop vorace ou pressé par la faim, *boit* son avoine
au lieu de la mâcher convenablement, des accidents d'indigestion s'ensuivent, qui souvent
sont extrêmement graves. Aussi est-il important
qu'on laisse au cheval tout le temps nécessaire
pour bien broyer ses aliments, et ce temps est
assez long : chaque bouchée de foin exige, en
moyenne, de trente à quarante secondes pour
être suffisamment broyée et convertie en pulpe
propre à être avalée.

Lorsque les matières alimentaires ont subi,
dans la bouche, les préparations suffisantes,
elles sont ce qu'on appelle dégluties, c'est-à-
dire avalées par un mouvement particulier de

l'arrière-bouche (2) ; et, par le moyen d'un long tuyau (3) qui descend le long du cou, du côté gauche, et traverse la poitrine dans toute sa longueur, elles sont conduites dans l'estomac (6), qui est placé dans la cavité du ventre, au niveau des dernières cotes, derrière la cloison musculaire (4) qui sépare le ventre de la poitrine. Dans l'estomac, les aliments sont soumis à un mouvement de brassage que les contractions de cet organe leur impriment, et en même temps ils sont mélangés à un suc particulier qu'on appelle *suc gastrique,* ou *suc propre de l'estomac,* et qui a la propriété d'exercer une action dissolvante sur la partie des aliments sur laquelle la salive n'a pas de prise. Sous l'influence de ce suc, cette partie spéciale des aliments se dissout et se convertit en une pâte demi-liquide qu'on appelle le *chyme.* Quand l'action de l'estomac est achevée, en se resserrant graduellement, il se vide des matières qu'il contient et les envoie dans la partie de l'intestin qui lui fait suite immédiatement et qu'on appelle l'*intestin grêle* (11), à cause de son calibre étroit relativement à celui du *gros intestin* (9). Là de nouveaux liquides sont versés : la *bile,* entre autres, que produit le *foie* (8), et, grâce à leurs propriétés dissolvantes spéciales, les parties des aliments que la salive et le suc gastrique n'avaient pas suffisamment modifiées, comme les matières grasses, par exemple, sont mises dans les conditions voulues pour qu'elles puissent être pompées dans tout le long trajet de l'intestin grêle, qui ne mesure pas moins de vingt mètres de longueur.

La partie dissoute et liquéfiée des matières

alimentaires reçoit le nom de *chyle;* elle a les apparences du lait ; et quand on tue un cheval en pleine digestion, elle donne aux canaux qu'elle remplit et dont elle dessine les arborisations, une teinte blanche qui a fait désigner ces canaux particuliers sous le nom de *vaisseaux lactés.*

Après avoir franchi toute l'étendue de l'intestin grêle, tout ce qui reste des aliments va se rassembler dans les réservoirs du gros intestin (12), qui en exprime une grande partie de ce qu'ils peuvent contenir encore de nutritif; et enfin, après cette dernière élaboration, leurs résidus, modelés en boules d'un volume bien connu, sont expulsés par l'anus (14) et constituent la matière excrémentitielle que l'on connaît sous le nom de crottins.

Telle est la digestion dans ce qu'elle a de plus essentiel à connaître, au point de vue spécial où l'on doit se placer dans ce traité. Elle a pour but et pour résultat, quand elle s'accomplit régulièrement, la dissolution de ce qui, dans les matières alimentaires, peut être incorporé à la substance de l'animal et fournir à la réparation de ce qu'il dépense par ses mouvements et par l'accomplissement de ses autres fonctions.

CHAPITRE III.

Respiration.

Nous devons fixer maintenant l'attention sur ce qu'on appelle la *respiration* (fig. 4), fonction si essentielle qu'elle ne peut pas être suspendue au delà d'une minute, chez le cheval, sans que mort s'ensuive immédiatement.

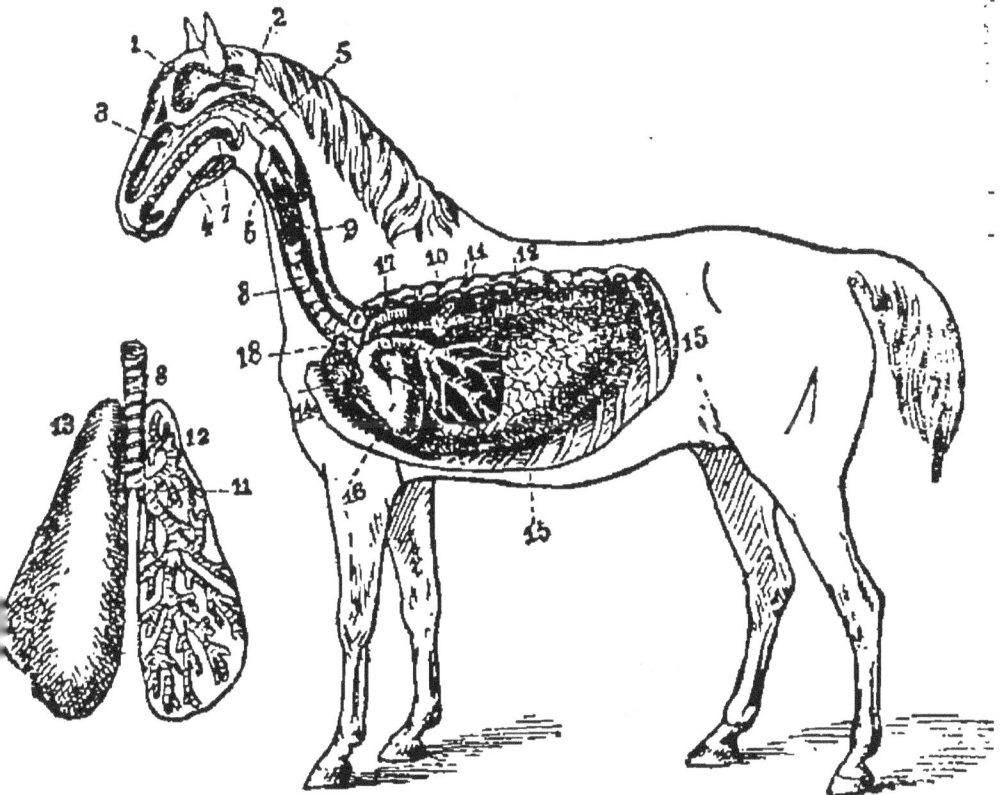

Fig. 4. — Appareil de la respiration.

1. Cavité crânienne.	3. Cavité nasale.
2. Poche gutturale.	4. Langue.

5. Cavité pharyngienne.
6. Cavité du larynx.
7. Épiglotte.
8. Trachée.
9. Œsophage.
10. Bronche gauche coupée.
11. Bronche droite se ramifiant.
12. Le poumon droit.

13. Poumon gauche vu en dessus.
14. Sternum.
15. Côtes ; — section des côtes gauches.
16. Cœur.
17. Aorte postérieure.
18. Aorte antérieure.

Elle commence avec la vie et finit avec elle, sans jamais être interrompue, du commencement à la fin.

La respiration est donc d'une nécessité absolue pour que la vie se maintienne ; elle en est la condition immédiate. Respirer et vivre sont tellement corrélatifs, qu'il est passé dans le langage d'exprimer la mort par la cessation de la respiration. Mourir, c'est rendre le dernier soupir.

Ces quelques mots suffisent pour faire comprendre l'importance supérieure de cette fonction.

Considérée dans les phénomènes qui la caractérisent extérieurement, elle consiste dans un va-et-vient de l'air extérieur qui entre dans la poitrine et qui en sort, sous l'influence des mouvements alternatifs d'aspiration et d'expulsion que les parois de la poitrine effectuent. Pour se faire une idée très nette de ces mouvements, on ne saurait mieux les comparer qu'à ceux d'un soufflet qu'on ouvre et qu'on ferme alternativement. Quand on l'ouvre, l'air y rentre ; quand on le ferme, la capacité intérieure du soufflet se rétrécit et l'air en est expulsé. Ainsi, pour la cage de la poitrine, à un moment donné, les côtes se soulèvent, la cloison musculaire qui sépare la poitrine du ventre se contracte et refoule les intestins en arrière. La poitrine est ainsi agrandie, comme celle du soufflet que l'on ouvre, et l'air s'y introduit ; immédiatement après. les côtes soulevées s'abaissent, les muscles qui entrent dans la composition des parois du ventre se resserrent et poussent les intestins contre la cloison du diaphragme, qui se trouve refoulée en avant ; la poitrine est ainsi diminuée de capacité, comme le soufflet que l'on ferme, et l'air en est expulsé. Voilà la respiration caractérisée par ses phénomènes extérieurs.

Mais quel est son but ? Pourquoi l'air entre-t-il à chaque instant dans la poitrine pour en sortir immédiatement après et y rentrer encore, et toujours ainsi tant que dure la vie ?

On se rend compte de ce qui se passe en comparant l'air qui sort de la poitrine avec celui qui y est entré. Il n'est plus le même ; il en est même si complètement différent, qu'après être entré et sorti un certain nombre de fois, au lieu d'être capable d'entretenir la vie, il devient une cause de mort Que l'on place sous une cloche un animal, oiseau, ou chien ou lapin, et si l'air qu'il respire ne peut pas se renouveler, il ne tarde pas à mourir, parce que cet air s'est altéré par le fait même de sa respiration. Voilà ce que l'expérience permet de constater : l'air se vicie par la respiration même et devient irrespirable.

Quelle modification a-t-il subie ? Il est facile de s'en rendre compte. L'analyse de l'air respiré a fait reconnaître qu'il était altéré d'une manière analogue à celle que détermine le charbon en brûlant, qui se transforme en un gaz irrespirable qu'on appelle *acide carbonique*. Ce gaz acide carbonique se trouve, en effet, dans l'air qui a été respiré.

D'où cette conséquence parfaitement légitime, que l'animal qui vit brûle une partie de sa substance, notamment le charbon qui en're dans sa composition, puisqu'il exhale par sa respiration du *charbon brûlé*.

Mais l'air sorti de la poitrine de l'animal n'est pas seulement différent de ce qu'il était à son entrée, par la proportion plus grande d'acide carbonique qu'il renferme ; il en diffère encore par la proportion moindre d'un de ses éléments que les anciens chimistes appelaient *l'air vital*, parce qu'ils avaient reconnu que c'était par lui essentiellement que la vie s'entretenait. Cet air vital des anciens chimistes est connu aujourd'hui sous le nom d'*oxygène*.

Ainsi donc, lorsque l'animal respire, il emprunte à l'air une certaine partie de l'air vital qu'il renferme, ou, autrement dit, de son oxygène, et il lui rend en échange de l'acide carbonique, c'est-à-dire une partie du charbon entrant dans la composition de sa propre substance, et qui a été brûlé par l'oxygène que les respirations antérieures ont introduit dans son sang.

La connaissance de ces faits permet de faire comprendre le but de la respiration. La machine animale fait sa chaleur en brûlant une partie de sa substance ; l'air qui entre à chaque respiration fournit au sang l'air vital ou l'oxygène qui est nécessaire pour que cette combustion puisse s'opérer ; et l'air qui en sort entraine, en sortant, le gaz qui résulte des combustions accomplies. Le tuyau (8-10) par lequel la respiration

s'effectue est donc tout à la fois le tuyau de tirage qui fournit à la machine animale l'air nécessaire à ses combustions intérieures, et le
tuyau de dégagement par lequel s'échappent les
gaz qui résultent de ces combustions.

L'organe où s'opèrent ces échanges incessants
entre l'air extérieur à l'animal et l'air contenu
et dispersé dans sa substance, est le poumon (13)
qui est composé d'une multitude infinie de canaux de deux ordres différents : les canaux
aériens ou bronches (10 et 11), qui distribuent
l'air dans son intérieur par leurs mille et un conduits, et les canaux sanguins, qui sont disposés au
contact immédiat des canaux aériens ; en sorte
qu'entre l'air et le sang la séparation n'est établie que par des membranes d'une extrême min-
ceur, à travers lesquelles les échanges dont nous
venons de parler se font sans aucune difficulté.

On comprend maintenant la nécessité absolue
de la respiration ; elle débarrasse le sang des
gaz irrespirables qu'il renferme, et elle lui donne
en échange du gaz respirable ; quand elle est
suspendue trop longtemps, les gaz irrespirables
du sang tuent l'animal par leur mélange persistant avec le sang, comme ils le tuent quand
ils se rencontrent en trop grande quantité dans
l'air extérieur qu'il respire.

Maintenant, si un animal meurt sous une
cloche où on le tient enfermé, parce qu'il altère
par sa respiration l'air confiné dans lequel il
respire, on doit comprendre, d'après ce fait,
l'importance d'aérer, par une ventilation bien
entendue, les locaux où les hommes et les animaux sont rassemblés en plus ou moins grand
nombre. Sans cette ventilation, l'air de ces lo-

caux pourrait être vicié à un degré suffisant pour que des accidents mortels s'ensuivissent. C'est ce qu'on a constaté plus d'une fois, notamment sur les bâtiments qui servent au transport de la cavalerie pour les expéditions lointaines. Mais il sera donné sur ce point de plus amples développements au chapitre de ce livre consacré à l'hygiène.

Avant de terminer ce qui a trait à la respiration, il ne sera peut-être pas sans intérêt de faire ressortir ici en quelques lignes une des plus merveilleuses harmonies de la nature. Le gaz que les animaux expirent et qui est impropre à l'entretien de leur vie est justement le gaz qui est nécessaire à l'entretien de la vie des plantes. Les plantes l'absorbent par leurs feuilles et leurs pousses vertes, le décomposent, retiennent pour leur usage le charbon qui entre dans sa composition et rejettent dans l'atmosphère l'oxygène, c'est-à-dire l'air vital des animaux. Les animaux et les végétaux se rendent donc le service réciproque de dégager respectivement de leur corps le gaz qu'ils ont à échanger pour l'entretien de leur propre vie ; les animaux fournissent aux végétaux le gaz acide carbonique qui est pour eux le gaz respirable, c'est-à-dire leur air vital, et, par la plus heureuse des réciprocités, les végétaux dégagent dans l'atmosphère l'oxygène, c'est-à-dire l'air vital des animaux.

CHAPITRE IV.

Circulation.

Essayons maintenant de donner un aperçu de ce que l'on appelle la *circulation du sang* (fig. 5).

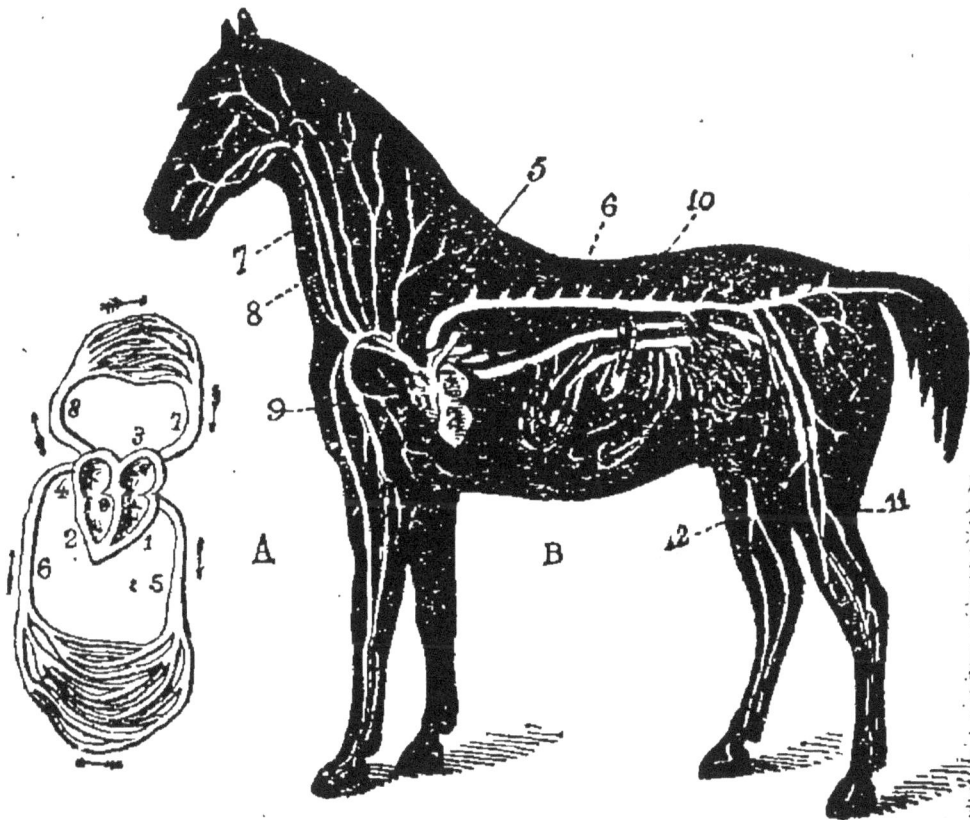

Fig. 5.

A. Schéma du cours du sang. — B. Appareil de la circulation.

Schéma du cours du sang.

1. Ventricule gauche du cœur.	3. Oreillette gauche.
2. Ventricule droit.	4. Oreillette droite.

5. Artère aorte portant le sang artériel dans toutes les parties du corps.

6. Veine cave ramenant le sang veineux dans l'oreillette droite.

7. Veine pulmonaire ramenant le sang artériel dans l'oreillette gauche.

8. Artère pulmonaire portant le sang veineux aux poumons.

Appareil de la circulation.

1. Cœur (ventricule droit).
2. Cœur (ventricule gauche).
3. Oreillette gauche.
4. Oreillette droite.
5. Aorte antérieure.
6. Aorte postérieure.
7. Artère carotide.

8. Veine jugulaire.
9. Artères et veines du membre antérieur.
10. Veine cave postérieure.
11. Artères et veines du membre postérieur.
12. Veine saphène.

Tout le corps de l'animal est canalisé intérieurement par deux systèmes de tuyaux qui affectent une disposition identique. Ils sont formés l'un et l'autre d'un tronc qui se divise en branches, lesquelles se divisent elles-mêmes en branches secondaires, celles-ci en branches tertiaires, et successivement ainsi en diminuant graduellement de calibre ; en sorte que la disposition d'ensemble de ces tuyaux, divisés presque à l'infini, est la disposition des branches d'un arbre sur le tronc qui les supporte. Ces deux systèmes de tuyaux sont communiquants ensemble par leurs troncs, qui s'abouchent dans un organe central qu'on appelle le cœur (1-2). et les branches de l'un font continuité aux branches de l'autre, de telle sorte que cet ensemble de canaux forme un tout fermé. C'est dans ce double système de tuyaux communiquants que le sang est contenu et qu'il est mis en mouvement continuel depuis le commencement de la vie jusqu'à la fin.

Partant du cœur, il se distribue dans tout le

corps, en parcourant les divisions infinies du premier système de tuyaux (artères) qui servent à son transport dans la direction du centre vers les extrémités ; puis il s'engage dans les tuyaux du second système (veines), et il est ramené des extrémités au centre, et toujours ainsi ; de telle manière que le courant du sang s'effectue dans un cercle, d'où le nom de *circulation* qui lui est donné.

Le cœur (1-2), d'où le sang part et où il revient sans cesse, est l'agent du mouvement incessant qui est communiqué à ce liquide : on ne saurait mieux comparer son mécanisme qu'à celui d'une pompe qui se remplit et qui se vide alternativement, suivant que le piston se lève ou s'abaisse, avec cette différence que le jeu du piston est remplacé dans le cœur par la faculté qu'il a de se relâcher et de se resserrer alternativement. Creusé de cavités intérieures (1-2-3-4), il se remplit au moment où il se dilate par son relâchement et il se vide quand il se resserre ou se contracte ; et, grâce à ces mouvements alternatifs de dilatation et de resserrement, le sang, qui est incessament ramené vers le cœur par l'un des systèmes de tuyaux qui y aboutissent, en est incessamment renvoyé par l'autre. Les canaux de ces deux systèmes ont des noms différents : ceux qui portent le sang du cœur vers les extrémités sont les *artères*, et ceux qui ramènent le sang des extrémités vers le cœur sont les *veines*. Le sang va donc sans cesse du cœur dans les artères, des artères dans les veines et des veines dans le cœur. Voilà la direction invariable du circuit qu'il parcourt pendant toute la durée de la vie.

Maintenant, qu'est-ce que le sang, et quel est le but de ce mouvement continuel dont il est animé tant que l'animal est vivant ?

Le sang est un composé liquide, en proportions peu variables, de toutes les matières qui entrent dans la composition des diverses parties du corps. Le sang contient donc dans sa substance la substance des os, la substance des muscles, la substance des tendons, la substance des intestins, du cerveau, de la peau, des poils, de la corne, enfin de tout ce dont le corps est composé dans toutes ses parties, et c'est lui qui leur fournit incessamment tout ce qui leur est nécessaire pour s'entretenir dans leur forme, dans leur composition et avec les propriétés qui sont spéciales à chacune d'elles. Mais, à mesure qu'une des parties du corps reçoit du sang ce qui lui est nécessaire pour son usage, elle lui restitue ce qui ne lui est plus utile, car c'est le propre des parties vivantes d'être dans un mouvement continuel de composition et de décomposition. La matière du corps change continuellement, la forme seule reste. C'est pour cela que l'animal est obligé de manger ; la nourriture qu'il prend est destinée à fournir à ses parties la substance nouvelle qui remplace l'ancienne ; c'est dans le sang que cette substance est versée après chaque repas, et le sang la porte à chaque partie par les mille et un tuyaux dans lesquels il se distribue, et quand il revient vers le cœur, il se charge de la substance ancienne que les parties lui rendent.

Une partie est rejetée dans l'atmosphère sous la forme de gaz acide carbonique, par l'intermédiaire des poumons, comme cela a été indiqué tout à l'heure. Et effectivement, les choses sont disposées de telle sorte que lorsque le sang est ramené au cœur par les veines qui le rapportent de toutes les parties du corps, le cœur le fait passer par les poumons, à l'aide d'un système de canaux qui le distribuent dans ces organes, et ce n'est qu'après avoir échangé son gaz acide carbonique contre l'air vital que l'atmosphère lui cède, que le sang, ainsi épuré et revivifié, est envoyé par le cœur dans toutes les parties du corps.

Voici donc, en résumé, comment il faut comprendre la circulation dans son ensemble :

Le sang qui vient des poumons, où il s'est purifié en exhalant dans l'atmosphère le gaz acide carbonique qu'il contient et en recevant de l'atmosphère l'air vital, est envoyé par les artères à toutes les parties auxquelles il distribue ce qui est nécessaire à leur composition ; il revient au cœur par les veines, chargé de tout ce que les parties lui ont rendu en échange de ce qu'il leur a donné ; le cœur l'envoie par un système particulier de canaux aux poumons où il se purifie et reçoit l'air vital ; des poumons il revient au cœur qui le renvoie au corps, et toujours ainsi ; en sorte que le sang parcourt deux cercles dans son mouvement perpétuel : le cercle de la grande circulation ou de la circulation du corps, et celui de la petite circulation ou de la circulation des poumons. Le cœur est creusé de quatre cavités distinctes (1-2-3-4) qui lui permettent de s'adapter à son double office complexe de faire parcourir incessamment au sang son double circuit.

CHAPITRE V.

Sécrétions.

Mais ce n'est pas seulement dans les poumons que le sang se purifie des résidus de la vie qu'il a reçus des parties qu'il a parcourues ; il ne peut exhaler par les poumons que les matières qui ont la forme gazeuse. Celles qui sont solides et que le sang tient en dissolution sont rejetées par les reins, qui servent pour ainsi dire à filtrer le sang et retiennent ces matières solides, qui passent dans l'urine et sont expulsées avec elle. Les reins remplissent donc une office de dépuration du sang, complémentaire de celui des poumons. Par ceux ci les matières qui ont fait partie du corps sont rejetées dans l'atmosphère, sous la forme gazeuse.; par ceux-là elles sont expulsées sous la forme liquide. Ces deux fonctions sont aussi indispensables l'une que l'autre à l'entretien de la vie ; la mort est la conséquence inévitable de l'interruption de l'une et de l'autre ; seulement elle est instantanée quand les poumons cessent d'agir, tandis qu'elle ne survient qu'au bout de quelques jours, quand la fonction des reins est interrompue.

CHAPITRE VI.

Innervation.

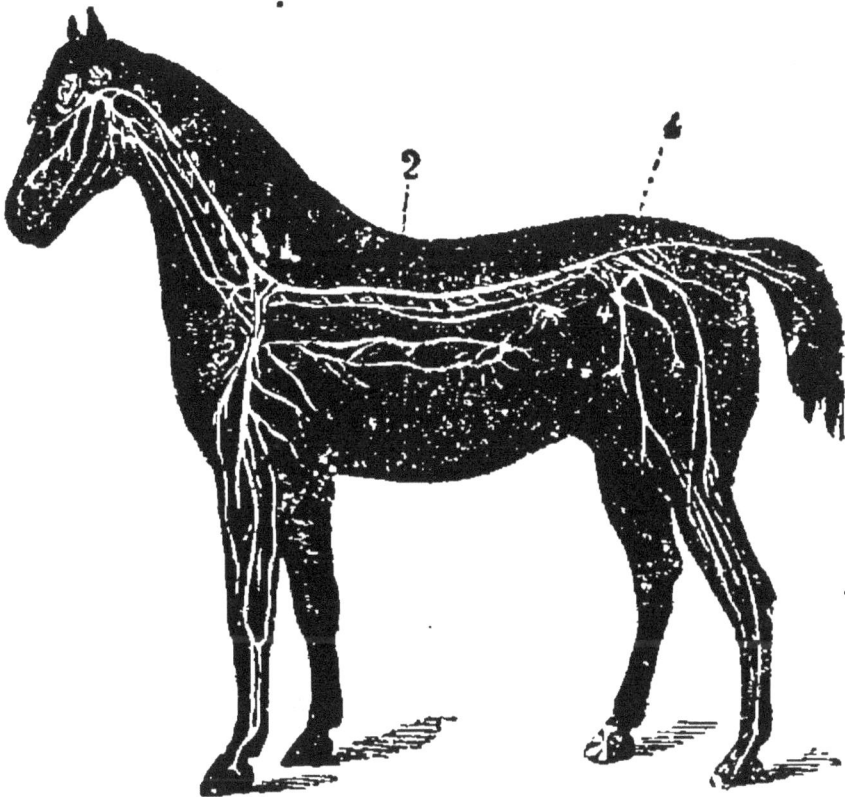

Fig. 6. — Appareil de l'innervation.

1. Encéphale.	3. Tronc brachial.
2. Moelle épinière.	4. Tronc fémoral.

Nous venons d'essayer de donner un aperçu
des fonctions de la locomotion de la digestion,
de la respiration et de la circulation ; au dessus
de ces fonctions, il en est une qui les domine
toutes et les tient toutes sous sa dépendance :
c'est celle qui a son siège dans le cerveau (1),

dans la moelle (2) et dans l'ensemble des nerfs.

Considéré au point de vue économique, c'est-à-dire au point de vue des services que nous exigeons de lui, l'animal peut être comparé à une machine qui produit, comme une locomotive, du mouvement que nous utilisons en l'adaptant au tirage des voitures ou au transport des fardeaux ; mais cette machine a ce caractère distinctif qu'elle se meut d'elle-même, qu'elle coordonne d'elle-même et dirige ses mouvements, et qu'en définitive, nous ne pouvons l'utiliser qu'autant qu'il y a de sa part un consentement. En d'autres termes, l'animal, le cheval, puisque c'est lui que nous avons à considérer ici, est un être intelligent que l'homme n'a pu assujetir, soumettre et approprier à ses usages justement que parce qu'il est intelligent, et que l'homme a su lui faire comprendre, par une éducation particulière qu'on appelle le dressage, ce qu'il voulait obtenir de lui. A ce point de vue, entre le cheval et l'homme, il n'y a qu'une différence de degrés.

Le cheval n'a pas seulement une certaine part d'intelligence, il a aussi des passions ; il est susceptible d'amitié, de reconnaissance, de haine, d'esprit de vengeance. Il se souvient des bons traitements, et il sait les reconnaitre par sa docilité ; il conserve le souvenir des mauvais, il se révolte contre eux, et, quand l'occasion se présente, il sait parfaitement user de représailles. D'instinct il connaît la loi du talion, et quand on l'a fait souffrir, il sait faire souffrir à son tour et rendre avec usure les souffrances qu'on lui a fait endurer.

Le siège de l'intelligence est dans le cerveau (1), et c'est dans le cerveau et dans la moelle (2) que résident les facultés en vertu desquelles l'animal ressent les sensations et commande à ses mouvements.

Le cerveau, placé dans cette cavité de la tête qu'on appelle le crâne, se continue avec la moelle épinière, qui est logée dans le long étui osseux de la colonne vertébrale. De chaque côté de la moelle, comme de la base du cerveau, partent des cordons aplatis, d'une teinte blanche et d'apparence striée, qui se rendent, en se divisant, dans toutes les parties du corps et tout particulièrement dans la peau ; ces cordons sont les nerfs.

Voilà la disposition d'ensemble de ce qu'on appelle le système nerveux

Dans le cerveau réside la faculté de comprendre et de vouloir ; la moelle est le siège des sensations et de certaines déterminations instinctives ; les nerfs sont des cordons conducteurs qui, fonctionnant à la manière des fils télégraphiques. transmettent, des parties aux centres, les sensations perçues et du centre aux organes du mouvement, les ordres d'agir. Ainsi par exemple, lorsque la peau, qui est douée dans toute son étendue d'une sensibilité très développée. reçoit une sensation douloureuse, comme celle d'un coup. l'animal, prévenu par la douleur qu'il ressent, commande à ces muscles un mouvement pour s'éloigner de ce qu'il sait lui être nuisible. Si, au contraire, il perçoit une sensation agréable, ce lui est un motif déterminant pour se rapprocher de ce qui l'a causée.

Les organes des sens sont très perfectionnés chez le cheval : sa vue porte loin, son ouïe est très fine et il perçoit les odeurs à grande distance ; d'où, chez lui, le développement des instincts qui procèdent de ces deux sens, et dont il est bon que le cavalier ne méconnaisse pas les inspirations. Dans les pays hantés par des bêtes féroces, comme l'Afrique, par exemple, ou l'Inde anglaise, le cheval est prévenu par son flair de la présence et des menaces de l'ennemi, bien avant que l'homme s'en doute, et il manifeste ses sensations par les attitudes de sa tête et par des ébrouements réitérés qui sont, pour qui sait les comprendre, des avertissements de se tenir en garde, soit qu'il s'agisse d'affronter le danger, soit qu'il faille l'éviter.

Le cheval a la mémoire des lieux, d'une manière plus fidèle souvent que celui qui le conduit, et souvent aussi le mieux qu'ait à faire, pour retrouver sa route, le cavalier égaré dans un pays qu'il ne connaît pas, est de se fier à l'instinct de sa monture et de se laisser guider par elle.

Mais ces instincts du cheval, grâce auxquels il peut servir de guide à son cavalier ou à son conducteur, dépendent de la parfaite intégrité de ses sens. L'animal dont la vue est obscurcie ou dont l'ouïe est obtuse ne saurait posséder ses facultés instinctives qui procèdent des sensations perçues. D'où la nécessité de bien s'assurer de l'intégrité des organes des sens chez le cheval dont on doit faire usage.

En définitive, l'animal est organisé pour sentir par la peau et par les différentes parties de son corps ; pour percevoir par les yeux, par les oreilles, par l'odorat, par le goût, des sensations spéciales ; pour se rendre compte, d'après ces sensations, des choses qui lui sont exté-

2.

rieures, et pour se déterminer à agir d'après le compte qu'il s'est rendu de ces choses extérieures.

Si donc le cheval peut être comparé à une machine et utilisé comme tel au point de vue de la production de la force, il ne faut pas oublier que c'est une machine intelligente ; qu'il conçoit un certain nombre d'idées, à la manière de l'homme et d'après les mêmes lois ; qu'il est sensible, qu'il a une volonté, qu'il se détermine d'après elle, soit à agir, soit à résister ; et qu'en définitive, il ne nous est complètement soumis que lorsque nous avons su obtenir de lui, par une éducation bien entendue, son consentement à se soumettre, c'est-à-dire la docilité en vertu de laquelle l'animal applique ses facultés de comprendre et de vouloir à comprendre et à exécuter avec volonté tout ce que l'homme lui demande.

Voilà ce que ne doivent jamais oublier ceux qui se servent du cheval et lui demandent des services ; et lorsque, au lieu de s'adresser à son intelligence, ils se montrent violents envers lui et le maltraitent, ils commettent un abus de la force et se rendent coupables d'une action véritablement mauvaise qu'on ne saurait trop blâmer et réprimer.

DEUXIÈME PARTIE.

Extérieur.

Cette branche de l'hippologie s'occupe des formes extérieures, considérées isolément et dans leur ensemble, pour en apprécier les qualités et les défauts.

Les qualités ou les beautés du cheval peuvent être absolues ou relatives. On appelle beautés absolues celles qui sont indispensables à tous les chevaux, complètement indépendantes du service auquel on les emploie : un bon œil, une vaste poitrine, des articulations larges, un bon pied, etc. Les beautés relatives consistent dans certaines dispositions particulières qui rendent l'animal plus propre à tel genre de travail qu'à tel autre. Exemple : une tête forte, une encolure charnue, un poitrail trop large, une croupe massive qui sont de vrais défauts chez un cheval de selle, parce qu'ils nuisent à la vitesse et à la régularité des mouvements, constituent, au contraire, des qualités réelles très recherchées chez un cheval de gros trait.

Les défauts absolus sont toujours plus ou moins préjudiciables, quel que soit le genre de service auquel se trouve utilisé le sujet défectueux. Tels sont un pied mal fait, des naseaux

étroits, des membres grêles, un manque d'a-
plomb, etc. D'autres défectuosités de certaines
régions, relativement à l'ensemble des formes,
ne nuisent qu'au mode d'emploi de l'animal.
Exemple : une encolure courte, une tête lourde
chez un cheval de selle, d'ailleurs bien conformé
et d'une certaine aptitude à ce service.

L'extérieur a encore pour objet l'étude des
mouvements, des aplombs, des proportions, de
l'âge, des robes, des signalements et des tares.
A l'aide de ces connaissances qui complètent les
notions acquises sur la conformation du cheval,
le cavalier pourra se faire une idée de l'aptitude,
du degré de solidité, de la valeur de sa monture,
et en même temps se rendre compte de la
gravité des divers accidents auxquels elle se
trouve exposée.

Le corps du cheval comprend le *tronc* et les
membres ; le tronc se subdivise en *tête, encolure,*
et en *corps proprement dit,* mais on a de préférence, dans l'armée, adopté la division de Bour-
gelat, en *avant-main, corps, arrière-main ;* d'autres disent *avant-train* et *arrière-train.*

Dans l'*avant-main* se trouvent la *tête,* l'*encolure,* le *garrot,* le *poitrail,* l'*ars,* l'*inter-ars* et
les *membres antérieurs,* c'est-à-dire les parties
placées en avant de la main de la bride, le cheval étant monté.

Au corps se rattachent les parties suivantes :
le *dos,* le *rein,* les *flancs,* le *passage des sangles,* les *côtes* et le *ventre.*

L'*arrière-main* comprend la *croupe,* les *hanches,* les *fesses,* la *queue,* l'*anus,* les *mamelles,*

les *organes sexuels du mâle et de la femelle,*
les *membres postérieurs.* (Fig. 7.)

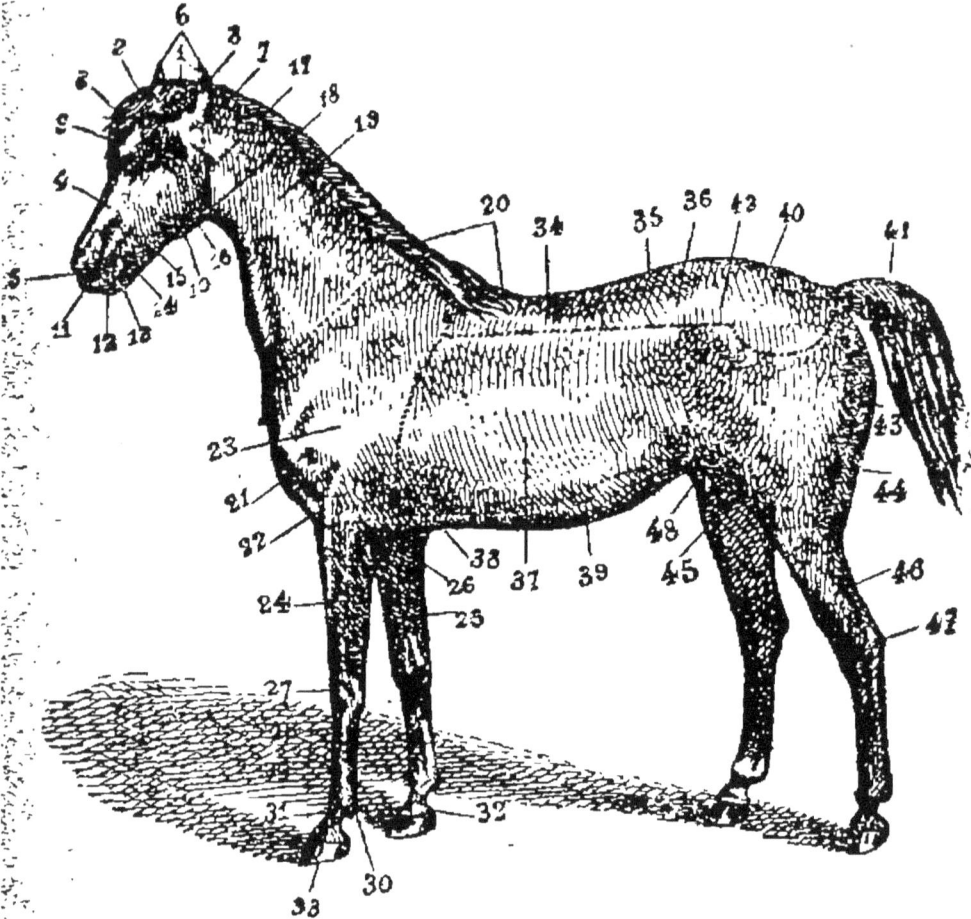

Fig. 7.

Désignation des diverses régions extérieures du
cheval.

1. Nuque.	9. Yeux.
2. Toupet.	10. Joues.
3. Front (os frontal)	11. Naseaux.
4. Chanfrein (os sus maxil-	12. Bouche.
laire).	13. Menton et sa houppe.
5. Bout du nez.	14. Barbe.
6. Oreilles.	15. Auge.
7. Tempes.	16. Ganaches.
8. Salières.	17. Parotides.

18. Gorge.
19 Encolure.
20. Garrot.
21. Poitrail.
22. Inter-ars.
23. Epaule (scapulum).
24. Avant-bras (radius et cubitus).
25. Châtaigne.
26. Coude (olécrane).
27. Genou (os carpiens)
28. Canon (os métacarpien principal) et péronés.
29. Boulet.
30. Fanon.
31. Paturon (première phalange).
32. Couronne (deuxième phalange).

33. Ongle (troisième phalange).
34. Dos.
35. Rein.
36 Flanc.
37 Côtes.
38. Passage des sangles.
39. Ventre.
40. Croupe.
41. Queue.
42. Hanche.
43 Fesse.
44. Cuisse.
45. Grasset.
46. Jambe (os tibia).
47. Jarret (os métatarsiens)
48. Fourreau.

CHAPITRE PREMIER.

Avant-main.

TÊTE. — La tête, qui renferme le cerveau et les organes des sens, est très importante à étudier : d'abord parce qu'elle exprime assez bien la vigueur dont le cheval est animé ; ensuite parce qu'il peut y avoir en elle ou dans quelques-unes de ses parties des défectuosités très graves. Vue de face et de haut en bas, elle présente (fig. 7) :

La **nuque** (1), qui en forme le sommet, sur laquelle s'appuie la têtière du licol et de la bride ; les animaux blessés à cette région ne veulent pas s'y laisser toucher.

Le **toupet** (2), touffe de crins plus ou moins fins, suivant les races, qu' passe entre les oreilles et tombe en avant. On y constate souvent de la malpropreté et quelquefois de la vermine. C'est par le toupet qu'il faut prendre le cheval qui s'est délicoté pour le ramener à sa place.

Le **front** (3), sur lequel s'applique le frontal, qui correspond au crâne par sa partie supérieure, où se voient deux saillies musculaires plus ou moins prononcées. Sa largeur ou son étroitesse donnent à la tête deux caractères bien différents.

Le **chanfrein** (4), qui doit être large, car de sa largeur dépend l'ampleur des cavités nasales et une bonne respiration. Il se montre plus ou moins bombé et présente parfois, à son point d'union au front, une dépression bien marquée, qui donne à l'animal une tout autre physionomie.

Le **bout du nez** (5), qui fait suite au chanfrein, pourvu de longs poils ou crins, se confond avec la lèvre supérieure pour former un organe de tact particulier à l'espèce chevaline. On y remarque quelquefois des cicatrices de blessures résultant de chutes ou de l'application du torchenez, qui font mal augurer de la solidité du sujet ou de la docilité de son caractère.

Les **oreilles** (6), en haut et de chaque côté de la tête, doivent être droites, avoir l'ouverture tournée en avant, être exemptes de traces de blessures. Le cheval chatouilleux ou méchant, quand il se met en défense, les porte toujours en arrière. L'agitation des oreilles, qui vont et viennent en sens divers, dénote de la crainte, de l'inquiétude ou est un indice de mauvaise vue. Si les oreilles sont longues, larges, plus ou moins épaisses ou lourdes, le cheval est dit *mal coiffé* ou *oreillard*. Dans le cas où elles tombent tout à fait en dehors, le cheval a des *oreilles de cochon*. Ce défaut, un des plus disgracieux pour un cheval de selle ou d'attelage, est le propre des races communes ou abâtardies.

Les **tempes** (7) viennent ensuite, elles sont sèches et saillantes chez les chevaux de bonne race. C'est à cette région qu'apparaissent, sur les robes foncées, les premiers poils blancs indices de vieillesse. La plus légère atteinte y fait naître parfois des désordres de la plus haute gravité.

Les **salières** (8), sortes de fossettes que l'on voit au dessus des yeux : peu profondes chez les jeunes chevaux, elles se creusent avec l'âge et par la maigreur.

Les **yeux** (9), placés à droite et à gauche du front, se trouvent protégés contre les chocs extérieurs par le rebord osseux de leur cavité (orbite), par les paupières et les cils, qui font obstacle à l'introduction des corps étrangers.

Aux *paupières*, constituées par une peau mince qui se plisse avec facilité pour s'ouvrir ou s'étendre sur la *vitre* de l'œil (encore appelée *cornée transparente*), se trouve associé, chez le cheval, un corps membraneux, mobile, caché dans l'angle interne de l'œil. Ce petit organe, nommé *corps clignotant*, fait office d'une paupière complémentaire. Sa fonction est de passer vivement sur la cornée pour la débarrasser des corpuscules ou des insectes qui peuvent être tombés sur elle. Des larmes et des produits onctueux, fournis par de petites glandes, lui viennent en aide, et servent de plus à entretenir l'humidité nécessaire à la souplesse et à la transparence de la vitre. Les yeux doivent être bien ouverts, vifs, doux, placés bas ; ces caractères indiquent à la fois un bon naturel et une certaine intelligence.

La partie transparente du globe doit être exempte de taches ou *taies* à sa surface. Celles qui en occupent le centre rendent les animaux peureux et souvent ombrageux. La *pupille*, ouverture par laquelle passe la lumière, est quelquefois entourée d'une zone blanchâtre, comme nacrée ; l'œil ou les deux yeux sont dits *vairons*. Cette particularité, assez rare, ne nuit pas du tout à la vision. L'œil est *petit* ou *gras*, s'il se trouve enfoncé dans sa cavité ou caché sous des paupières épaisses et peu mobiles. Il est dit *œil de bœuf* quand il est gros, saillant, d'un éclat particulier, surtout dépourvu d'animation. L'inégalité entre les deux yeux a souvent pour cause un état de maladie de l'organe diminué ou augmenté de volume.

Les **joues** (10), qui s'étendent depuis les tempes jusqu'à la réunion ou *commissure* des lèvres, sont bornées en avant par le chanfrein et en arrière par le rebord des ganaches. Sur les chevaux de race distinguée les joues sont sèches, charnues, laissent voir à la partie rétrécie un sillon bien marqué, et les crêtes osseuses qui les bordent sont très prononcées. Le cheval *fait magasin* lorsque les joues présentent extérieurement des bosselures dues à de petits amas de matières alimentaires qui séjournent dans la bouche, y fermentent et exhalent une odeur fétide qui dégoûte le cheval lui-même. Cette véritable infirmité se remarque chez les chevaux âgés qui mâchent difficilement et sur ceux dont les grosses dents sont irrégulièrement usées.

Les **naseaux** (11), placés au bas des joues et du chanfrein, sont des ouvertures extérieures à bords dilatables et d'une certaine résistance, par lesquelles a lieu le passage de l'air pendant l'acte de la respiration. L'entrée doit en être grande, d'une dilatation facile, ainsi que cela se remarque chez les chevaux qui ont du fond et de l'énergie. Quand les naseaux sont étroits, la respirationse trouve gênée, courte, et elle devient bruyante si les allures vives sont un peu prolongées. La dilatation et les mouvements précipités des naseaux, sur un animal au repos, indiquent une grande gêne dans la respiration, due à la pousse ou à quelque maladie grave. Les naseaux peuvent présenter de petites déchirures. Le jetage plus ou moins épais et coloré qui les mouille ou qui s'en échappe doit toujours attirer l'attention du cavalier.

La **bouche** (12) et ses différentes parties, qui sont les *lèvres*, la *langue* avec son *canal*, les *barres*, le *palais*, les *gencives* et les *dents*, se trouvent à l'extrémité inférieure de la tête.

La **lèvre supérieure** est douée d'une sensibilité très vive ; l'inférieure, d'une moins grande étendue, présente dans son milieu une petite éminence arrondie, dite la *houppe du menton* (13). Les lèvres trop épaisses sont un caractère de peu de distinction. Si elles sont molles et se joignent mal pour fermer l'orifice de la bouche, on dit qu'elles sont *pendantes*. Ce défaut, plus accusé à la lèvre inférieure, est désagréable à l'œil et nuit aussi à la santé du sujet par la perte continuelle de salive qui en est la conséquence. Il se remarque sur les chevaux vieux, usés ou dans la misère. Les lèvres peuvent avoir été déchirées, être le siège de plaies ou de blessures très lentes à guérir, quand elles se trouvent à la commissure.

La langue, organe du goût, est contenue dans un canal bordé par les dents ; la *partie* libre, qui jouit d'une grande mobilité, ne doit être ni trop épaisse ni trop mince pour remplir convenablement son office et participer à l'appui du mors, dont elle adoucit la pression sur les barres. La langue molle, qui s'échappe de son canal et reste toujours hors de la bouche, est dite *pendante* ; celle qui en sort continuellement après y être rentrée a reçu le nom de *serpentine*. Ces défauts, aussi disgracieux l'un que l'autre, entraînent une perte de salive et sont une cause d'amaigrissement.

La langue, par suite d'une mauvaise embouchure, peut être coupée ou entaillée. Cet accident arrive aussi quelquefois par la mauvaise habitude qu'ont les cavaliers de tenir le cheval en main avec une seule branche du bridon, qui forme longe appuie fortement sur la barbe et fait serrer le mors du filet sur la langue. Il se produit encore plus souvent quand le cheval un peu ombrageux, attaché au mur avec le bridon, *tire au renard*, c'est-à-dire s'arc-boute du devant en faisant les plus violents efforts pour se dégager.

Les barres, qui s'étendent de chaque côté de la mâchoire inférieure, dans l'espace compris entre les crochets (chez le mâle) et les *molaires* ou grosses dents, sont importantes à considérer parce qu'elles servent principalement à l'appui du mors. Elles sont dites *tranchantes* ou *sensibles*, si la crête osseuse qui en est la base se trouve très prononcée ; dans le cas contraire, on les dit *arrondies* ou trop *basses*. Les barres peuvent avoir été froissées, écrasées ou être le siège de petites plaies profondes, très lentes à guérir.

Le **palais** forme la voûte de la bouche ; cette partie est sujette à un gonflement assez douloureux, le *lampas*, à l'époque de la dentition.

Le **canal** qui sert à loger la langue, compris entre les deux branches de l'os de la mâchoire inférieure, doit être assez large pour qu'elle s'y trouve à l'aise.

Les **gencives**, replis de la membrane de la bouche qui recouvrent les alvéoles (cavités d'implantation des dents), et servent à consolider celles-ci, doivent êtres roses et fermes.

Les **dents** sont au nombre de 40 chez le cheval et de 36 chez la jument ; il sera parlé d'elles et de leur division à l'article *âge*.

Le cheval est dit *bien embouché* lorsque toutes les parties de la bouche ont entre elles des rapports exacts de volume ou de capacité.

La *bouche fraîche* est celle du cheval qui mâche constamment son mors et laisse tomber la salive sous forme d'écume blanche.

La *bouche sensible* est celle dont les barres sont tranchantes ou peu habituées à la pression du mors.

La *bouche dure,* au contraire, se montre très peu sensible à l'action de la bride. C'est le cas d'un très grand nombre de chevaux de troupe, à la suite des acoups continuels de la main des recrues, qui manquant de solidité, prennent un point d'appui sur les rênes pour éviter les grands déplacements et les chutes.

La *bouche perdue* est le dernier degré de l'insensibilité à l'action du mors de bride.

Vue en dessous et de bas en haut, la tête présente encore :

Le menton et sa **houppe** (13) confondus avec la lèvre inférieure ; la *barbe* (14), sorte de dépression qui donne appui à la gourmette et s'en trouve assez souvent blessée.

L'auge (15), espace creux compris entre les ganaches, depuis la barbe jusqu'à la gorge, qui doit être large, profonde, nette, bien évidée. C'est à cet endroit que les vétérinaires mettent la main quand ils passent les revues sanitaires. La plus petite grosseur (improprement appelée glande) dans cette région doit faire aussitôt conduire à la visite le cheval sur lequel elle est remarquée.

La ganache ou les **ganaches** (16) sont constituées par les rebords de l'os de la mâchoire inférieure qui circonscrivent l'auge et s'arrêtent à la barbe. Elles doivent être sèches, suffisamment écartées, et surtout ne pas avoir trop de développement. Le défaut d'écartement rétrécit l'auge et gêne la gorge dans les mouvements de flexion de la tête ; l'excès de volume de ces régions rend la tête lourde et fait dire que le cheval est *chargé de ganache*. C'est à la partie antérieure de la ganache de l'un ou de l'autre côté qu'on tâte le plus ordinairement le pouls au cheval malade.

Les parotides (17), qui s'étendent en arrière des ganaches, de la gorge au bas des oreilles,

ont pour base les *glandes* salivaires de ce nom.
Ces deux régions laissent voir sur elles un sillon
plus ou moins dessiné qui marque la ligne de
démarcation entre la tête et l'encolure.

La **gorge** (18), placée au dessus de l'auge et
au commencement du bord inférieur de l'encolure, a pour base le **larynx**. Cette région très
sensible se trouve constamment comprimée par
la sous-gorge de la bride, du bridon ou du
licou, que les hommes ont la manie de toujours
trop raccourcir. C'est en serrant un peu au dessous d'elle les premiers anneaux du conduit
aérien (trachée) qu'on provoque la toux pour
s'assurer de l'état de la poitrine. Quand les jeunes chevaux ont un violent mal de gorge, les
aliments, principalement les boissons, ne peuvent pas descendre et tout ressort par les
naseaux.

La tête, vue dans son ensemble, offre encore
à considérer : sa forme ou configuration, sa longueur, son volume, son attache, sa direction ou
son port.

La tête, sous le rapport de sa forme, représente une espèce de cône renversé ou plutôt
une pyramide quadrangulaire à faces plus ou
moins bien marquées. Elle est dite *carrée* lorsque la face antérieure est large et plane, que les
angles qui séparent les faces latérales sont assez
prononcés. Cette tête est une beauté pour l'œil
de l'observateur, une marque de bonté et de
distinction. Les chevaux arabes et les chevaux
bretons la présentent ainsi faite.

La *tête conique* est celle dont le volume va en

diminuant insensiblement de la partie supérieure
jusqu'au bout au nez. Elle était assez recherchée autrefrois; aujourd'hui on lui préfère la tête
carrée.

La *tête camuse* laisse voir une dépression marquée sur le chanfrein, qui ne nuit en rien à la
respiration, et coïncide ordinairement avec un
front large; elle se remarque sur les chevaux de
race ardennaise (fig. 8).

Fig. 8.

La *tête de lièvre* se définit par la comparaison
qui en est faite avec la tête de cet animal. Le
front est assez ordinairement bombé et étroit,
les oreilles longues et rapprochées. Certains
chevaux allemands ont la tête ainsi conformée.

La *tête busquée* ou *moutonnee* se distingue
par une convexité très prononcée du chanfrein.
On la voit encore sur des chevaux anglais, normands et danois. Cette tête se montre assez dis-

gracieuse, surtout quand elle est grosse et longue. Mais, en outre, plusieurs chevaux à tête busquée deviennent *corneurs*. (Le *cornage* est un bruit de sifflement qui se produit pendant la respiration). (Fig. 9.)

Fig. 9.

La *tête longue* est celle qui pèche par excès de longueur, et cette défectuosité saute à l'œil de celui qui a un peu l'habitude de voir les chevaux. C'est un inconvénient grave pour un cheval de selle et une cause de dépréciation pour un cheval de luxe ou d'officier.

La *tête de vieille* est longue et décharnée.

La *tête grosse*, à l'opposé des précédentes, est massive, empâtée, sans saillie osseuse ou musculaire, lourde et plus ou moins basse. Cette tête se remarque sur les chevaux mous, de race commune. Mais il est bon de dire ici que, chez les jeunes chevaux, la forme de la tête et les saillies osseuses ne sont jamais nettement dessinées.

La *tête bien attachée* est celle qui part du sommet de l'encolure et s'en trouve séparée par une dépression suffisamment marquée de chaque côté sur les parotides. Cette tête est plus gracieuse et surtout plus libre dans ses mouvements.

La *tête plaquée*, au contraire, a l'air de se confondre avec l'encolure et de ne faire qu'un avec elle. Ce défaut est très grave pour un cheval de selle.

La tête du cheval qui *porte au vent*, a *le nez en l'air*, est dans une direction qui tend à se rapprocher de l'horizontale. L'animal se dérobe ainsi à l'action du mors, s'emporte, ne voit plus bien les objets et peut se jeter dans les fossés ou se heurter contre les obstacles. On remédie en partie à ce défaut par l'usage d'une *martingale*, longue courroie qui s'attache aux sangles et à la muserolle. La tête du cheval qui *s'encapuchonne* se trouve dans l'obliquité opposée, le toupet en avant, c'est-à-dire que l'animal rapproche le menton du poitrail en appuyant le mors sur lui et se soustrait également à l'action de la main du cavalier.

La tête est *bien portée* quand elle se montre légère, tenue assez haute et dans une bonne direction, suivant à peu près la diagonale d'un carré long.

ENCOLURE (19). — Cette région s'étend, par

son bord supérieur, de la nuque au garrot, et, par son bord inférieur, de la gorge au poitrail. Son extrémité supérieure, qui l'unit à la tête, est moins épaisse et moins large que celle qui en forme la base. Sa diminution progressive en se rapprochant de la tête donne à l'encolure une forme plus ou moins pyramidale. Le bord supérieur est orné de la crinière, dont les crins sont fins chez les chevaux de race distinguée, plus abondants et grossiers, au contraire, sur les chevaux communs; chez ces derniers, la crinière est souvent double, c'est-à-dire tombant des deux côtés.

Le bord inférieur, sous lequel on sent le long conduit respiratoire (y compris la gorge, qui s'engage dans l'auge, lors des mouvements de flexion de la tête), doit être large et arrondi. Ce bord présente en arrière, sur l'un et l'autre de ses côtés et dans toute sa longueur, la gouttière des jugulaires, ainsi nommée parce que les veines de ce nom en occupent le fond. C'est au tiers supérieur de cette région que se pratique habituellement la saignée.

La bonne disposition de l'encolure est toujours à rechercher pour un cheval de selle. D'abord elle donne de l'élégance à l'avant-main; ensuite, de sa longueur et de son union avec la tête, résulte une sorte de balancier très favorable aux divers déplacements du corps.

L'encolure peut manquer de proportions, pécher par excès de longueur ou de brièveté, être aussi trop épaisse ou trop mince. Trop longue, elle manque de force et constitue un défaut dans le cheval de selle, si la tête est lourde; trop courte, elle est peu flexible et ne couvre pas assez le cavalier.

L'encolure épaisse, charnue, qui a peu de souplesse et charge l'avant-main, est un défaut dans le cheval de selle et une qualité, au contraire, dans celui de trait.

L'encolure est dite *mince* ou *grêle* quand elle est étroite et que les muscles en sont peu développés; dans ce cas, elle manque de force pour porter convenablement la tête, et celle-ci pèse à la main.

L'*encolure droite* (fig. 10) n'est contournée ni

Fig. 10. — Encolure droite.

en dessus ni en dessous dans toute sa longueur; on la remarque particulièrement chez les chevaux coureurs.

L'*encolure rouée* s'arrondit en arc depuis le garrot jusqu'à la nuque ; elle se présente souvent chez les chevaux du Midi et de l'Algérie Cette forme plaît parce qu'elle donne à la têtु une attitude relevée et qu'elle est favorable à l'action du mors, mais son exagération perm au cheval de *s'encapuchonner*.

L'encolure *de cygne* est *un peu longue*, greिe et rouée à sa partie supérieure. L'encolure dite *de cerf* ou *renversée* est courbée en sens inverse de l'encolure rouée, et elle présente une forte dépression en avant du garrot, nommée *coup de hache*. Cette dernière forme, bien que gracieuse et favorable à la vitesse, convient peu au cheval de troupe, parce qu'elle le rend difficile à conduire et exige souvent. pour éviter les coups de tête, l'usage d'une martingale. On dit de ces chevaux qu'ils portent au vent, parce qu'ils ont toujours le nez ɩn l'air.

L'*encolure tombante* est celle dont le bord supérieur, généralement gros et mou, se renverse sur le coté ; on la dit simplement *chargée*, quand elle n'est que grosse et lourde. Cette sorte d'encolure se rencontre particulièrement sur les chevaux de gros trait, dont elle augmente le poids de l'avant-main, condition favorable pour le tirage.

L'encolure est *bien* ou *mal sortie*, suivant la manière dont elle se dégage du garrot. L'encolure porte souvent des traces de morsures à son point de réunion avec l'épaule ; on peut y rencontrer des plaies et des indurations déterminées par le frottement du collier. La crinière est parfois le siège de démangeaisons déterminées par la gale ou la presence de parasites (poux).

Le **garrot** (20) fait suite au bord supérieur de l'encolure ; c'est la partie la plus élevée de la crête osseuse qui surmonte la colonne vertébrale. Son élévation est favorable à l'attache des muscles qui facilitent le port de l'encolure ; elle favorise aussi l'étendue des mouvements de l'épaule. Un garrot bien conformé doit encore se prolonger insensiblement en arrière, aussi loin que possible ; cette disposition, qui aide à certains mouvements, est également utile au bon maintien de la selle.

L'élévation du garrot et sa projection en arrière sont moins nécessaires pour le service du trait.

Dans le cheval de selle, la région doit être sèche et bien évidée sur les côtés ; les garrots bas ; ceux qui sont dits gras et empâtés, sont sujets aux blessures, surtout chez les juments naturellement longues et basses du devant. On remarque souvent sur le sommet du garrot et sur ses côtés, des cicatrices ou des parties dures, insensibles, résultant d'une mortification circonscrite de la peau (cors) ; cette région peut encore être le siège d'un mal très grave.

Le **poitrail** (21), marqué par les deux saillies des muscles pectoraux qui s'attachent au sternum, est placé au dessous de l'encolure et en avant de la poitrine. Il doit avoir, comme toutes les régions en général, des dimensions en rapport avec la nature des services auxquels on destine le cheval. Pour le cheval de selle, il sera

aussi haut que possible, avec des saillies musculaires bien prononcées et une largeur moyenne.

Un poitrail très large, qui nuit à la succession
rapide des mouvements chez le cheval de selle
est, au contraire, une sorte de beauté relative
pour le trait, parce que cette dimension, qui
cerrespond à d'autres largeurs et à des masses
charnues mieux développées, lui donne plus de
poids et une plus grande surface d'appui pour
la traction.

Un poitrail large fait dire d'un cheval qu'il
est *bien ouvert du devant;* on le dit *serré,*
étroit, si le contraire existe. Cette étroitesse,
favorable aux allures rapides, n'est un défaut que
si la poitrine manque de hauteur et de profondeur. Les chevaux coureurs ont relativement
cette région étroite ; cependant on ne saurait
raisonablement en déduire que leur poitrine
manque de capacité ou leurs poumons d'étendue.

Quand le poitrail présente un creux, on le dit
enfoncé; c'est le plus grave défaut absolu qu'on
puisse lui reprocher.

Le poitrail peut offrir des traces de morsure,
de blessures, des tumeurs, etc. Le séton se met
souvent à cet endroit.

Les **ars** et l'**inter-ars** font suite à cette région (**22**). On désigne ainsi la surface qui unit,
en arrière, le poitrail à l'avant-bras ; elle est
recouverte d'une peau fine, plissée et propre à
faciliter, par sa souplesse, les mouvements
étendus du membre.

L'**inter-ars,** partie de la poitrine entre les ars
et les **avant-bras,** s'étend du **poitrail** au passage

des sangles. Par la chaleur ou par un exercice violent, les ars sont toujours le siège d'une transpiration abondante, et souvent, chez les chevaux serrés ou gras, ils subissent des frottements qui déterminent de l'échauffement à la peau et de légères excoriations ; les chevaux ainsi blessés sont dits *frayés aux ars*.

Membres antérieurs.

L'examen du membre antérieur, qui complète l'étude de l'avant-main, comprend l'épaule et le bras réunis en une seule région, puis l'avant-bras, le coude, la châtaigne, le genou, le canon, le boulet, le fanon et l'ergot, le paturon, la couronne et le pied, dont il sera parlé d'une manière toute spéciale dans une autre partie de ce traité.

L'épaule (23), fixée de chaque côté de la poitrine et à la partie la plus avancée de cette cavité, en extérieur, comprend deux rayons osseux (*scapulum* et *humérus*) qui s'étendent du garrot à l'avant-bras. Le rayon supérieur, dirigé obliquement d'arrière en avant à la base de l'encolure, s'unit par son extrémité inférieure à celui du bras, qui prend une direction contraire pour rejoindre l'avant-bras ; de la réunion de ces deux rayons résulte la pointe de l'angle de l'épaule.

Quatre choses sont importantes à considérer dans l'épaule : sa longueur, sa direction, son développement musculaire et ses mouvements.

La longueur est la grande obliquité sont des

beautés relatives, très appréciées dans les chevaux de selle et de vitesse ; la première, parce qu'elle donne la mesure de l'étendue des muscles qui agissent sur les mouvements de l'avant-bras ; la seconde, parce qu'elle permet à tout le membre de se porter plus aisément en avant, et la troisième, parce qu'elle est un indice de la puissance nécessaire pour l'accomplissement de ces mouvements. Cependant l'épaule, chez le cheval de selle, est loin de présenter toujours à un degré suffisant cette longueur et cette obliquité ; on la dit alors *courte* et *droite*. Cette disposition est plus prononcée chez le cheval de trait dont elle raccourcit les allures ; mais, en revanche, elle favorise mieux l'appui du collier.

La surface de l'épaule doit être légèrement arrondie et ses contours bien dessinés. Chez les chevaux distingués, énergiques, la peau y est fine et souple, les muscles parfaitement en relief.

L'épaule est *chargée* quand sa base osseuse, peu apparente, est comme noyée dans des tissus épais et mous. Ce défaut se rencontre particulièrement chez les chevaux peu énergiques et sur ceux qui ont été élevés dans des contrées basses. Une semblable épaule ne peut convenir au cheval de selle.

L'épaule *maigre* est celle dont les saillies osseuses sont très apparentes par suite du peu de développement des parties charnues. Elle est dite *décharnée* quand l'amincissement des muscles se trouve porté à l'extrême. Il est superflu de démontrer qu'une épaule ainsi amaigrie manque totalement de force pour l'accomplissement de mouvements énergiques et soutenus.

Les épaules qui ont des mouvements bornés sont dites *froides, chevillées* ou *plaquées.* La première désignation s'applique particulièrement à celles qui, n'étant pas entièrement libres au sortir de l'écurie, retrouvent toute l'étendue de leurs mouvements par l'exercice. La seconde se donne de préférence aux épaules qui n'exécutent que des mouvements lents et raccourcis ; cette hésitation est due le plus souvent à un état douloureux de la région elle-même ou des rayons inférieurs, du pied par exemple. La troisième est celle qui offre peu de saillie, tout en ayant peu de mouvement.

Quand une épaule est plus basse que l'autre, on la dit *descendue.* Cet abaissement tient généralement à un état de faiblesse ou de relâchement de ses moyens d'attache ou de suspension. L'*épaule descendue* ne se voit guère que chez les chevaux usés ou vieux.

L'avant-bras (radius et cubitus) (24). Cette première partie du membre, qui se dégage du tronc, fait suite à l'épaule et au bras réunis. Sa direction et sa largeur sont ce qu'il y a de plus utile à considérer.

Pour le cheval de selle, comme pour le cheval de trait, il faut absolument que cette région soit dans une direction verticale ; c'est la condition indispensable à la solidité du membre. Les muscles, bien dessinés, volumineux et fermes, doivent avoir la forme d'un cône renversé. L'avant-bras ainsi constitué est dit *musculeux.*

Hippologie.   3

nerveux; il est *grêle, cylindrique,* lorsque les muscles ont peu de volume et que cette région manque de largeur.

L'avant-bras peut être *long* ou *court; long,* dans une certaine mesure, il favorise les allures rapides et convient au cheval de guerre ; *court,* il est préférable pour le manège et le service de trait peu accéléré. Un avant-bras long correspond toujours à un canon court, et un avant-bras court à un canon long.

Cette région peut être déviée de la verticale et présenter des défauts ou des vices dont il sera parle à l'article *aplombs.* Les coups de pied qui portent sur la face interne de l'avant-bras déterminent souvent la fracture du radius.

La châtaigne (25) est une petite plaque cornée, allongée de haut en bas, située à la face interne de l'avant-bras, au dessus du pli du genou ; cette production rugueuse, moins développée dans les races distinguées, offre peu d'intérêt en extérieur.

Le coude (olécrane) (26) situé à la partie supérieure et postérieure de l'avant-bras, auquel il est uni, ne présente une saillie bien apparente que dans les mouvements de flexion ; sa beauté consiste dans sa longueur et sa bonne direction. Par sa longueur, il est favorable à l'attache des muscles qui concourent puissamment à l'extension de l'avant-bras ; par sa direction, qui doit être parallèle à l'axe du corps, il est le régulateur des aplombs et des mouvements du membre. Si le coude incline trop en dedans, le cheval a *les coudes au corps* ou *rentrés sous la poitrine ;* si, au contraire, la pointe se porte en dehors, ils sont dits *écartés.* Ces déviations entraînent le plus souvent avec elles celles des extrémités et sont cause des défauts dont il sera parlé plus loin. La pointe du coude peut être le siège d'une tumeur plus ou moins volumineuse, nommée *éponge.* Ce mal résulte des froissements prolongés que le cheval se fait lui-même avec le fer des pieds antérieurs en étant couché.

Le genou (os carpiens) (**27**), placé entre l'avant-bras, le canon et son tendon, doit être disposé de manière à réunir ces trois régions sur une même verticale. Sa beauté consiste non seulement dans une bonne direction, mais encore dans un grand développement en tous sens. Centre de mouvement de la colonne de soutien, dont il forme une des principales assises, comme cela a été dit dans la première partie de ce traité, le genou doit être solidement constitué, avoir de puissants moyens d'attaches, pour résister efficacement au poids du corps et à l'effet des réactions. Ses surfaces seront sèches et saines, l'antérieure large et plane, la postérieure plus étroite et les côtés demi-ronds.

Le genou placé bas indique une grande aptitude aux mouvements étendus ; sa position est la conséquence forcée d'un avant-bras long, surmonté le plus souvent d'une épaule développée et oblique. Cette beauté relative serait un défaut aux yeux du cavalier qui exige de son cheval des allures plus brillantes qu'allongées.

Le genou peut être volumineux par empâtement. Ce défaut naturel est le propre des chevaux communs, à peau épaisse et à tissus lâches. Quand, dans cette condition, il est dévié en dedans, on le dit *genou de bœuf*, et il prend le nom de *genou de veau* quand il est petit, trop arrondi et comme étranglé à la naissance du canon.

La face antérieure des genoux peut présenter des traces de chutes sur cette région, marquées par des plaies, des cicatrices ou des poils hérissés et blancs : on dit alors que le cheval est *couronne* ; c'est généralement l'indice d'une faiblesse des membres antérieurs ; mais cela peut être aussi le résultat d'un accident.

Le genou peut dévier de la ligne droite et donner lieu à des défauts dont il sera parlé à l'article *aplombs*.

Le canon (métacarpien principal et péronés) (28) fait suite au genou ; il comprend une partie osseuse qui en forme la base, puis des tendons et des ligaments qui le longent en avant et en arrière.

Pour toute espèce de services, la direction de cette région sera droite et sa face antérieure, arrondie et sèche. Sur les côtés et en arrière, les cordes tendineuses formeront sous la peau des reliefs bien prononcés, parfaitement séparés les uns des autres, de sorte que le canon, vu de profil, se montre large et son tendon bien détaché. Ces qualités sont absolues.

Les tendons grêles, qui annoncent toujours un canon faible, donnent peu de garantie de solidité et de durée. Si, au dessous du pli du genou, le tendon offre moins de saillie et semble collé au canon, on le dit *failli*; si, au contraire, le tendon est renflé plus bas, dur, noueux et plus gros que celui du membre opposé, cela constitue la *nerf-ferrure* ou effort de tendon.

Le **boulet** (formé par l'articulation du métacarpe avec la première phalange et les os sésamoïdes) (29), compris entre le canon et le paturon, est très important à considérer. Il joue un grand rôle durant la station et surtout au moment de l'appui, en diminuant considérablement les réactions du cheval mis aux allures vives. Pour être bien conformé, le boulet doit toujours avoir un volume proportionné au poids du corps et au développement du membre.

Sa largeur, vue de face, résulte de la grosseur des extrémités articulaires qui constituent la jointure, un peu arrondie, du canon avec le paturon. Son plus grand diamètre d'avant en arrière, vu de profil, est dû à la présence des deux petits os (sésamoïdes) qui, en écartant les tendons fléchisseurs, font office de poulie de renvoi et servent à augmenter l'effet de la puissance musculaire.

Dans les chevaux de belle race, le boulet doit avoir la peau mince et les poils fins, les contours nets et les tendons saillants. Dans les races communes, et notamment sur les chevaux élevés dans les pays où le sol est humide, les tendons sont dissimulés sous une peau épaisse, recouverte de poils longs, touffus et grossiers.

A la face postérieure du boulet se trouve

placée une petite production cornée nommée *ergot*, et autour de laquelle se groupe un paquet de poils très longs et très durs qu'on appelle le *fanon* (30). L'*ergot* est d'autant moins prononcé et les poils du fanon sont d'autant plus fins que les chevaux appartiennent à des races plus distinguées. Ce petit corps et les crins qui l'entourent paraissent avoir pour usage de garantir la face postérieure du boulet, lorsque, dans les grandes réactions, elle vient à toucher le sol, comme cela se remarque chez les chevaux coureurs long jointés.

Un boulet petit, relativement au volume du corps, annonce toujours peu de force et surtout peu de résistance à une fatigue prolongée. On dit d'un cheval dont les boulets sont minces, qu'*il manque de poignets.*

Le cheval est *droit sur ses boulets* lorsque l'angle formé par le paturon sur le canon s'est plus ou moins ouvert et que le premier de ces os se rapproche de la verticale ; il est *bouleté* lorsque les saillies articulaires du canon sont portées en avant. Cette déviation est un signe certain d'usure ou de douleur vive dans les tendons, sur lesquels l'animal craint de se porter ; c'est également un indice d'altération ou de resserrement du pied.

Les chevaux s'atteignent souvent au boulet par fatigue, par faiblesse, par usure, surtout quand ils ne sont pas ferrés convenablement.

Le **paturon** (premier phalangien) (31), placé obliquement d'arrière en avant, entre le boulet et la couronne, rompt la ligne droite qui est formée par l'avant-bras, le genou et le canon dans le membre antérieur, et par le canon seulement aux membres postérieurs.

Le paturon doit être arrondi, assez gros et suffisamment incliné pour amortir les réactions sans nuire à la solidité de la partie inférieure des membres. La peau qui le recouvre sera plus mince et plus souple au pli de la région.

La longueur et la direction de ce rayon influent beaucoup sur la durée des services de l'animal : un paturon court, gros, droit, rend l'appui plus solide et ménage les tendons; un paturon long, mince et trop incliné produit un résultat inverse; dans le premier cas, les réactions sont dures; dans le second, elles sont douces.

Suivant la longueur du paturon, le cheval est dit *court* ou *long-jointé*, et, suivant son degré d'inclinaison, *droit* ou *bas-jointé*.

Par suite de la malpropreté prolongée, les paturons sont sujets aux crevasses, petites plaies allongées, difficiles à guérir.

La **couronne** (deuxième phalangien) (32) suit la direction du paturon et paraît se confondre avec lui; sa beauté réside dans l'étendue de ses dimensions en largeur, en épaisseur et dans la netteté de ses contours. Il ne doit y avoir sur elle ni dépilation, ni poil hérissé.

L'ongle (33) (troisième phalangien), qui constitue le pied dans l'espèce chevaline, fait suite à la couronne, termine le membre, et qui sert à son appui, est désigné sous le nom de *sabot.* Il se compose de plusieurs pièces assez distinctes, unies entre elles, savoir : la *paroi* ou *muraille,* la *sole,* la *fourchette,* les *glômes* et le *périople.*

(Pour le rôle de ces diverses pièces, voir a description du pied dans la quatrième partie.)

CHAPITRE II.

Du corps.

Le **dos** (34), situé au dessus de la région des côtes, compris entre le garrot et le rein, a pour base les apophyses épineuses des dix à douze dernières vertèbres dorsales. Cette région, qui supporte le poids du cavalier et celui de la charge, doit présenter tout à la fois des conditions de force et de souplesse plus ou moins prononcées, suivant la destination de l'animal. La solidité de la voûte osseuse qui lui sert de base en est, avant tout, la qualité indispensable. En extérieur, le dos offre à considérer sa direction, ses dimensions et le développement de ses parties charnues. La ligne du dos doit être horizontale ou légèrement inclinée d'arrière en avant ; cette direction favorise l'action impulsive qui lui est transmise par le rein Si le dos s'incline trop en avant, on le dit *plongé :* la selle peut alors se porter sur le garrot et le blesser.

On le dit *ensellé* ou *cieux* (fig. 14) quand il décrit une courbe en contre-bas ; ce défaut n'est pas rare chez les vieux chevaux, qui ont également les parties charnues du dos plus ou moins amaigries.

Figure 11. — Cheval ensellé.

Si la ligne dorsale est légèrement convexe, le dos prend le nom de *dos de mulet* (fig. 12), et

Figure 12. — Dos de mulet.

celui de *dos de carpe*, si la convexité est plus prononcée. Dans ces deux cas, les conditions de solidité sont remplies, mais le cheval a les réactions dures et convient mieux au bât qu'à la selle.

3.

Le cheval a un *bon dessus*, le dos *bien fait*
quand cette région large joint la brièveté à une
bonne direction ; c'est un indice de force. (Fig. 13.)

Fig. 13. — Dos bien conformé, rein bien attaché.

Le dos *long* est plus flexible, mais il a moins
de solidité que le premier.

Quand le dos est étroit et que la crête osseuse
fait saillie sur les muscles, on le dit *tranchant ;*
quand, au contraire, cette crête est noyée dans
le relief formé de chaque côté par la partie
charnue, on le dit *double*. Le dos est souvent
blessé par la selle et quelquefois par le surfaix
de sangle qui sert à fixer les couvertures ; la
plus légère meurtrissure peut devenir très sé-
rieuse dans cette région.

Le **rein** (35) fait suite au dos ; limité en
arrière par la croupe et les hanches, sur les
côtés par les flancs, il a pour base les vertèbres
lombaires.

Le rein présente la même direction et la même
largeur que le dos ; ses conditions de bonne ou
de mauvaise conformation sont aussi les mêmes.
Pour être beau, il doit être court, large et bien

musclé Le rein long est toujours faible, surtout s'il n'est pas suffisamment large.

Le rein est *bas* quand il ne se relie pas horizontalement avec la croupe ; ou le dit *mal attaché* ou *mal soudé*, lorsque l'abaissement est prononcé et que la croupe paraît plus élevée. Ce défaut, qui coïncide habituellement avec un rein long, étroit et maigre, nuit à la rapidité des allures, rend l'action de reculer difficile et est défavorable à la solidité.

Le rein, aussi bien que le dos, peut être *tranchant* ou *double ;* ce dernier caractère se remarque sur les chevaux de gros trait. Le rein est sujet aux mêmes accidents que le dos et ceux-ci ont la même gravité. C'est vers la partie moyenne que l'on exerce un léger pincement pour s'assurer de la sensibilité et de la souplesse du rein.

Le flanc (36), situé de chaque côté du rein, en arrière des côtes et en avant des hanches, est beau quand il est court et plein. Sa brièveté, due à l'élévation et au cintre plus prononcé des dernières fausses côtes, coïncide toujours avec une poitrine profonde et un rein court. Un flanc long est la conséquence forcée de la disposition contraire. Les juments ont naturellement cette région plus longue que les chevaux.

Quand les animaux se nourrissent mal, ou sont mal nourris, sont maigres ou maladifs, le flanc présente deux dépressions bien accusées ; l'une supérieure et l'autre inférieure, séparées obliquement par un relief musculaire qu'on appelle la *corde du flanc*. Lorsque la dépression supérieure forme un enfoncement prononcé, le flanc est dit *creux*; il est *cordé*, si la saillie musculaire est par trop visible ; on le dit encore *retroussé*, quand il semble contracté et remonté. Enfin si ces caractères sont très apparents, le cheval est dit *efflanqué*.

Cette région est surtout importante à considérer en raison des mouvements respiratoires qui s'y reflètent.

Dans l'état sain et au repos, les mouvements du flanc sont lents et réguliers ; le contraire a lieu dans certaines maladies, comme la *pousse*. Celle-ci est caractérisée par une élévation et plus particulièrement par un abaissement des flancs. qui s'exécutent en deux temps, entre lesquels il y a un arrêt désigné sous les noms de *soubresaut, coups de fouet, contre-temps de la pousse.*

Les **côtes** (37) forment latéralement la charpente osseuse de la cavité de la poitrine, dont elles protégent les organes. Cette partie, en extérieur, est circonscrite par les épaules, les flancs, le dos et le ventre.

Du degré d'écartement, de courbure et de longueur des côtes dépend la capacité de la poitrine, qui, pour être bien faite, doit être longue et bien arrondie.

Les côtes moins arquées, mais longues, en donnant à la poitrine plus de hauteur que de largeur, peuvent favoriser la vitesse. Mais pour le cheval de guerre, il faut toujours rechercher une côte ronde, car elle est la plus sûre garantie d'un bon entretien, d'une grande solidité, d'un service de longue durée.

La côte est dite *basse*, *descendue*, quand, à sa partie inférieure et en avant, elle dépasse le niveau du coude ; c'est la poitrine du cheval *près de terre* et *de fond*. Un cheval dont la côte n'atteint pas le niveau de cette région fait dire de lui qu'il est trop *enlevé*.

Quand les côtes sont *courtes* et *plates*, la poitrine est étroite et les membres antérieurs sont peu écartés. La selle détermine encore, à la partie supérieure des côtes, des blessures qu'on appelle *cors*. A la partie inférieure se voient souvent des dépilations et des cicatrices résultant de l'application de sétons ou de vésicatoires trop fortement appliqués.

Le **passage des sangles** (38), situé au bas de la poitrine, en arrière de l'inter-ars, des coudes et en avant du ventre, doit être bien descendu et arrondi sur les côtés. Cette conformation se lie à une large poitrine et fait dire du cheval qu'il a du *surfaix*.

Si au contraire la même région est plate, comme on le remarque sur les chevaux à poitrine étroite, l'animal se montre ordinairement dépourvu de fond. La sangle de la selle y produit des blessures auprès des coudes, et au-dessous de la région, des engorgements plus ou moins durs.

Le **ventre** (39), placé au dessous des flancs et des côtes, se trouve limité en avant par le passage des sangles et en arrière par les organes sexuels et les flancs.

Le volume de cette région est habituellement en rapport avec celui des organes digestifs, dont le développement dépend beaucoup du mode de nourriture de l'animal.

Chez les chevaux bien conformés, le ventre ne dépasse jamais le cercle des côtes et affecte avec elles et le flanc une forme cylindrique.

Si le ventre est volumineux, on le dit *avalé*, *tombant* ou *ventre de vache*; cette disposition annonce un cheval mou, peu propre aux allures rapides et prédisposé aux blessures produites par la sangle.

Si l'animal présente le défaut opposé, c'est-à-dire si son ventre parait retiré vers le flanc, on le dit *levretté* ou *étroit de boyaux*, dans l'ancien langage, et cela indique généralement que le sujet se nourrit mal. Cependant, par l'effet d'un régime particulier, sans qu'il y ait rien à reprocher à l'animal, son ventre peut être diminué de volume, tout à fait levretté même, comme on peut le remarquer sur les chevaux préparés pour les courses. Cette pratique a pour but d'alléger le cheval d'abord et puis de favoriser sa respiration en donnant plus de liberté aux poumons.

Sur les parois du ventre on remarque quelquefois des tumeurs arrondies, très mobiles, constituées par une portion de l'intestin. A la suite de contusions ou de chutes, les muscles abdominaux, en se déchirant, laissent passer l'intestin, qui sort de sa cavité et vient alors faire saillie sous la peau.

CHAPITRE III.

De l'arrière-main.

La croupe (40) fait suite au rein ; elle est limitée sur les côtés par les hanches, les cuisses, et postérieurement par la queue ; l'épine sus-sacrée et les angles internes de l'ilium en forment la base.

Dans le cheval de selle, la croupe est bien conformée quand elle est longue, suffisamment inclinée, d'une largeur moyenne et toujours bien musclée (fig. 14).

La longueur de cette région favorise l'action des muscles qui s'y fixent, et augmente par cela même la puissance transmise au tronc par les efforts impulsifs des membres postérieurs. La disposition contraire est toujours un défaut chez un cheval de selle.

Fig. 14.
Type de beauté (croupe.)

Quant à la direction, si la croupe est trop inclinée, elle nuit à la vitesse, mais, en revanche, cela favorise les mouvements enlevés. Considérée comme une qualité relative, cette inclinaison peut être recherchée pour le travail de manège.

Si l'obliquité est exagérée, la croupe est dite *avalée* ou *en pupitre* (fig. 15); si cette dernière se trouve en même temps très courte, la croupe est dite *coupée*; ce défaut ne se rencontre que chez les chevaux de race commune ou dégénérée.

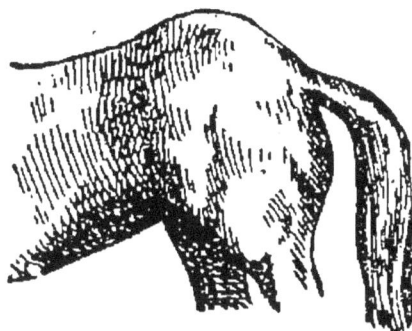

Fig. 15.
Croupe trop oblique.

Si le sommet de la croupe est en saillie et si les couches musculaires, peu développées, forment un plan incliné de chaque côté vers les hanches, elle est dite *tranchante*. Cette variété se remarque généralement sur les chevaux de races légères des pays accidentés.

Quand les saillies osseuses de cette région sont très prononcées, on la dit *anguleuse*; cette disposition n'est que disgracieuse à l'œil, si les muscles sont assez développés.

Fig. 16.
Croupe double et *large*.

La croupe est *double* quand les masses charnues, fortement en saillie, sont séparées par un sillon bien marqué. Une conformation semblable, défectueuse chez le cheval de selle, parce qu'elle donne lieu à un mouvement de bercement qui ralentit les allures, est au contraire une qualité chez le cheval de gros trait, parce qu'elle est un indice de force.

La croupe doit être large (fig. 16) ; dans cette condition, le cheval est *ouvert du derrière* et *chasse bien* ; cette largeur prononcée est une beauté de premier ordre chez une jument poulinière.

La croupe *étroite* est défectueuse ; si cette étroitesse ne se remarque qu'à la partie postérieure, l'animal est dit *pointu du derrière*.

La **queue** (os coccygiens) (41) fait suite à la croupe et couvre l'anus. Formée d'un tronçon mobile garni de crins en dessus et sur les côtés, elle sert à chasser les insectes ailés.

Sur les chevaux distingués, les crins de la queue sont fins, souples, droits ou ondulés ; chez ceux de race commune, ils se montrent, au contraire, gros, épais, hérissés ou entremêlés.

Si les crins sont rares et courts, on la dit *queue de rat*. L'observation paraît avoir démontré que les chevaux qui présentent cette particularité sont généralement énergiques. Néanmoins, la queue de rat est toujours disgracieuse.

Le tronçon peut être roide ou non, avoir différents degrés de fermeté ; la grande résistance qu'il oppose quand on le soulève est considérée généralement comme un indice de vigueur.

Le tronçon et ses crins peuvent être maintenus plus ou moins longs : le cheval est *à tous crins*, si ces deux parties n'ont subi aucun raccourcissement ; il est *écourté* ou *courte-queue*, si une partie notable du tronçon a été retranchée et si la coupe des crins est au niveau de la section du premier ; si, au contraire, les crins ont été ménagés sur les côtés et retombent en panaches, la queue est dite *en catogan*.

La queue est *en balai* quand ses crins, d'une longueur inégale, forment une touffe effilée.

La queue, suivant la direction de la croupe, peut être attachée plus ou moins haut. Elle est dite *bien attachée* quand le tronçon élevé se sépare bien des fesses ; si, dans ces conditions, elle décrit une courbe supérieure, on la dit *en trompe* ; si, au contraire, partant de bas, elle se détache peu, elle est alors *mal attachée collée*. Ce défaut accompagne ordinairement les croupes avalées et se remarque particulièrement sur les chevaux communs. La vermine et la gale font souvent leur première apparition à la queue. Les crins peuvent être usés, arrachés, ébouriffés par suite de la mauvaise habitude qu'ont certains chevaux de se frotter au mur ou contre les poteaux.

Les **hanches** (42), placées entre les flancs et la croupe, n'ont de limite bien tranchée que le contour de la saillie osseuse qui en est la base (*ilium*). La beauté principale de ces régions, qui dépend de la largeur de la croupe, avec laquelle elles se confondent, réside dans leur écartement.

La hanche est dite *bien sortie* quand, placée à la hauteur de la croupe, sa surface demi-ronde est assez proéminente. Si cette proéminence est exagérée, le cheval est *cornu*. Ce défaut originel, particulier à certaines races, ne doit pas être confondu avec celui résultant d'un état de maigreur.

La hanche présente une saillie d'autant plus élevée que la direction de la croupe est plus oblique. La hanche qui n'est pas assez saillante est dite *effacée* ou *coulée*; elle est *noyée* si elle paraît enfoncée.

Une hanche peut être plus basse que l'autre. Cette inégalité, due le plus souvent à un accident, fait dire du cheval qu'il est *déhanché*, *épointé*, qu'il a un *coup de balai*.

Les juments ont ordinairement les hanches plus larges que les chevaux : cette conformation est une beauté à rechercher chez une poulinière.

La **fesse** (43), située au dessous de la croupe et en arrière de la cuisse, qui se confond avec elle, s'étend de la base de la queue à la corde du jarret ; sa partie supérieure offre une sorte de saillie nommée *pointe* ou *angle* de la fesse, qui a pour base l'angle postérieur de l'ischium.

La beauté de cette région consiste dans la proéminence et l'écartement de ses pointes, dans la longueur, la largeur et l'énergie de ses muscles. Le cheval qui présente ces bonnes conditions est dit *ouvert du derrière* et *bien culotté*.

La fesse longue, droite, bien descendue, est une beauté favorable à la vitesse ; celle qui est *courte, oblique* ou *coupée* n'a pas cet avantage, mais si les muscles en sont fermes et bien nourris, le cheval peut être appelé à faire un bon service à des allures lentes ou moins accélérees.

Les fesses aplaties, rentrées, amaigries, sont toujours un indice de faiblesse ou de dépérissement

La **cuisse** (fémur) (44), comme la région précédente, se détache du tronc ; ses limites sont : en haut, la hanche et la croupe : en avant, le flanc ; en bas, la jambe et, en arrière, la fesse.

Cette région présente deux faces à considérer : l'une externe et l'autre interne; dite *plat de la cuisse*.

La cuisse, pour être belle, doit être sèche, épaisse, arrondie, et ses muscles doivent être fermes et vigoureux ; cette qualité première, absolue, fait dire du cheval qu'il est *bien gigoté*. Si les muscles sont peu développés, on dit alors que l'animal a la *cuisse plate* ou *de grenouille*. Cet aplatissement, s'il ne résulte pas d'un état de maigreur accidentel, annonce toujours peu de force dans l'arrière-main. Chez les chevaux de bonne race, vigoureux, à peau fine, la séparation des muscles forme à la face externe des sillons prononcés qu'il ne faut pas confondre avec ceux qui se montrent dans l'amaigrissement, et que l'on désigne sous le nom de *raies de misère*. La face interne, chez les chevaux énergiques, présente aussi une séparation bien nette avec la jambe qui lui fait suite. Cette face interne, recouverte d'une peau fine dépourvue de poils, est longée par une veine saillante nommée *saphène*, à laquelle on pratique quelquefois la saignée.

La longueur et l'obliquité plus grandes de la cuisse doivent être considérées comme des beautés *relatives* à rechercher pour les allures rapides, car elles permettent aux membres pos térieurs d'embrasser une plus grande étendue de terrain. Aux fesses et aux cuisses on rencontre quelquefois des *tumeurs molles* résultant de coups de pied ou des traces de séton et de vésicatoire.

Le grasset (45), situé en avant de l'angle formé par la réunion de la cuisse avec la jambe, correspond au genou de l'homme. Il a également pour base l'os désigné sous le nom de *rotule*, qui contribue à lui donner sa forme arrondie. La peau fine et souple qui recouvre cette région se prolonge en avant en une sorte de bride ou de pli qui la relie à la partie inférieure du flanc et constitue le *pli du grasset*.

La beauté du grasset dépend de sa netteté et de sa direction ; il doit être situé un peu en dehors pour faciliter le jeu du membre postérieur en avant, sans que la saillie du ventre puisse mettre obstacle à ce mouvement et nuire à la progression.

La rotule peut être accidentellement déviée en dehors ; cette luxation, d'une réduction facile, se remarque quelquefois sur les poulains et même sur les jeunes chevaux. Les blessures de cette région sont toujours très graves.

La jambe (tibia) (46), qui s'étend de la partie inférieure de la cuisse au jarret, offre à considérer, comme l'avant-bras, auquel elle correspond, des beautés absolues et des beautés relatives.

Vue de profil, cette région doit être large, bien musclée, suffisamment longue et inclinée, pour réunir à la fois les conditions de force et de vitesse indispensables aux chevaux de troupe et surtout au cheval de selle Lorsque la saillie musculaire formée en avant et en dehors est très prononcée, le cheval est dit avoir *du mollet* ; dans le cas contraire, la jambe est grêle : il est superflu de rappeler que ce défaut implique un manque de force.

Une jambe longue, moins inclinée, permet à l'animal d'embrasser plus de terrain et favorise la vitesse ; cette beauté *relative* est donc à rechercher pour les chevaux que l'on destine aux allures rapides.

Chez le cheval de trait, qui va aux allures lentes, la jambe sera plutôt courte que longue, toujours très oblique et surtout fortement musclée. Les coups de pied qui portent à la face interne de la jambe dégarnie de chair sont aussi graves que ceux qui atteignent l'avant-bras.

Le **jarret** (os tarsiens) (47), compris entre la jambe et le canon, est très important à considérer, par le rôle qu'il joue dans la station, la progression et les mouvements impulsifs ; aussi doit-il être solidement constitué pour soutenir, par la puissance de ses ressorts, l'action des muscles de l'arrière-main, pour résister à la réaction produite dans les mouvements d'enlever, comme le cabrer, et dans ceux de grande vitesse ou d'arrêt brusque en cas d'allure vive.

Indépendamment de ses faces, le jarret présente plusieurs parties qu'il importe de faire connaître, savoir : 1° *le pli*, c'est-à-dire l'angle rentrant que l'on observe à la face antérieure ; 2° *la pointe* ou *le sommet*, formé par l'extrémité d'un os qui correspond à celui du talon de l'homme et que l'on nomme le *calcaneum* ; 3° *la corde*, constituée par de forts tendons ; 4° son *vide* ou *creux*, qui se trouve situé entre le cal-

caneum et l'extrémité inférieure de l'os de la
jambe ou *tibia*.

Comme toutes les régions, le jarret présente
des conditions de bonne ou de mauvaise structure, ainsi que des beautés absolues et relatives.

On le considère comme beau et bon quand,
mesurant une grande largeur du pli à la pointe,
il est en même temps épais d'un côté à l'autre,
sec, net et bien évidé.

On considère comme des défauts absolus le
manque de largeur sur toutes ses faces, ou simplement l'étranglement prononcé à sa base.

Le jarret, suivant le degré d'ouverture de l'angle qu'il forme, peut être *droit* ou *coudé* : le
premier, lorsqu'il est suffisamment large et placé
bas, est favorable à la vitesse, notamment sur
les terrains plats ; le second favorise davantage
les mouvements enlevés, surtout avec la croupe
longue et oblique.

La direction des jarrets peut s'écarter de l'axe
du corps et leurs pointes se rapprocher jusqu'à
se toucher ; cette déviation en dedans rend le
cheval *crochu* ou *clos* de derrière ; si au contraire, les pointes se portent en dehors, l'animal
est ouvert et ses jarrets sont le plus souvent *vacillants*. (*Voir le chapitre des aplombs.*)

Le jarret peut être empâté par suite de maladies intéressant les os, les ligaments, l'articulation elle-même, ou présenter des tumeurs dures,
molles, plus ou moins prononcées.(*Voir l'article sur les tares.*)

Les rayons qui terminent les membres postérieurs après les jarrets, à part un peu plus de longueur, présentent les mêmes caractères de beauté et de défectuosités que les parties qui leur correspondent dans les membres antérieurs.

Des ouvertures naturelles et des organes sexuels.

L'anus. On nomme ainsi l'ouverture postérieure du tube digestif qui se trouve placée sous la queue, où elle forme un bourrelet circulaire. Cette terminaison du *rectum*, recouverte par une peau fine, doit être arrondie, peu volumineuse et toujours parfaitement close par la constriction énergique du muscle *sphincter*. Ces caractères sont un indice de vigueur, de bonne santé, et il y a lieu de supposer le contraire si l'anus est enfoncé, flasque et ballottant. Parfois il est béant chez les sujets faibles, vieux et épuisés ; si dans ces conditions, l'animal expulse des gaz ou des crottins mal liés, on le dit *vidard*. Les chevaux gris ont souvent autour de l'anus des tumeurs de volume variable, constituées par une matière noire appelée *mélanose*.

La vulve. On désigne ainsi l'orifice extérieur des organes génito-urinaires de la jument. Située sous l'anus, cette ouverture, de forme allongée, est maintenue fermée par deux lèvres verticales et par un relief légèrement arrondi, que recouvre une peau fine, luisante, dépourvue de poils. Pendant l'émission de l'urine, la contraction fait saillir à sa commissure inférieure un petit corps arrondi, de couleur foncée : c'est le *clitoris*, qui se durcit et apparaît souvent quand les désirs sexuels se font vivement sentir.

Les lèvres de la vulve doivent être fermes et ne présenter aucune trace de blessures ni de végétations (verrues).

Les mamelles, situées en arrière du ventre et entre les cuisses, forment deux éminences arrondies, séparées l'une de l'autre par un sillon peu profond. Elles présentent, vers leur centre, un petit prolongement nommé le *mamelon*, qui, percé de plusieurs trous, donne passage au lait que le jeune sujet attire par succion. Les mamelles, hors le cas de plénitude, sont généralement peu volumineuses ; mais chez les juments destinées à la reproduction, elles doivent être bien dessinées et surtout exemptes de maladies.

Le fourreau est un repli que forme la peau, à la région postérieure du ventre, pour envelopper et protéger la partie libre de la verge. A l'endroit où elle s'infléchit et s'engaine, la peau tout à fait fine sécrète à sa surface une matière grasse destinée à faciliter la sortie de l'organe mâle.

Pour ne mériter aucun reproche de ce côté, le cheval doit avoir un fourreau peu volumineux, large et souple. Quand cette espèce d'étui se trouve gonflé, trop étroit ou en partie obstrué par de la matière grasse, de couleur noire, la verge ne peut pas en sortir, et alors l'animal *pisse dans son fourreau*. Cet inconvénient est plus ou moins grave.

Le pénis, toujours retiré à l'intérieur du fourreau, excepté au moment de l'émission urinaire et de l'érection, doit être lisse, cylindroïde et avoir une longueur convenable.

Au moment de l'accouplement, cet organe se raidit, s'allonge et met en relief un bourrelet circulaire nommé *tête* ou *champignon*. Le pénis de l'*étalon* ne doit présenter aucune plaie, fistule ou végétation verruqueuse. La chute de cet organe peut avoir pour cause un état de paralysie ; mais en dehors de cela, lorsqu'il est mou, pendant, c'est l'indice d'un manque de vigueur ou la suite d'un exercice immodéré.

Les testicules, organes du cheval entier, au nombre de deux, l'un à gauche, l'autre à droite, sont situés entre les cuisses, dans la région dite *inguinale*.

Ces organes, constitués par des corps glanduleux, de forme ovoïde, un peu aplatis d'un côté à l'autre, sont recouverts par une peau fine, lisse, dépourvue de poils, qui les enveloppe à la manière d'une poche et forme ce que l'on nomme les *bourses* ou le *scrotum*. Les testicules, dont le gauche est toujours un peu plus gros que le droit, doivent être fermes, moyennement gros, sans inégalités et non douloureux à la pression ; la peau des bourses, toujours souple, luisante onctueuse, sera exempte d'infiltration.

Les testicules habituellement trop descendus annoncent une nature molle, froide, un tempérament lymphatique.

Les chevaux privés de ces organes par la castration sont dits *hongres*, et l'on donne le nom d'*étalon* au cheval entier destiné à la reproduction

Le cheval *mal castré*, vulgairement appelé *couillard*, est celui dont l'un des deux ou les deux testicules ne sont pas descendus dans les bourses, auquel l'opération n'a point été faite ou n'a pu être faite que d'un seul côté, qui a du goût pour les juments, saute sur elles, entre en érection et fonctionne comme les chevaux entiers.

Le **périnée** est l'espace compris entre les fesses, de l'anus aux testicules chez le cheval, et de l'anus à la vulve chez la jument ; mais on doit également comprendre dans le périnée la région qui s'étend de la commissure inférieure de la vulve aux mamelles.

La peau du périnée doit être fine, souple et sans nodosités ; cette surface correspond, dans une grande étendue chez le cheval, au canal (urètre) qui conduit l'urine au dehors.

Le **raphé**. On nomme ainsi la ligne longitudinale située dans le milieu du périnée. Le raphé forme un petit relief ressemblant à une couture qui, dans le mâle, se prolonge de l'anus au fourreau.

CHAPITRE IV.

Tares des membres.

On réserve particulièrement le nom de *tares* aux tumeurs dures ou molles placées le long des rayons osseux et au pourtour des articulations, qui gênent plus ou moins les mouvements des mem·res et rendent très souvent les chevaux boiteux.

Par extension, on a aussi donné le nom de *tares* à des traces d'accidents ou d'opérations (cheval taré par le feu, par les cicatrices de vieilles lésions).

Les tares *durcs* ou *osseuses* sont constituées par des tumeurs de volume variable, plus ou moins régulières, qui ont pour causes des tiraillements exercés sur l'enveloppe fibreuse des os (périoste) ou des contusions portées sur ces derniers. L'inflammation qui en résulte amène le plus souvent à sa suite un dépôt de matière osseuse aux points tiraillés ou contus. Mais quelquefois aussi, ces tumeurs sont dues à une prédisposition que les animaux tiennent de leurs ascendants, et elles se produisent alors en divers endroits sans la moindre cause apparente.

Des tares dures peuvent exister au pourtour de l'articulation du genou, sous forme de petites saillies ou d'osselets. Celles qui

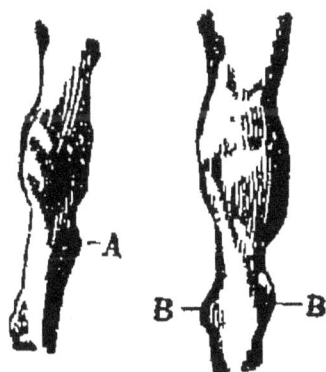

Fig. 17.   Fig. 18.

viennent de chaque côté du canon, plus souvent en dedans, ont reçu le nom de *suros*. Ceux-ci sont *simples* (fig. 17, A), *doubles* ou *chevillés* (fig. 18, BB). Par leur nombre, leur forme et surtout par leur position à l'égard des tendons et des ligaments, les tumeurs osseuses mettent toujours une plus ou moins grande gêne à la liberté du mouvement Pourtant, lorsque aucune des parties fibreuses ne se trouve froissée par leur présen-

ce, le cheval ne boite guère qu'au moment de la manifestation du mal ou à la suite de longues fatigues. A la région du boulet, ces tares se font remarquer par de petites élévations allongées ou noueuses. Sur les os du

Fig. 19.

paturon et de la couronne, elles prennent le nom de *formes*. On désigne encore sous ce nom l'ossification des cartilages de l'os du pied (fig. 19, C).

Le jarret peut présenter diverses tares osseuses

isolées, dont quelques-unes ont reçu les noms particuliers de *courbe*, *jarde* et *éparvin*.

La courbe (fig. 20, A) est située à la partie supérieure de la face interne du jarret, au dessus de son pli. Quand elle est peu développée, sa gravité

Fig. 20.   Fig. 21.

n'est pas grande; mais lorsqu'elle se porte en arrière, elle borne le jeu de l'articulation et cause quelquefois la boiterie.

La jarde (fig 21, A) survient à la partie inférieure et postérieure de la face externe du jarret. On la remarque particulièrement sur les jarrets coudés ou étranglés. Quand la tumeur contourne en arrière la base de cette région, elle fait boiter le cheval; peu volumineuse, elle est moins grave et prend le nom de *jardon*.

L'éparvin (fig. **22**, A), à l'opposé de la jarde, se développe à la face interne du jarret, au niveau de sa réunion avec le canon. La gravité plus ou moins grande de cette tare dépend de son volume, de sa forme et de sa position. Situé au dessus de la châtaigne, l'éparvin offre peu d'inconvénients; placé plus haut et en arrière, il est assez grave; mais le plus dangereux se trouve en avant. On donne à cette tare le nom d'*éparvin calleux* et celui d'*éparvin sec* à un mouvement convulsif qui se manifeste dans la flexion du membre postérieur pendant la marche et surtout au départ. Ce mouvement s'exprime par le terme de *harper*, et il a pour inconvénient, chez les chevaux de selle, de nuire à la rapidité des allures.

Fig. 22.

Les **tares molles** sont constituées par des tumeurs élastiques, souvent indolentes, qui siègent au pourtour des articulations et sur le trajet des tendons.

Ces tumeurs, dues à l'épanchement et à l'accumulation du liquide (*synovie*) qui facilite le jeu des articulations et le glissement des tendons, ont reçu des noms particuliers suivant les formes qu'elles affectent ou la région qu'elles occupent.

Au jarret, on les désigne sous les noms de

vessigons (fig. 24, A) de *capelet* (fig. 24 B); à la région inférieure des membres, elles prennent celui de *molettes* (fig. 23, A et B).

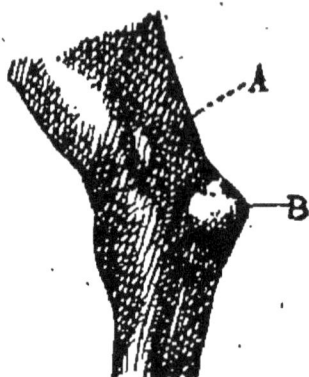

Les **vessigons** sont dits *articulaires* ou *tendineux, simples* ou *chevillés;* cette dernière dénomination indique qu'ils existent de chaque côté de la région et qu'en outre ils

Fig. 23.　　Fig. 24.

se trouvent exactement placés vis-à-vis l'un de l'autre (fig. 23, A).

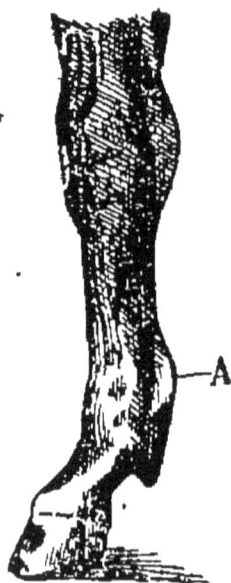

Les molettes peuvent également être chevillées (fig. 23, A B).

A la partie supérieure de sa face externe, le genou peut être affecté d'un vessigon tendineux. Le pli du jarret, à sa face interne peut aussi être le siège d'un vessigon articulaire; sur les côtés se remarquent des vessigons tendineux et sa pointe peut présenter une tumeur de même nature appelée *capelet* (fig. 24 B).

La région inférieure des membres (boulet et paturon)

Fig. 25.

peut être affectée de molettes articulaires et

tendineuses. (Voir pour leur position, les figures 23, A et B, et 25, A.)

En général, ces dilatations ne.font boiter le cheval que quand elles se produisent brusquement, mais toutes les tumeurs molles sont toujours une marque de faiblesse ou de fatigue des membres.

CHAPITRE V.

Des mouvements.

Les mouvements ont pour agents des leviers osseux mus par les muscles. Le cheval peut se mouvoir sur place ou en déplaçant son corps; suivant ces cas, les mouvements ont été divisés en *attitudes, mouvements sur place,* en *saut, reculer* et *allures.*

Les attitudes sont les positions diverses que le cheval peut prendre sans déranger en totalité la masse du corps; elles comprennent le *décubitus* ou *coucher* et la *station.*

Le décubitus ou **coucher** est l'attitude que le cheval prend pour se reposer, soit en s'appuyant sur le poitrail et le ventre, la tête plus ou moins relevée, soit en se plaçant sur l'un des côtés du corps avec la tête et les membres étendus ou fléchis.

La **station** est l'attitude dans laquelle le cheval repose sur les quatre membres ou sur trois, un des quatre étant fléchi ou au repos.

La station peut être *libre* ou *forcée;* elle est libre toutes les fois que l'animal est abandonné à lui-même et qu'il prend la position qui lui convient le mieux; elle est *forcée* dans certains cas de maladie ou imposée par le cavalier.

La station forcée se subdivise en *placer*, *rassembler* et *camper*.

Le *placer* est l'attitude du cheval posant d'aplomb sur ses membres, la tête et l'encolure soutenues.

Dans le **rassembler,** les quatre membres sont engagés plus ou moins sous le corps, la tête et l'encolure ramenées.

Dans le **camper,** l'encolure et la tête sont maintenues élevées, les membres antérieurs, plus ou moins portés en avant, et les postérieurs, en arrière de la ligne d'aplomb.

Mouvements sur place. — Ces mouvements sont ceux que l'animal peut faire exécuter à certaines parties de son corps sans qu'il y ait progression : ce sont le *cabrer* et la *ruade*.

Le **cabrer** est une élévation brusque de l'avant-main et du corps sur l'arrière-main qui s'engage sous l'animal sans quitter le sol ; ce mouvement, très pénible, exige une certaine vigueur et un rein solide.

La **ruade** est l'action inverse du *cabrer* : elle s'opère par l'abaissement de la tête, une élévation prompte du corps et de l'arrière-main sur les membres antérieurs, avec une détente rapide du bipède postérieur en arrière. La *ruade* est le moyen de défense le plus puissant du cheval. La durée de ce mouvement est nécessairement très courte.

Saut et reculer. — Dans ces deux mouvements, l'animal déplace tout son corps pour le porter plus ou moins vivement sur un point. De ces deux déplacements, le *saut* est celui qui

Hippologie   4

demande le plus d'efforts musculaires. Il s'exécute par un mouvement que fait le cheval en
détachant du sol ses quatre extrémités pour les
transporter d'un point sur un autre.

Si le cheval, après s'être cabré à moitié, s'é-
lance en avant, *il pointe ;* si ce mouvement se
fait sur place, c'est le *saut de mouton ;* on lui
donne le nom d'*écart* lorsqu'il a lieu sur les côtés.

Le **saut** sert à franchir les obstacles ; on le
retrouve dans plusieurs allures, telles que le
trot et le *galop.*

Le reculer est une succession de déplacements du corps et des membres en arrière. Ce
mouvement, très pénible pour le cheval, s'exécute d'ordinaire très lentement.

ALLURES. — Avant de parler des allures ou de
la marche de l'animal, il convient de rappeler
que la première partie de ce traité a déjà fait
connaître que les membres constituent quatre
colonnes brisées destinées à soutenir le tronc et
à le transporter ; que c'est par l'effet de la contraction musculaire que les rayons superposés
de ces colonnes sont maintenus droits et rigides
pendant la station, ou qu'ils se meuvent dans un
sens ou dans l'autre, à la volonté de l'animal.

Les allures s'exécutent donc par une série de
déplacements où les membres entrent successivement en jeu par *paires* ou *bipèdes.* On entend
par *bipède* deux pieds considérés ensemble, soit
en station, soit en mouvement ; ces bipèdes, au
nombre de six, sont : 1° le *bipède antérieur,*
qui comprend les deux pieds de devant sous ce
nom ; 2° le *bipède postérieur,* comprenant ceux

de derrière ; 3° le *bipède latéral droit*, formé du pied antérieur droit et du postérieur du même côté ; 4° le *bipède latéral gauche*, formé du pied antérieur gauche et du postérieur du même côté ; 5° le *bipède diagonal droit*, formé du pied antérieur droit et du postérieur gauche ; 6° le *bipède diagonal gauche*, formé du pied antérieur gauche et du postérieur droit. Ces quelques détails étaient indispensables pour l'intelligence du mécanisme si compliqué des allures.

On donne ce nom aux différents modes de locomotion employés par le cheval pour aller d'un point à un autre.

Toute allure exige que l'inclinaison du corps en avant soit dirigée vers le point où l'animal doit se porter ; puis l'action combinée des membres détermine la *marche*, qui se décompose elle-même en deux mouvements principaux : le *lever* et le *poser*.

Le **lever** du membre se subdivise en *lever* et en *soutien*. Le *poser* est toujours accompagné d'un bruit qu'on nomme *battue*, et d'une empreinte sur le sol qu'on appelle *foulée*.

On a divisé les allures en : *naturelles, acquises, défectueuses* et *artificielles*.

1° ALLURES NATURELLES. — Les allures naturelles sont celles que le cheval exécute sans qu'on les lui ait apprises. Elles comprennent : le *pas*, le *trot* et le *galop*.

Le pas est l'allure la plus lente, la plus régulière et celle que le cheval peut soutenir le plus longtemps. Ce mode de progression s'exécute en quatre temps, rapprochés deux à deux en diagonales, pendant lesquels le corps ne quitte jamais le sol de telle sorte qu'il y a toujours deux pieds levés et deux à l'appui, excepté au depart.

Le cheval partant du pied droit, voici dans quel ordre les quatre membres se lèveront et se poseront alternativement : 1° le membre antérieur droit; 2° le membre postérieur gauche ; 3° le membre antérieur gauche; 4° le membre postérieur droit.

Dans cette succession de mouvements, où le cheval entame le pas initial par le lever du membre antérieur droit, le corps appuie sur trois pieds (1er temps); puis, peu après, le membre postérieur gauche se lève et le corps repose sur le bipède diagonal gauche pendant que le premier est au soutien (2e temps); puis, le membre antérieur droit, le premier levé, arrivant au poser, l'antérieur gauche se lève immédiatement, de sorte que dans ce troisième temps où le pied postérieur gauche n'a pas encore atteint le sol, le corps est supporté par le bipède latéral droit, le gauche étant en l'air; puis le pied postérieur gauche arrivant à terre à son tour, détermine le lever du postérieur droit, et remet de nouveau l'appui sur un bipède diagonal, le droit, le gauche étant au soutien (4e temps). Enfin, le membre antérieur gauche et le postérieur droit, qui sont au soutien, gagnent aussi le sol dans le même ordre que ceux du diagonal droit, et le cheval se trouve de nouveau à l'appui sur ses quatre membres, s'il rentre au repos. Telle est, dans sa plus grande simplicité, la décomposition de cette allure. où l'animal fait entendre quatre battues également espacées.

Dans le pas régulier, malgré les quatre battues, on ne retrouve que deux foulées sur le sol ; la piste du pied antérieur est, dans ce cas, toujours couverte par celle du pied postérieur du même côté. Quand le pas est irrégulier, les pistes postérieures dépassent celles de devant, ou n'arrivent pas jusqu'à elles.

Le **trot**, qui tient le milieu entre le pas et le galop, au point de vue de la vitesse, exige, pour être allongé, soutenu et régulier. beaucoup de force, de moyens naturels de la part de l'animal. Dans cette allure, le cheval lève et pose les membres par paire diagonale, en deux temps séparés par un intervalle pendant lequel le cheval est en l'air.

Le cheval qui veut partir au trot se rassemble et projette aussitôt en avant un bipède diagonal, le droit, par exemple ; puis peu après le bipède diagonal gauche, qui complète l'impulsion première ; de telle sorte que, pendant un moment très court, le corps est complètement détaché du sol. Ces deux temps exécutés, les pieds reviennent à terre dans l'ordre de leur départ, pour opérer une nouvelle détente.

Quand le trot est bien régulier. les pieds postérieurs couvrent exactement les foulées antérieures.

Cette allure, suivant son degré de vitesse, a été divisée en *trot ordinaire, petit* et *grand trot.*

Dans le *trot ordinaire*, le temps de l'appui

est à peu près égal à celui où le cheval ne touche plus le sol.

Dans le *petit trot,* le temps d'appui est plus long.

Dans le *grand trot,* ce même temps est moindre en durée que celui de la projection ; ces différences seules caractérisent ces trois genres de trot.

Le galop est l'allure la plus rapide ; elle est aussi, par ce fait, celle qui nécessite le plus d'efforts musculaires ou la plus grande dépense de force de toute nature. Dans sa division la plus simple, on reconnaît un *galop ordinaire,* un *petit galop* et le *galop de charge.*

Le galop dit *ordinaire* ou *franc* s'effectue en trois temps faisant entendre trois battues, séparées par un intervalle pendant lequel le cheval ne touche plus le sol.

Le cheval peut galoper à droite ou à gauche ; il galope à droite si le bipède latéral droit dépasse en avant celui de gauche, et il galope à gauche si l'inverse a lieu.

Le cheval, après avoir rassemblé ses forces et pris position pour entamer le galop, s'enlève et lance presque ensemble devant lui ses deux membres antérieurs pour embrasser le terrain ; une fois ce premier temps effectué, immédiatement après le bipède postérieur entre en jeu et opère une détente qui projette la masse du corps en haut et en avant ; après ce deuxième temps le corps est en l'air et les membres reviennent à l'appui dans l'ordre suivant : le cheval galopant à droite, la première battue sera produite par le pied postérieur gauche ; la deuxième, immédiatement après, par le bipède diagonal gauche, et la troisième, par le membre antérieur droit. Si le cheval galope à gauche, les foulées se succéderont dans un ordre inverse.

Le **petit galop**, dit de *manège*, s'exécute également en trois temps.

Le **galop de charge** ou **grand galop** ne diffère des précédents que par une succession plus rapide du lever et du poser.

On distingue aussi un grand et un petit galop à quatre temps.

Le galop peut être *juste*, *faux* ou *désuni* ; il est juste quand, tournant à gauche, le bipède latéral de ce côté dépasse le droit ; ou quand, tournant à droite, le bipède du même côté dépasse le gauche.

Le galop est faux quand le cheval, travaillant à gauche, galope à droite.

On dit le cheval *désuni du devant* quand il galope à gauche du devant en tournant à main droite, ou quand il galope à droite en tournant à main gauche ; il peut être aussi désuni du derrière. On dit enfin qu'il est décousu, si les temps ne se succèdent pas avec régularité.

D'après cet aperçu sur les allures naturelles, il est facile d'admettre entre elles cette distinction que, dans le pas, l'impulsion en avant est donnée par trois membres ; dans le trot, par deux membres en diagonale, et, dans le galop, par les quatre membres.

Les allures acquises résultent de la manière particulière dont les membres se meuvent, et ne se rencontrent que très rarement dans l'armée.

Nous ferons d'abord remarquer que les chevaux qui vont l'*amble* sont faibles de reins, pour la plupart, et à peu près usés, tandis que ceux qui ont un trot désuni le doivent le plus souvent à l'inintelligence des cavaliers qui les montent (chevaux d'officiers montés par des ordonnances).

Ces allures sont, pour le pas : l'**amble,** qui s'exécute par l'action successive des bipèdes latéraux ; le **pas re'evé**, qui s'effectue en quatre temps plus précipités que dans le pas ordinaire. Ces allures, naturelles à certains chevaux, très douces pour le cavalier, étaient autrefois fort recherch es par les personnes qui devaient faire à cheval de longues courses.

Le **traquenard** n'est qu'un trot rapide, irrégulier, décousu ; on dit d'un cheval qui marche ainsi : *il traquenarde.*

L'aubin est une sorte de galop irrégulier; dans ce mode de progression, le cheval galope du devant et trotte du derrière. Cette allure, étant toujours acquise par l'usure, est, ainsi que le traquenard, des plus défectueuses.

Marchent encore d'une manière défectueuse les chevaux qui *troussent,* quand, au trot, le genou se lève haut, sans que le membre gagne du terrain en avant; les chevaux qui *rasent le tapis,* lorsque les extrémités, s'élevant très peu au dessus du sol, exposent l'animal à buter, ceux qui *se bercent,* ceux qui *billardent,* lorsque, au trot, ils jettent les membres antérieurs en dehors; les chevaux qui *se coupent,* lorsque, pendant la marche ou la course, ils se heurtent quelques parties inférieures des membres avec les pieds; ceux qui *se croisent,* quand les deux bipèdes latéraux ne suivent pas la même ligne en marchant; ceux qui *forgent,* quand, dans la marche, ils atteignent ou frappent avec la pince des pieds de derrière les éponges ou la voûte des fers antérieurs; ceux qui *fauchent,* quand le membre antérieur décrit un arc de cercle de côté pour se porter en avant; les chevaux qui *harpent,* lorsque les membres postérieurs se lèvent brusquement et par saccade (éparvin sec); les chevaux à *jarrets vacillants,* etc.

Pour compléter ces notions abrégées sur les mouvements du cheval, il resterait à parler des allures dites *artificiell-s,* ainsi nommées parce qu'elles sont apprises au cheval, de même que les airs de manège; mais ces détails, entièrement du ressort de l'équitation, ne sauraient être contenus dans ce petit traité.

CHAPITRE VI.

De l'âge.

L'évo'ution des dents et les changements successifs qui s'opèrent dans leur forme par l'effet de l'usure servent à déterminer l'âge du cheval aussi exactement qu'il est possible de le faire. Mais, pour bien comprendre la signification de

4.

ces différents caractères, que les personnes les mieux exercées ne réussissent pas toujours à saisir, il faut avoir sur la structure et la configuration des dents quelques notions précises, tout à fait indispensables.

Les dents ont été divisées en *incisives, crochets* et *molaires*. Leur sortie a lieu à des époques assez bien déterminées. Il en est qui poussent peu de temps après la naissance pour tomber à l'époque de l'âge adulte. Ces dents, dites de *lait* ou *caduques*, font place à celles de *remplacement* ou *de cheval*. Enfin il y en a d'autres dont la venue est tardive, qui ne tombent jamais, auxquelles on a donné pour cela le nom de *persistantes*. Dans cette catégorie sont compris les crochets et les dernières dents molaires.

Les *incisives* fournissent sur l'âge du cheval les indices les plus sûrs. Elles sont fixées les unes à côté des autres, dans des trous appelés *alvéoles*, à l'extrémité de chaque mâchoire, où leur réunion forme une courbe régulière, dite *arcade dentaire*. C'est la mâchoire *inférieure* surtout que l'on doit consulter.

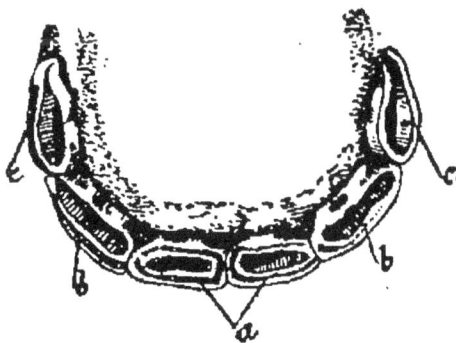

Fig. 26.

a. Pinces.
b. Mitoyennes.
c. Coins.

Les dents incisives, au nombre de six, portent

les noms de *pinces, mitoyennes* et *coins* (fig. 26) :
les deux premières occupent le milieu de l'arcade, les mitoyennes viennent ensuite des deux
côtés, et puis les coins.

Chaque dent, examinée isolément, présente
une partie libre ou *couronne*, et une partie
fixée dans la mâchoire ou
racine. Deux substances bien
distinctes concourent à les
former : l'une, blanche, nacrée, très dure, constitue
l'enveloppe extérieure de
l'organe ou l'émail : l'autre
jaunâtre, moins dure, ren-
fermée dans la première, est
formée par l'ivoire ou partie
osseuse de la dent. Dans les
incisives, l'émail extérieur dit *d'encadrement*,
se réfléchit à l'extrémité de la partie libre de
la dent, et pénètre dans son intérieur, pour y
former une cavité ovalaire, nommée *cornet dentaire extérieur*. Un enduit noirâtre tapisse le
fond de ce cornet et constitue ce que l'on est
convenu d'appeler le *germe de fève*. (Fig. 27.)

Fig. 27.
a. Partie libre.
b. Racine.
c. Table de la dent.

L'ivoire est également creusé par une cavité
qui s'élève de bas en haut jusqu'à la hauteur
du cul-de-sac du cornet précédent, dont elle
croise la direction en avant (fig 28). Cette cavité, comprise dans la racine, renferme la pulpe
de la dent, substance vasculaire et nerveuse.
Sous la pression des nouvelles couches osseuses
qui se forment en dedans, les parties molles

disparaissent d'un manière lente, et le vide du *cornet intérieur* se remplit par le haut.

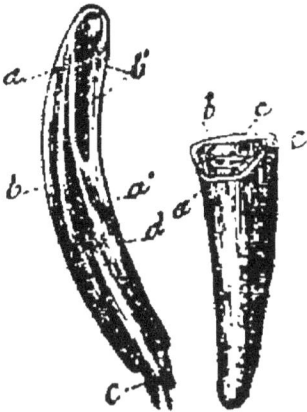

Fig. 28.

a a'. Email d'encadrement.
b b'. Substance éburnée.
c c'. Cavité de la pulpe.
d. Ivoire.
e. Etoile radicale ou dentaire.

A l'extrémité de la partie libre de chaque incisive, lorsque la dent de cheval n'a pas encore usé, on ne voit partout que l'émail, à l'extérieur, sur le tranchant des deux bords et à l'intérieur du cornet dentaire externe. Cette cavité à fond noir, d'une profondeur moyenne de 15 millimètres, diminue peu à peu d'étendue par suite du frottement. Bientôt elle se rapproche du bord postérieur de la dent, où elle forme un petit cul-de-sac à bord saillant, qui finit par disparaître. Mais avant que celui-ci soit complètement effacé, le fond du cornet dentaire interne se montre déjà sur la *table dentaire*, en avant du *cul-de-sac de l'émail central*, sous la forme d'une bande jaune clair, qui tranche sur la teinte plus foncée de l'ivoire ancien, appelée *étoile dentaire* ou *radicale*. Enfin, l'*oblitération* ou obstruction de la cavité interne, commencée par le haut, continue à se faire en descendant du côté de la racine, en sorte que la table dentaire, à mesure qu'elle se rapproche de l'extrémité inférieure par l'effet de l'usure, se rétrécit et prend successivement des formes diverses assez nettement accusées. Ces changements très appréciables que présente la table des dents de l'animal qui vieillit, constatés et suivis avec attention sur un cheval d'un âge bien connu, ont d'abord servi pour tous à déterminer, par comparaison, le nombre approximatif des années écoulées, et plus tard ils sont devenus les signes caractéristiques des différents âges.

La chose sera plus facile à expliquer et à saisir au moyen de la figure suivante (29) :

Si, par exemple, nous prenons une incisive d'adulte, l'examen le plus simple fait voir que sa partie libre est aplatie d'avant en arrière, et que sa forme est à peu près celle d'un ovale allongé.

Si maintenant, à partir de la couronne, nous pratiquons des coupes transversales et successives, de 4 en 4 millimètres, on verra la table s'arrondir d'abord, puis s'aplatir ensuite sur les côtés et prendre enfin une forme triangulaire et biangulaire, au fur et à mesure que la coupe se rapproche de l'extrémité de la racine. (Fig. 29.)

La théorie de l'âge repose sur ces changements qui correspondent chacun à une période de la vie ; ce qui

Fig. 29. permet déjà de dire que le cheval dont les incisives sont ovales n'a pas dépassé huit ans, et que celui dont la forme de la table est arrondie n'a pas dépassé douze ans, etc.

Les incisives caduques, de lait, se distinguent de celles de remplacement ou adultes par leurs dimensions plus petites et leur blancheur plus prononcée, enfin par une sorte d'étranglement ou *collet* qui sépare la partie libre de celle qui est enchâssée dans l'alvéole. Ces dents, d'une dureté moindre que les incisives d'adulte, usent aussi moins régulièrement et plus rapidement qu'elles; cependant la date de leur chute est assez précise.

Lorsqu'une dent incisive commence à sortir, on n'aperçoit qu'un bord tranchant : c'est le bord antérieur de la dent; le bord postérieur n'est apparent que quelque temps après.

Signes à l'aide desquels on peut reconnaître l'âge des chevaux.

L'étude de l'âge offre trois périodes distinctes à considérer :

1º La sortie et le rasement des dents incisives caduques ;

2º La sortie et le rasement des dents de remplacement ;

3º Les formes diverses que prennent les tables rasées et usées.

On dit d'une dent qu'elle a usé quand son bord antérieur, le premier sorti et le plus élevé, a perdu par l'usure la couche d'émail qui le rendait tranchant. On la dit rasée quand le bord postérieur, arrivé au niveau du premier, a également usé. L'extrémité de la dent, devenue plane, prend le nom de *table dentaire*, et alors la couleur jaune de l'ivoire y tranche sur l'aspect vitreux des deux couches d'émail.

1° C'est ordinairement au printemps que les poulains naissent; c'est aussi à partir de cette saison que l'on compte, pour les chevaux, le commencement de chaque année.

A sa naissance, le poulain est généralement dépourvu d'incisives. Les pinces sortent du

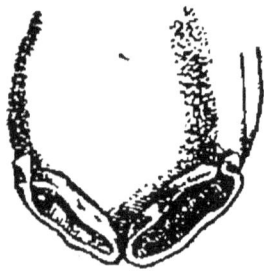
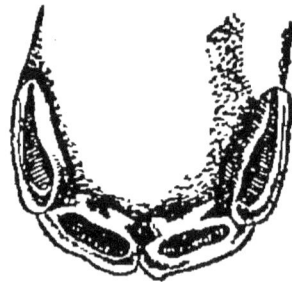

Fig. 30.   Fig. 31.

sixième au huitième jour (fig. 30); les mitoyennes, du trentième au quarantième (fig. 31); les coins, de six à dix mois (fig. 32).

Le rasement des dents de lait se fait vite et les changements de forme ne sont pas bien saisissables. Heureusement qu'à cet âge on a, pour

Fig. 32.

se guider, les formes, la taille et la physionomie du jeune sujet.

A dix mois, les pinces sont rasées; à un an, les mitoyennes; à quinze ou vingt mois, les coins.

2° A deux ans et demi, trois ans, les pinces

de lait sont remplacées par les pinces de cheval
(fig. 33) ; les mitoyennes, de trois ans et demi à
quatre ans (fig. 34), et les coins, de quatre ans
et demi à cinq ans.

 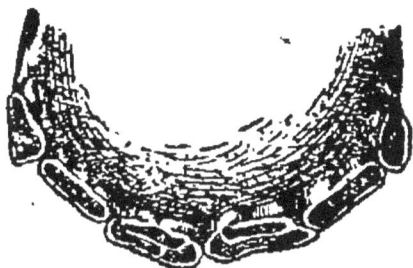

Fig. 33.   Fig. 34.

A cinq ans, un cheval doit avoir toutes ses
incisives ; les deux bords des pinces sont usés et
ceux des mitoyennes sont au niveau. (Fig. 35.)

Fig. 35.   Fig. 36.

A six ans, le rasement des pinces inférieures
est complet ; celui des mitoyennes a commencé ;
le bord postérieur des coins est au niveau de
l'antérieur. (Fig. 36.)

A sept ans (fig. 37), les mitoyennes sont complètement rasées, le bord postérieur des coins
est usé, et l'on aperçoit une échancrure aux
coins supérieurs ; cette échancrure est appelée
queue d'hirondelle.

A huit ans, rasement de toute la mâchoire
inférieure ; les dents sont devenues ovales ;
l'étoile dentaire commence à paraître entre le
bord antérieur de la dent et l'émail central.

 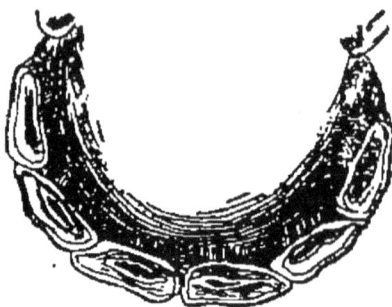

Fig. 37.   Fig. 38.

3° A neuf ans, les pinces inférieures s'arrondissent, l'ovale des mitoyennes et des coins se
rétrécit, l'émail central qui encadre le cul-de-
sac de la cavité dentaire se rapproche du bord
postérieur. (Fig. 39.)

A dix ans, les mitoyennes s'arrondissent, les

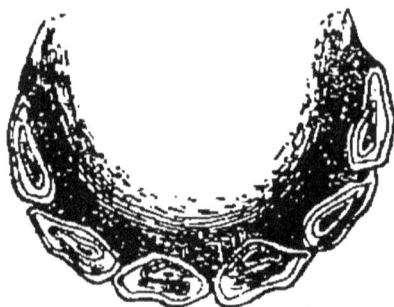 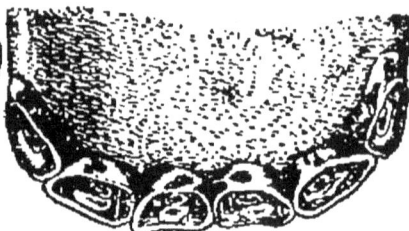

Fig. 39.   Fig. 40.

coins sont ovales, l'émail central a diminué
d'étendue et s'est encore rapproché du bord
postérieur. (Fig. 40.)

A onze ans, les coins s'arrondissent, l'émail central ne forme plus qu'un petit point très étroit près du bord postérieur. (Fig. 41.)

A douze ans, rondeur parfaite de toutes les incisives, disparition complète, dans les pinces, de l'émail central ; l'étoile dentaire occupe alors le milieu de la table. (Fig. 42.)

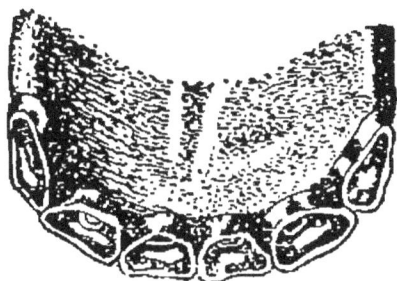 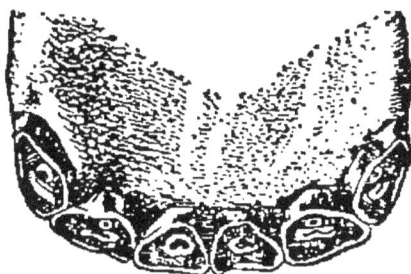

Fig. 41.   Fig. 42.

A treize ans, les pinces commencent à devenir triangulaires ; l'émail central a entièrement disparu. (Fig. 43.)

A quatorze ans, triangularité complète des

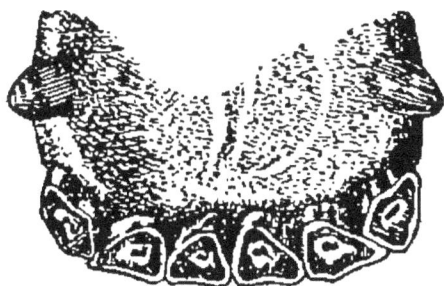 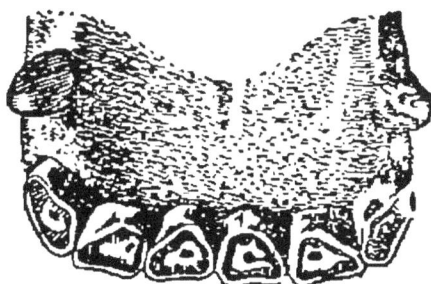

Fig. 43.   Fig. 44.

pinces ; les mitoyennes commencent à devenir triangulaires. (Fig. 44.)

A quinze ans, triangularité des mitoyennes.

A seize ans, triangularité complète de la mâchoire inférieure (Fig. 45.)

Fig. 45.

A partir de seize ans et au delà, les incisives deviennent aplaties d'un côté à l'autre et s'allongent horizontalement en avant. Sur les chevaux de cet âge, les *arcades dentaires* ne s'appliquent plus à la manière des mors d'un étau, mais elles se rencontrent souvent sous un angle beaucoup plus aigu, ce qui leur donne une sorte de ressemblance avec les longues pinces en bois dont on se sert dans la sellerie. D'autres fois l'arcade dentaire est tout à fait rétrécie et presque sans courbure ; les dents serrées, courtes et droites, ne représentent plus que des espèces de petits chicots aplatis d'un côté à l'autre. Si bien que des dents très longues et des dents très courtes peuvent également caractériser l'âge le plus avancé.

Tableau synoptique des caractères que présentent les dents aux différents âges.

PÉRIODES.	AGES.	DENTS.	CARACTÈRES.

A. — DENTS DE LAIT (blanches, petites à collet).

Sortie.

1re	de 6 à 8 jours....	les pinces.......	} sortent.
	de 30 à 40 jours..	les mitoyennes...	
	de 6 à 10 mois ...	les coins........	

Rasement.

	à 10 mois.	les pinces...... ..	} sont rasés.
	à 1 an..........	les mitoyennes...	
	à 15 ou 20 mois..	les coins........	

B. DENTS DE CHEVAL (plus grosses, jaunes et rayées).

Sortie.

2e.	à 2 ans 1/2, 3 ans	les pinces.......	} sortent.
	à 3 ans 1/2, 4 ans	les mitoyennes...	
	à 4 ans 1/2, 5 ans	les coins..	

Rasement.

	à 6 ans.........	les pinces......	} sont rasés.
	à 7 ans	les mitoyennes...	
	à 8 ans.........	les coins..	

Changements de forme.

3e..	à 9 ans.........	les pinces.......	} s'arrondissent.
	à 10 ans	les mitoyennes...	
	à 11 ans........	les coins	
	de 12 à 13 ans...	arrondissement de toutes les dents. disparition de l'émail central.	
	à 14 ans	les pinces......	} sont triangulaires.
	à 15 ans	les mitoyennes,..	
	à 16 ans........	les coins	

A partir de cet âge, les indications à retirer de l'examen des dents sont vagues et des plus incertaines.

Les bases fournies pour la determination de l'âge ne peuvent servir que dans le cas où l'usure et la pousse des dents se font avec régularité. En présence de dents trop longues ou trop courtes, l'observateur le plus attentif se trouverait forcément en défaut. Voici le moyen de prévenir les erreurs auxquelles donne assez souvent lieu l'usure irrégulière des dents :

La longueur des incisives est à peu près de 16 millimètres au dessus de la gencive ; elles s'usent, terme moyen, de 3 à 4 millimètres chaque année et elles poussent d'une égale quantité. Par suite du mode de nourriture, un cheval peut user moins que dans les circonstances ordinaires ; or, comme la pousse des dents continue toujours, celles-ci, sous la pression des alvéoles, deviennent inévitablement plus longues. Si donc on ne s'en rapportait qu'à l'aspect de la table dentaire, l'animal semblerait évidemment, dans ce cas, plus jeune qu'il ne l'est en réalité. Pour rectifier l'indication qui s'écarte du vrai, il faut alors vieillir le cheval par la pensée en ajoutant à l'âge que marque la dent autant d'années qu'il y a de fois 4 millimètres de trop dans sa longueur. Par exemple, un cheval marque huit ans, mais les dents sont longues de 20 millimètres, soit 4 millimètres en excès. cela fait une année de plus ; l'âge réel sera donc neuf ans. Un autre cheval marque huit ans, mais ses dents sont trop longues de 12 millimètres : il a réellement onze ans.

Réciproquement, lorsque les dents sont trop courtes, le cheval paraît plus vieux qu'il n'est. Il faut alors lui retrancher autant d'années que

les dents ont de fois 3 à 4 millimètres de moins
en longueur.

On donne le nom de *bégu* au cheval dont les
incisives inférieures
conservent leur cor-
net dentaire externe
presque intact après
huit ans. Les *faux
bégus* sont ceux dont
les mêmes dents lais-
sent encore voir l'é-
mail central ou cul-
de-sac du cornet den-
taire après douze ans. (Fig. 46.)

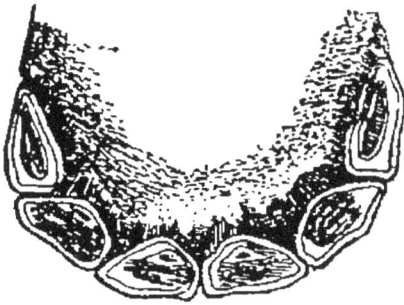

Fig. 46.

En faisant aux chevaux ainsi désignés l'application des données qui précèdent, il n'est pas
pas possible de se tromper beaucoup, pour peu
qu'on ait l'habitude de voir les différentes den-
tures.

Mais les difficultés de se renseigner exactement sur l'âge d'un cheval par l'examen de la
mâchoire ne viennent pas seulement de l'irrégularité d'usure des dents. Celles-ci sont encore su-
jettes à des accidents d'un tout autre genre
Ainsi, l'arrachement assez fréquent des dents
de lait fait paraître le jeune animal plus âgé qu'il
ne l'est en réalité ; par le raccourcissement des
dents du cheval et surtout par l'imitation du
germe de fève, on peut également rendre beaucoup plus jeunes en apparence de très vieux
chevaux.

Pour expliquer les faits, il faudrait entrer dans

quelques détails, et ce que nous aurions à dire au sujet de la contre-marque ou des autres manœuvres des maquignons ne serait pas du tout ici à sa place.

CHAPITRE VII.

Des Robes.

Le mot *robe* veut dire ensemble des poils et des crins dont l'extérieur du cheval est revêtu.

Les grandes différences de couleur et les nuances variées que présentent les robes empêchent de confondre les chevaux entre eux et servent surtout à les faire reconnaitre.

Les robes sont dites :

Simples, quand le poil est d'une seule couleur; composées, lorsqu'il y en a au moins deux.

On en distingue douze espèces, groupées dans cinq grandes divisions.

Classification des robes.

CATÉGORIES.	DIVISIONS.	ESPÈCES.
Simples.. ...	1re. Une seule couleur.....	Blanc. Café au lait. Alezan. Noir.
Composées ..	2e. Deux couleurs séparées...............	Bai. Isabelle. Souris.
	3e. Deux couleurs mélangées..............	Gris. Aubère. Louvet.
	4e. Trois couleurs........	Rouan.
	5e. Deux robes........ ...	Pie.
2	5	12

Ensuite viennent :

Les variétés dans chaque espèce, qui ne sont que des nuances ;

Les particularités, dues à la présence de poils de couleur autre que celle de la robe, formant des taches plus ou moins étendues, mais trop restreintes pour en changer le fond.

PREMIÈRE DIVISION

Robes d'une seule couleur dans les poils et dans les crins.

Il y en a quatre, placées par gradation :

1° Le BLANC, qu'il n'est pas besoin de définir, peut être :

Mat, d'un blanc terne ;
Sale, avec teint jaunâtre ;
Argenté, avec reflet d'argent poli (se voit sur les chevaux de sang et sur les entiers) ;
Porcelaine, avec reflet bleuâtre ;
Rosé, par le reflet de la peau qui a la couleur de celle de l'homme.

2° Le CAFÉ AU LAIT. Cette expression rappelle la couleur du mélange des deux substances indiquées. Ce poil, peu commun, est :

Clair, si la nuance se rapproche du blanc sale ;
Foncé, quand elle est plus près de l'alezan.

3° L'ALEZAN est d'un blond jaunâtre plus ou moins foncé, jusqu'au brun, avec crins semblables ou presque blancs.

Il y a de nombreuses variétés ; l'alezan :

Clair se rapproche du café au lait ;
Foncé tire un peu sur le brun ;
Doré a le reflet de l'or poli ;
Cuivré a le reflet du cuivre rouge ;
Brûlé a la couleur du café torréfié, presque noir, et toujours les crins un peu roux.

4° Le NOIR, qui se devine, est

Franc, d'une belle couleur uniforme :
Mal teint, avec reflet rougeâtre ;
Jai ou *jayet*, avec reflet brillant.

DEUXIÈME DIVISION.

Robes composées de deux couleurs séparées, l'une dans les poils, l'autre, toujours noire, dans les crins.

Elles sont au nombre de trois :

1° Le BAI, qui correspond à l'alezan avec crins noirs, est une des robes les plus répandues ; aussi présente-t-elle de nombreuses variétés.

Il peut être :

Clair, se rapprochant de l'isabelle, plus clair aux flancs et aux fesses ;
Foncé, d'une teinte un peu brunâtre ;
Cerise, d'une couleur jaune acajou ;
Sanguin, ou rouge de sang ;
Châtain, ou couleur de la châtaigne ;
Marron, ou couleur du marron ;
Brun, presque noir, roux ou cendré aux flancs, aux yeux et au nez

2° L'ISABELLE correspond au café au lait, avec extrémités noires.

Ce poil, assez rare, peut être :

Clair ou *foncé*, comme pour le café au lait.

3° Le SOURIS est d'une couleur cendrée qui rappelle celle du petit animal de ce nom, avec crins et extrémités noirs ; ce poil, aussi rare que le précédent, peut, comme lui, être :

Clair ou *foncé*, selon que la teinte est plus ou moins prononcée.

TROISIÈME DIVISION.

Robes composées de deux couleurs mélangées sur le fond de la robe et dans les crins ou dans le même poil.

Elles sont au nombre de trois :

1° Le GRIS, mélange de noir et de blanc, est :

Foncé quand le noir domine ;

Pommelé, quand les taches blanches se dessinent ;

Clair, quand le poil noir a fait sa chute ;

Sale, quand la teinte est jaunâtre ;

Étourneau, quand, sur un fond gris foncé, il y a des petits pinceaux de poils blancs ;

De fer, couleur gris bleu, avec la tête noire ;

La robe grise est la plus commune.

2° L'AUBÈRE, mélange d'alezan et de blanc, est qualifié de :

Clair, si le blanc domine ;

Foncé, si l'alezan a la prédominance.

3° Le LOUVET laisse voir deux couleurs dans le même poil : du noir et du jaune. Celte robe, très rare, se rapproche du pelage du loup et de certains chiens. Elle est sans variété.

QUATRIÈME DIVISION.

Robe composée de trois couleurs, deux ou trois mélangées.

Il n'y a qu'une espèce assez commune :

Le ROUAN se trouve constitué par le blanc l'alezan et le noir. Il est :

Clair, suivant la prédominance du blanc ;
Vineux, suivant celle de l'alezan ;
Foncé, suivant celle du noir.

CINQUIÈME DIVISION.

Robe composée de deux robes.
Elle est assez rare et constitue le cheval pie.
Le PIE est ainsi appelé parce que sa robe a l'air de résulter de l'assemblage de la robe blanche avec l'une des autres, plus souvent avec les simples.
Il y a des chevaux pie :

Noir ;
Alezan ;
Bai ;
Aubère ;
Rouan.

Particularités des robes.

Les particularités des robes viennent principalement de la présence de poils :

Blancs,
Noirs.
Alezans, disséminés ou rassemblés et formant des taches persistantes.

Elles doivent toujours être indiquées avec le plus grand soin, car ce sont elles qui constituent les meilleurs signes distinctifs.

1º PARTICULARITÉS DUES AUX POILS BLANCS.

Les expressions suivantes veulent dire :

Rubican, poils blancs disséminés sur le corps ; noir, alezan et bai ;

Grisonné, poils ou crins blancs sur une partie noire, au paturon, à la queue, à la crinière ;

N. igé, avec petites taches blanches floconneuses ;

Zain, absence de poils blancs sur les robes foncées.

Les deux marques blanches les plus communes et les mieux prononcées se voient à la tête et aux extrémités.

La première porte le nom de *pelote* ou *en tête;* la seconde, celui de *balzane.*

Comme l'étendue, la forme, la position, la direction de ces taches sont assez variées, il y a des expressions mises en usage pour les bien caractériser.

A. — MARQUES BLANCHES AU FRONT.

Quelques poils en tête, poils blancs en petite quantité.

En tête, marque blanche.

Légèrement en tête, marque petite.

Fortement en tête, marque étendue.

Irrégulièrement en tête, marque irrégulière.

Obliquement en tête, marque oblique.

Pelote en tête, marque à contour arrondi.

Liste en tête, marque allongée.

En tête en étoile, marque anguleuse.

En tête en croissant, marque échancrée.

En tête en cœur, marque avec cette forme.

En tête en pointe, marque se terminant. ainsi.

En tête à droite, marque à droite du front.

En tête à gauche, marque à gauche du front.

En tête en haut, marque en haut du front.

En tête en bas, marque en bas du front.

En tête mélange, poils blancs mêlés à ceux de la robe.

En tête bordé, tache blanche avec mélange dans un contour régulier.

En tête prolongé, qui descend sur le chanfrein.

En tête interrompu, s'il y a un intervalle dépourvu de poils blancs.

En tête terminé par du ladre, tache rosée.

La liste commence quelquefois au chanfrein et présente une partie des variétés signalées.

Quand elle s'élargit au point de couvrir presque toute la face, on dit que le cheval est *belle face* ou *demi-belle face* et *buvant dans son blanc*, lorsque le bout du nez et les lèvres sont ladres. Cela se voit surtout sur les chevaux alezans et aubères : dans ce cas, le cheval a ordinairement un œil ou les deux yeux vairons.

L'œil vairon est blanc, limpide, transparent, ce qui empêche de le confondre avec l'œil d'un cheval borgne ou aveugle.

La tache de *ladre*, qui fait ressembler la peau du cheval, au point décoloré, avec celle de l'homme, est très utile à indiquer. Elle se trouve souvent entre les naseaux, peut se voir autour des yeux, à la face et à d'autres régions, plus particulièrement sur les chevaux gris.

B. — MARQUES BLANCHES AUX EXTRÉMITÉS.

Balzane, marque blanche qui contourne la partie inférieure du membre.

Trace, marque blanche peu étendue sur un point de la couronne.

Principe, marque blanche également peu étendue, mais faisant le tour.

Petite, marque montant vers le milieu du paturon.

Grande, marque s'élevant bien au dessus du boulet.

Chaussée, marque montant au genou ou au jarret.

Haut-chaussée, marque s'élevant encore plus haut.

Incomplète, quand la marque, bien prononcée en hauteur, ne fait pas le tour du membre.

La balzane peut être régulière ou irrégulière, mouchetée, herminée, charbonnée, truitée, bordée, dentée ou dentelée, quand la marque blanche présente des dentelures à son point de jonction avec le fond de la robe

Le cheval peut avoir une ou plusieurs balzanes.

On dit:

Une balzane antérieure ou postérieure, droite ou gauche, selon le coté;

Deux balzanes antérieures (celles de devant), ou postérieures (celles de derrière);

Balzanes latérales droites ou gauches (une de devant et une de derrière du même côté);

Balzane en diagonale droite, si l'antérieure est à droite; balzane en diagonale gauche, si l'antérieure est à gauche;

Trois balzanes dont une antérieure ou postérieure, droite ou gauche.

2° PARTICULARITÉS DUES AUX POILS NOIRS.

Les mots suivants veulent dire:

Cap de maure, tête noire;

Raie de mulet, ligne noire sur le dos et le rein : cheval isabelle;

Zébrures, marques noires transversales aux membres : cheval isabelle;

Charbonnure tache noire plus ou moins régulière, sur alezan, gris, rouan;

Tisonnure, tache noire irrégulière, sur les mêmes robes;

Moucheture, petite tache noire arrondie, sur gris et quelquefois aubère;

Tigrures, taches plus allongées, irrégulières;

Herminures, taches noires assez grandes sur balzanes.

Le cheval est cavecé de noir, a la raie de mulet, est zébré, charbonné, tisonné, moucheté, tigré, herminé sur tout le corps ou à certaines régions.

3º PARTICULARITÉS DUES AUX POILS ALEZANS.

Les mots ci-dessous veulent dire :

Truité, avec petites taches rouges plus ou moins foncées, sur les gris ;

Marqué de feu, tache alezan, sur fond gris ou bai brun ;

Aubérisé, poils alezans disséminés sur la robe blanche ou gris clair ;

Rouanné, poils alezans mêlés à la robe grise.

Ces qualificatifs peuvent s'appliquer à toute la robe ou à certaines régions seulement.

Restent quelques nuances qui se remarquent sur les nuances mêmes, à la croupe, aux flancs, aux fesses et sur d'autres parties du corps :

1º Sur les robes simples ou composées, sans mélange :

Miroiture, taches régulières et arrondies, moins foncées que le fond de robe : alezan ou bai miroité.

Lavé, teinte plus claire qui semble résulter d'un lavage : bai ou alezan lavé aux flancs, aux fesses et aux ars.

2º Sur les robes composées et mélangées :

Pommelure, encadrement de poils blancs par des poils noirs : gris pommelé.

Les mulets ont des robes moins variées que

celles des chevaux. La noire, la baie, l'alezane, la grise sont les plus communes. On ne voit presque jamais de taches blanches sur les robes foncées.

Il reste encore quelques remarques à faire au sujet des robes.

Le gris le plus foncé, presque noir, blanchit toujours par la tête ; chaque année il devient de plus en plus clair, et arrive quelquefois très promptement au blanc parfait, tandis que le gris de fer, qui a ordinairement la tête noire, ne blanchit jamais.

Toutes les robes éprouvent des variations sensibles dans leurs nuances avec les saisons, avec l'état de santé de l'animal, par l'effet de la nourriture et des soins qu'on lui donne. Ainsi, en hiver, le poil des chevaux est beaucoup plus long, toujours plus clair, presque blanchâtre à l'extrémité, surtout moins luisant. Pour cela, on lui donne le nom de poil d'hiver. Le même changement se produit sur l'animal qui n'est pas bien portant : son poil se montre moins lisse, se dresse, se pique, s'allonge et devient plus terne. La robe ne tarde pas non plus à perdre son reflet, le caractère de sa nuance, sur les chevaux mal pansés et surtout mal nourris. Sous l'influence du grand air et du soleil, le poil foncé des chevaux qui campent se décolore aussi d'une manière très appréciable.

Le meilleur moyen de rendre au poil sa brièveté et son aspect brillant consiste à donner de l'avoine à l'animal et à le bien panser, en lui laissant toujours la couverture.

Les bons chevaux se trouvent sous toutes les robes ; cependant presque partout on préfère les robes de couleur foncée. Dans les corps de troupes, les robes claires où se mêle le blanc, sont les moins estimées avec quelque raison. En temps de paix, les chevaux gris ou blancs paraissent toujours moins propres que les autres, et, en temps de guerre, ils servent souvent de point de mire à l'ennemi.

Des signalements.

On donne le nom de signalement à l'énumération des caractères extérieurs qui peuvent faire distinguer un cheval de tous les autres.

Ces caractères se tirent : du sexe, de l'âge, de la taille, de la robe de l'animal, ainsi que des différentes marques naturelles qu'il peut présenter.

Dans les établissements de remonte et dans les corps de troupes à cheval, il n'y a qu'une seule forme de signalement, dont les indications sont énoncées dans l'ordre suivant :

1° Le numéro matricule ;
2° Le nom ;
3° Le sexe ;
4° L'âge ;
5° La taille ;
6° La robe ;
7° Les particularités ;
8° La provenance ;
9° Le prix d'achat ;
10° L'arme.

Des exemples feront mieux comprendre ce précepte :

NUMÉRO MATRICULE.	NOM.	SEXE.	AGE.	TAILLE.	SIGNALEMENT.	PROVENANCE.	PRIX.	ARME.	OBSERVATIONS.
243	L'Alci de	Chev.	6 ans	1m,54	Alezan doré, en tête mélangée, liste, bordée sur le chanfrein se terminant par du la- seau entre les na- seaux et aux lè- vres: balzanes in- térules droites. la postérieure plus petite.	Acheté à Angers le 3 jan- vier 1875.	500 fr.	Ligne.	Traces de vésicatoi- res aux fesses.
1356	Le Mu- guet..	Chev.	4 ans	1m,53	Bai châtain, ru- bican aux flancs, quelques poils en tête, trois balza- nes, dont une pos- térieure gauche terminée.	Acheté à Tarbes le 6 mars 1873.	700	Légère	Bonne conforma- tion, élégant, beaux mou- vements.

CHAPITRE VIII.

Des aptitudes.

On entend par aptitude la réunion des qualités diverses qui rendent un animal propre à tel ou tel genre de service.

Le cheval est employé à la selle ou au trait, le mulet porte le bât et peut être attelé

CHEVAL DE SELLE. — Le cheval destiné à la selle, qu'il soit très étoffé ou d'une conformation un peu élancée, pour convenir à ce service, doit être robuste avant tout, avoir des membres solides, de bons pieds et une très bonne vue. A ces qualités doivent se joindre la vigueur, la légèreté d'allures, la souplesse et surtout la docilité.

Suivant leur taille, le développement des formes et selon leurs moyens, les chevaux de selle de l'armée sont classés par armes, savoir : chevaux de réserve, de ligne et de cavalerie légère.

La réserve comprend les chevaux de cuirassiers et de gendarmerie; la ligne, les chevaux de dragons; la cavalerie légère, ceux des chasseurs et des hussards.

Les chevaux de chaque arme présentent quelques nuances qu'il est bon de connaître : le cheval de cuirassier doit avoir plus de taille, plus de distinction et plus d'allures que celui de gendarme. Le cheval de dragon doit être moins volumineux, mais bien ramassé dans ses formes. Entre les chevaux de chasseur et ceux de hussard, il n'y a pas de différence appréciable ; le même service exige qu'ils soient tous très maniables et de la plus grande légèreté.

CHEVAL D'OFFICIER. — Dans les différentes catégories, il y a encore le cheval de tête ou d'officier. Les chevaux destinés à monter des officiers doivent avoir des formes gracieuses, alliées aux mêmes conditions de force et de rusticité. Il faut qu'ils possèdent encore des allures plus rapides, qui permettent à l'officier de se porter avec promptitude sur tous les points du commandement ; une énergie qui leur fasse franchir tous les obstacles ; une grande sûreté dans la marche ; une docilité à toute épreuve et une sensibilité moyenne, pour qu'ils sentent facilement les aides, en laissant au cavalier toute sa liberté d'esprit.

CHEVAL DE TRAIT. — Le cheval qu'on emploie au trait doit avoir une conformation plus ramassée que le cheval de selle. Appelé à exécuter, dans certaines circonstances, des mouvements rapides, au trot et au galop, il devra joindre à la force une certaine légèreté ; la charpente osseuse sera solide, l'appareil musculaire bien développé, le corps court et souple, les membres doués d'articulations larges, les pieds irréprochables.

Les chevaux de trait d'artillerie, destinés à agir par paires, ne doivent pas seulement présenter les caractères qui sont un gage de solidité, de force et de vitesse, mais encore être appareillés de manière à former de bons attelages.

Le cheval destiné au train peut être plus fort, plus grand et plus lourd.

MULET. — Le cheval n'est pas le seul animal qu'on utilise dans l'armée ; à côté de lui marche, comme bête de bât et d'attelage, le mulet, produit de la jument et de l'âne. Il ressemble à son père par les formes extérieures et par le caractère ; à sa mère, par la taille et par le développement du corps.

Le mulet supporte mieux que le cheval les fatigues, les intempéries et surtout les privations. Il est aussi peu apte à porter de lourds fardeaux ; son pied, beaucoup plus sûr dans les pays de montagne, lui permet de suivre hardiment les sentiers les plus étroits sur le bord des ravins.

La mule, dans tous les pays de production, est moins grande et moins étoffée que le mulet, mais elle est d'un caractère bien plus doux et plus docile.

L'un et l'autre sont employés dans l'artillerie, dans le génie et le train des équipages, le plus souvent au bât.

Dans l'instruction ministérielle relative à l'achat des chevaux et mulets propres au service de l'armée, la taille, mesurée sous potence, est déterminée de la manière suivante :

Cavalerie de réserve, de. $1^m,54$ à $1^m.60$;
Cavalerie de ligne, de.. $1^m,50$ à $1^m.54$;
Cavalerie légère, de.... $1^m,47$ à $1^m.50$;
Gendarmerie, de....... $1^m,52$ au minimum ;
Artillerie, selle et trait, de $1^m,48$ à $1^m,54$;
Mulets, de............ $1^m,40$ au minimum :

Il n'est acheté pour la remonte de l'armée, en France, que des chevaux hongres entièrement guéris de la castration, et des juments, à l'exception de celles qui seraient reconnues pleines ou qu'il y aurait lieu de conserver pour la reproduction. En Algérie, on achète des chevaux entiers.

CHAPITRE IX.

Des aplombs.

Le mot *aplomb*, en extérieur, signifie répartition régulière du poids du corps sur les extrémités. Cette condition est indispensable à la solidité de l'appui et à la bonne exécution des mouvements.

On juge de la régularité ou de l'irrégularité des aplombs (le cheval étant en repos et bien placé) par l'abaissement de certaines lignes verticales, partant de différents points du corps et descendant jusqu'à terre.

Dans la pratique on ne se sert pas du *fil à plomb;* il suffit à un homme exercé d'abaisser, par la pensée, des perpendiculaires partant de certains points pour remplacer très bien les lignes que marquerait réellement le fil proprement dit.

D'une manière générale, les défauts d'aplomb prédisposent le membre à une usure prématurée. Les allures en sont toujours ralenties, et l'animal plus sujet à butter, lorsqu'il ne rachète pas ce défaut par une énergie suffisante.

Membres antérieurs vus de profil.

Vus de profil, les aplombs des membres antérieurs se déterminent en abaissant deux lignes verticales : une, de la pointe de l'épaule au sol ; l'autre, du tiers postérieur de la partie supérieure et externe de l'avant-bras à terre.

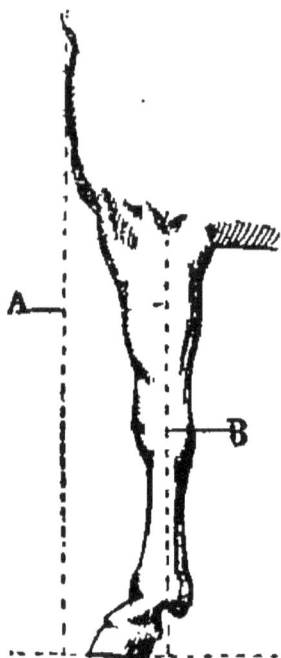

La verticale partant de la pointe de l'épaule doit tomber sur le sol à $0^m,10$ en avant de la pince. (Fig. 47, A.)

Si cette ligne (fig. 48) tombe plus près du sabot, le cheval est dit *campé* du devant ; ce défaut l'expose à la foulure des talons, au tiraillement des tendons et il surcharge l'arrièremain.

Fig. 47.
Aplomb régulier.

Si, au contraire, elle touche le sol à une distance plus grande de la pince, on dit l'animal *sous lui du devant* ; cette direction surcharge les membres antérieurs et expose l'animal à butter et à forger. (Fig. 49.)

Une verticale, abaissée du tiers postérieur de la partie supérieure et externe de l'avant-bras (fig. 47, B), doit partager le genou, le canon, le boulet en deux parties à peu près égales et tomber à quelques travers de doigt des talons.

5.

Si le genou est trop en avant de cette ligne
(fig. 50) et si cette déviation naturelle est due

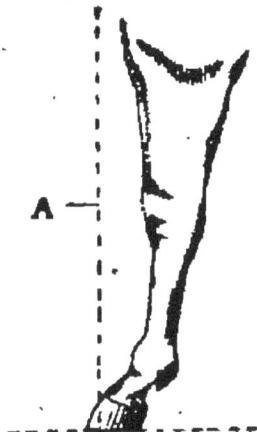

Fig. 48.
Campé du devant.

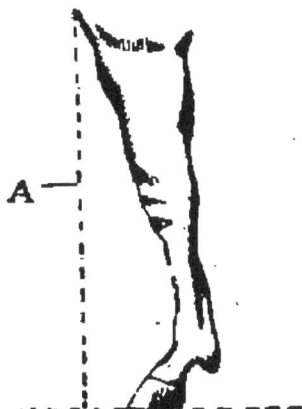

Fig. 49.
Sous lui du devant.

à la grande longueur de l'avant-bras, le cheval
est *brassicourt* ; on le dit *arqué*, lorsqu'elle résulte de l'usure.

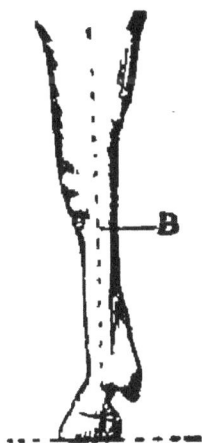

Fig. 50.
Brassicourt arqué.

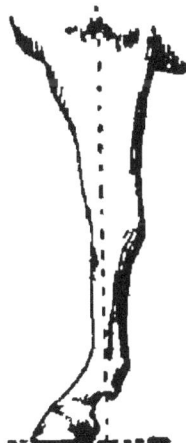

Fig. 51.
Genou creux.

Si cette région est trop en arrière (fig. 51).
c'est le genou *effacé, creux, de mouton*.

Quand la ligne tombe trop près des talons

(fig. 52), le cheval est *court* et *droit-jointé*, ce qui lui donne des réactions dures et le prédispose à se bouleter.

Si la ligne tombe trop en arrière des talons (fig. 53), le membre est *long* et *bas-jointé*; dans ce cas, les réactions sont douces, les tendons

Fig. 52
Pied court-jointé.

Fig. 53.
Pied long-jointé.

Fig. 54.
Aplomb régulier.

souvent tiraillés, et cela amène promptement la ruine des extrémités.

Membres postérieurs vus de profil.

Une ligne verticale, abaissée de la pointe de la fesse (fig. 54), doit rencontrer la pointe du jarret, longer la face postérieure du canon avant d'arriver au sol.

Si cette ligne tombe trop en arrière, le cheval
est *sous lui du derrière*. (Fig. 55.) Cette fausse
direction, ordinairement liée à des jarrets coudés, est une cause de surcharge pour les membres postérieurs et de fatigue pour les boulets;
de plus, elle raccourcit les allures et expose les
chevaux à forger.

Quand la ligne tombe trop en avant, le cheval est *campé du derrière*. (Fig. 56.) Cette dévia-

Fig. 55.
Sous lui du derrière.

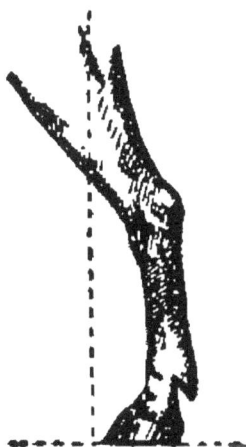

Fig. 56.
Campé du derrière.

tion, qui surcharge l'avant-main, coïncide le
plus souvent avec des jarrets droits.

Les aplombs des boulets postérieurs sont soumis aux mêmes règles que les antérieurs. Les
chevaux peuvent être *long* et *bas-jointés*, *court*
et *droit-jointés* du derrière; ces défauts ont les
mêmes inconvénients qu'aux membres antérieurs.

Membres antérieurs vus de face.

I. Une verticale, abaissée de la pointe de
l'épaule à terre, doit partager le membre en

deux parties égales dans son axe longitudinal. (Fig. 57.)

Si le membre, dans son ensemble, est en dedans de cette ligne, le cheval est dit *cagneux du devant* (fig. 58). Dans ce cas le poitrail est large, les coudes font saillie en dehors et les pieds, plus ou moins rapprochés, ont la pince un peu tournée en dedans.

Si l'extrémité du membre est portée en dehors, le cheval est dit *panard* de tout le membre (fig. 59). Cet écartement des rayons inférieurs

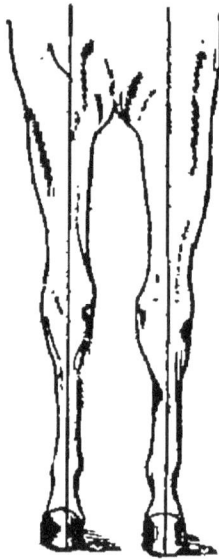

Fig. 57.   Fig. 58.   Fig. 59.
Aplomb régulier   Cagneux   Panard
                  du devant.   du devant.

coïncide le plus ordinairement avec une poitrine étroite ou rentrée et des coudes très rapprochés du corps.

II. Une verticale, abaissée du milieu de la face antérieure de l'avant-bras, doit partager le membre en deux parties égales.

Si le membre est tourné en dehors de cette

Fig. 60.
Panard.

Fig. 61.   Fig. 62.
Cagneux. Genoux de bœuf.

ligne, et si la pince du pied suit cette direction, le cheval est *panard* (fig.60) ; cette déviation nuit à la solidité du cheval, l'expose aux bleimes des talons internes et aux coupures produites par l'éponge du fer.

Lorsque, au contraire, le membre est tourné en dedans et que les pieds se rapprochent par la pince, le cheval est *cagneux* (fig. 61) ; ce défaut, où l'appui se fait sur le quartier externe est moins grave que le précédent, mais il expose le cheval à se couper avec la mamelle du fer.

Fig. 63.
Genoux cambrés.

Quand le genou seul se porte en dedans de la ligne, c'est le *genou de bœuf* (fig. 62), qui nuit à la solidité de l'appui et à la rapidité des allures; porté en dehors (fig. 63), c'est le genou *cambré* qui présente les mêmes inconvénients que le précédent.

Membres postérieurs vus de face.

Une verticale, abaissée de la pointe de la fesse à terre, doit tomber sur la pointe du jarret, un peu plus en dehors qu'en dedans, et partager le pied en deux parties, l'externe un peu plus forte que l'interne. (Fig. 64.)

Fig 64.
Aplomb régulier.

Si le membre, *dans son ensemble*, se porte en dehors de cette ligne d'aplomb, le cheval est dit *trop ouvert du derrière* (fig. 65); dans ce cas, le pied est souvent cagneux.

Si, au contraire, le membre se porte en dedans, le cheval est *serré* (fig. 66), ce qui donne aux membres peu de solidité et peu de chasse.

Le jarret seul se porte-t-il en dedans. il est dit *crochu* (fig. 67), conformation qui est désagréable à l'œil et ralentit aussi les allures.

Quand la déviation a lieu en dehors. le cheval

manque de solidité et les pieds sont presque toujours cagneux. (Fig. 68.)

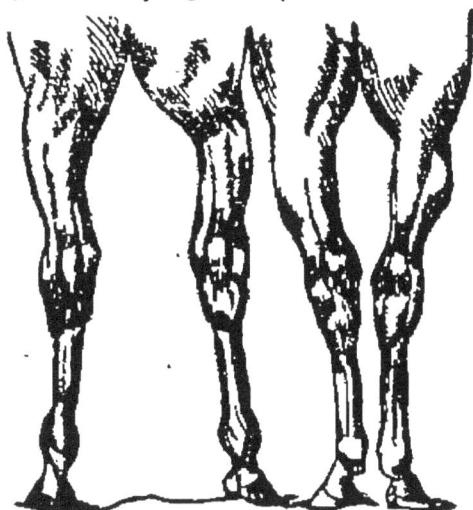

Fig. 65.   Fig. 66.
Trop ouvert. Serré du derrière.

Dans les membres postérieurs, les pieds pa-

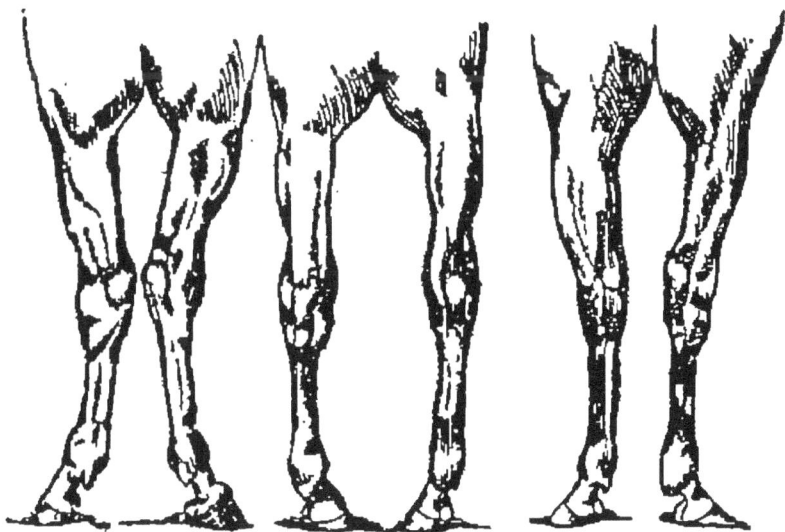

Fig. 67.   Fig. 68.   Fig. 69.
Clos ou crochu. Cagneux. Panard du derrière.

nards ou cagneux exposent, comme dans les membres antérieurs, le cheval à se couper. (Fig. 69.)

CHAPITRE X.

Des proportions.

Le mot *proportion* sert à exprimer les convenances et les rapports des parties de l'animal entre elles.

On dit d'un cheval qu'il est bien proportionné, bien fait, bien suivi, quand rien ne pèche dans son ensemble ; qu'il manque de proportions, au contraire, lorsque les membres sont longs et grêles, les pieds petits ou trop évasés, la tête forte, l'encolure courte, le garrot bas, le corps trop long ou trop gros, etc.

Cependant il ne faut pas croire pour cela que les chevaux doivent être tous du même modèle. Leur conformation diffère nécessairement avec les services que les animaux sont appelés à nous rendre.

Ainsi le cheval de cavalerie légère a peu de ressemblance avec le cheval du train des équipages, et ce dernier en a moins encore avec le cheval de course.

Les proportions se divisent en proportions générales ou absolues et en proportions relatives.

PROPORTIONS ABSOLUES. — Quel que soit le genre du service auquel il est destiné, un cheval doit toujours réunir certaines conditions générales de bonne conformation. Il lui faut une poitrine large, des membres bien développés, un ventre en rapport avec le volume du corps, des pieds proportionnés à la taille et à la corpulence du sujet, etc. Ces proportions sont en effet indispensables à tous les chevaux, puisqu'elles accusent un grand développement d'organes qui se détériorent plus ou moins promptement par la mise en service.

PROPORTIONS RELATIVES. — Celles-ci correspondent à des aptitudes particulières ou à des types différents. Prenons les extrêmes : le cheval de gros trait doit avoir le corps large, la poitrine très ouverte, les membres courts et très fortement musclés ; pour le cheval de selle, les formes doivent être de beaucoup amoindries, la taille plus élancée, les membres assez longs, surtout de la jambe et de l'avant-bras.

Le garrot doit être haut et bien sorti ; cela s'applique aux chevaux de tous les types. Lorsqu'il est bas et arrondi, le cheval de trait non monté, malgré cette imperfection, peut encore faire un bon service. Mais pour le cheval de cavalerie, ce défaut de proportion a des conséquences infiniment plus graves. La selle, qui descend infailliblement sur les épaules, gêne ses mouvements, surcharge l'avant-main et diminue beaucoup la solidité du devant ; en déterminant une blessure au garrot, elle peut même mettre le cheval tout à fait hors de service.

Les membres de tous les chevaux doivent être en rapport avec le volume du corps. Cepen-

dant, le manque de proportion des membres
antérieurs surtout peut avoir pour le cheval de
selle des suites bien plus préjudiciables que
pour le cheval de trait. La surcharge du devant,
déjà trop faible, ralentit sensiblement la marche, devient une cause de grande fatigue, peut
donner lieu à des boiteries, à des chutes com-
promettantes pour le cavalier, et, dans tous les
cas, elle entraine l'usure prématurée des extrémités.

Le rein bien fait doit être court; son excès de
longueur chez un cheval de selle rend ce dernier difficile, l'oblige à contracter de bonne
heure des allures défectueuses et trop souvent
le rend tout à fait impropre au service de la
cavalerie.

Ces quelques exemples suffisent pour donner
une idée de l'importance qu'il faut attacher à la
régularité des proportions. Ce n'est pas par les
mesures théoriques, mais par une longue habitude de voir les chevaux, qu'on acquiert le coup
d'œil qui fait apprécier sûrement l'ensemble de
l'animal et la relation de ses diverses parties
entre elles.

CHAPITRE XI.

Chevaux de l'armée.

Dépôts de remonte.

Les chevaux de l'armée sont achetés par le
service des remontes. Ceux qui ont plus de 5 ans
séjournent dans les dépôts jusqu'à l'expiration
des délais fixés pour les vices rédhibitoires.

Les chevaux au-dessous de cet âge sont entretenus, soit dans les dépôts de transition, soit dans les dépôts de remonte, jusqu'à l'âge de 4 ans 1/2.

Ces dépôts sont groupés en trois circonscriptions : deux en France et une en Algérie. Cette dernière comprend deux subdivisions. De plus un certain nombre de dépôts, en France, restent en dehors des circonscriptions dont les chefs-lieux sont Caen et Tarbes.

DIVISION
ADMINISTRATIVE et TERRITORIALE

DES ÉTABLISSEMENTS DE REMONTE

DE L'INTÉRIEUR.

DÉPOTS DE REMONTE.	DÉPARTEMENTS EXPLORÉS.

Circonscription de remonte de Caen.

Caen.	Calvados.
Saint-Lô.	Manche.
Alençon.	Orne, Eure-et-Loir, Mayenne, Sarthe.
Angers Annexes à Beauval et Montoire (Loir-et-Cher).	Loire-Inférieure, Maine-et-Loire, Indre-et-Loire, Loir-et-Cher.
Guingamp Annexe à Losnevar (Finistère).	Côtes-du-Nord, Finistère, Ille-et-Vilaine Morbihan.

Circonscription de remonte de Tarbes.

Tarbes Annexes: au Garos (Gers); à Sarriac (Hautes-Pyrénées).	Htes-Pyrénées, Ariège, Haute-Garonne (arrondissement de Saint-Gaudens), Gers, Basses-Pyrénées.
Agen Annexes : à Lastours (Tarn-et-Garonne); à Lavergne (Tarn-et-Garonne); à Eymet (Dordogne).	Lot-et-Garonne, Aude, Haute-Garonne (moins l'arrondissement de Saint-Gaudens), Pyrénées-Orientales, Tarn, Tarn-et-Garonne.
Mérignac Annexe au Gibaud (Charente-Inférieure).	Gironde, Dordogne, Landes.
Guéret Annexes : à Bellac (Hte-Vienne) ; à Bonnavois (Indre) ; au Busson (Indre); à Saint-Junien (Haute-Vienne).	Creuse, Cher, Indre, Haute-Vienne.

DÉPOTS DE REMONTE.	DÉPARTEMENTS EXPLORÉS.

Circonscription de remonte de Tarbes (suite).

Aurillac.	Cantal, Aveyron, Corrèze, Loire, Haute-Loire, Lot, Lozère, Puy-de-Dôme.

Dépôts en dehors des circonscriptions de remonte.

Fontenay Annexes : au Lys (Vendée); à la Brosse (Deux-Sèvres); à Ste-Oueune (Deux-Sèvres); à la Pissepole (Deux-Sèvres).	Vendée, Deux-Sèvres, Vienne.
Saint-Jean-d'Angély.	Charente-Inférieure, Charente.
Mâcon Annexes à Romanèche-Coligny (Ain) et à Faverney (Haute-Saône).	Saône-et-Loire, Ain, Allier, Côte-d'Or, Doubs, Jura, Nièvre, Rhône, Savoie, Haute-Savoie, Haute-Saône, Belfort.
Arles.	Bouches-du-Rhône, Ardèche, Basses-Alpes, Hautes-Alpes, Alpes-Maritimes, Drôme, Gard, Hérault, Isère, Var, Vaucluse.
Paris Annexes : à Saint-Cyr (Oise); à Orgeville (Eure) (*); au Bec-Hellouin et à Saint-Germain-en-Laye.	Eure, Oise, Seine-Inférieure, Somme, Nord, Pas-de-Calais, Seine, Loiret, Seine-et-Marne, Seine-et-Oise, Yonne.

(*) Cette annexe a été provisoirement transférée à Eu (Seine-Inférieure).

DÉPOTS DE REMONTE.	DÉPARTEMENTS EXPLORÉS.

Dépôts en dehors des circonscriptions de remonte (suite).

Comité d'achat de Suippes.	{ Aisne. Ardennes. Aube. Marne, Haute-Marne. Meuse, Vosges, Meurthe-et-Moselle.

ÉTABLISSEMENTS HIPPIQUES

DE SUIPPES

(Créés par décision ministérielle du 20 octobre 1890,
modifiée par circulaire du 23 février 1892.)

DÉPARTEMENT DE LA MARNE.

Etablissements en dehors des circonscriptions.

Ecole de dressage de Saumur (annexe de l'Ecole d'application de cavalerie).

Etablissements hippiques de l'Algérie.

Dépôt de remonte de Blida.
Territoire exploré : la division d'Alger.

Dépôt de remonte de Mostaganem.
Territoire exploré : la division d'Oran.

Dépôt de remonte de Constantine.
Territoire exploré : la division de Constantine.

Dépôt de remonte de Tunis.

Dépôt d'étalons et jumenterie de l'Algérie

Dépôts de Blida, de Mostaganem et de Constantine.
Jumenterie de Tiaret.

Chevaux des différentes armes.

1° Cavalerie de réserve.

C'est surtout en Normandie qu'on trouve le cheval de réserve.

Généralement forts, étoffés et ayant de la distinction, les chevaux de cette provenance ont parfois les membres grêles relativement à l'ampleur du corps.

La région de l'Ouest, explorée par les dépôts de Fontenay, de Saint-Jean-d'Angely et d'Angers, fournit également un certain nombre de chevaux de réserve, moins distingués que les précédents, mais qui conviennent néanmoins à cette arme.

Les quelques chevaux de cuirassier qu'on achète en Bretagne sont généralement plus propres au service du trait qu'à celui de la selle.

La contrée explorée par le dépôt de Mâcon fournit, dans une notable proportion, des chevaux aptes à la réserve.

Bien que moins distingués que les Normands, ils s'en rapprochent par l'harmonie et le développement des formes et leurs moyens.

2° Cavalerie de ligne.

Les régiments de dragons sont alimentés, en majeure partie, par les dépôts de Normandie,

C'est dans cette région qu'on trouve les chevaux les plus distingués et les mieux suivis dans leur ensemble.

On rencontre aussi le cheval de ligne dans l'Ouest et une partie du centre, du ressort du dépôt de Mâcon.

Les chevaux livrés par le dépôt de Fontenay sont plus distingués et mieux membrés que ceux de Saint-Jean-d'Angely. Ces derniers ont souvent les pieds plats.

Angers fournit des chevaux généralement bien conformés et d'une certaine distinction.

Ceux de Guingamp sont assez bien proportionnés.

Mâcon donne de bons chevaux.

3· Cavalerie légère.

Ce sont surtout les dépôts de la circonscription de Tarbes et ceux de l'Algérie qui remontent la cavalerie légère.

Les chevaux de Tarbes ont du brillant, du fond, de l'ardeur ; quelques-uns ont les membres grêles et le tendon failli.

Ceux des environs d'Auch ont des formes plus amples et mieux proportionnées.

Les chevaux de Guéret et d'Aurillac sont énergiques et très résistants.

On recrute quelques chevaux de légère dans les première, deuxième et troisième circonscriptions. Ceux de Caen et de Saint-Lô sont plus étoffés et mieux suivis que les chevaux du Midi, mais ils doivent être attendus pour être mis en service.

Les dépôts de Saint-Jean-d'Angely, d'Angers et de Guingamp livrent de bons chevaux, mais moins distingués que ceux du Midi.

Chevaux algériens. Les chevaux de la province d'Oran ont de la taille, de l'ampleur dans les formes et une bonne membrure.

Le cheval d'Alger a le corps bien développé, mais il est plus petit de taille et plus grêle de membres. Néanmoins il est susceptible de faire un bon service.

Le cheval de Constantine, élancé, étroit de poitrine, pèche par les membres dont les articulations manquent de largeur.

En général, le cheval arabe est fort énergique, docile et sobre ; il réunit donc les qualités du vrai cheval de guerre.

4° Artillerie.

La Normandie fournit à l'artillerie des chevaux de trait, vigoureux, bien étoffés et bien charpentés. Quant aux chevaux de selle, ils ne possèdent pas toujours le sang et l'énergie que réclament les services de guerre ; mais ils gagnent avec l'âge et sous l'influence d'une nourriture tonique.

La Bretagne produit et élève un grand nombre de chevaux de trait. de taille moyenne, courts, bien ramassés, dociles, sobres et durs à la fatigue.

Le cheval ardennais tend à devenir lourd, massif et convient moins qu'autrefois au service de l'armée.

Mulets.

Les mulets nécessaires aux besoins de l'armée sont tirés du Poitou, du Midi et de l'Algérie.

Le Poitou produit des mulets de trait qui, par leur taille, leur force et le développement de leurs formes, rendent d'excellents services.

Ce pays produit aussi un bon mulet de bât, bien membré et à formes ramassées.

Les mulets du Midi et de l'Algérie sont surtout utilisés pour les transports à dos, en pays de montagnes et dans les contrées chaudes.

TROISIÈME PARTIE.

De l'hygiène.

L'hygiène est la partie des sciences hippiques qui a pour objet l'étude des soins à donner au cheval pour le conserver en santé, pour le maintenir en état de rendre les services qu'on en exige, et, autant que possible, pour prolonger la durée de ces services en prévenant une usure trop rapide.

L'hygiène comprend donc un ensemble de connaissances et de préceptes d'une haute importance, dont on ne saurait trop se pénétrer dans les corps de troupes à cheval. puisque de leur intelligente application dépend, non seulement la conservation du précieux animal que l'homme s'est donné pour auxiliaire à la guerre, mais encore l'entretien et le développement de ses aptitudes.

Les règles à suivre pour atteindre ce double but se déduisent nécessairement de toutes les influences, bonnes ou mauvaises, qui peuvent agir sur le cheval dans les conditions très variées où peut le placer le service militaire, et des besoins naturels à satisfaire pour l'entretien de l'organisme et l'exercice régulier de ses fonctions. Les unes et les autres vont être exposées dans les chapitres suivants.

CHAPITRE PREMIER.

Influence de l'âge et des sexes.

---

§ 1. — DES AGES.

La durée naturelle de la vie du cheval se partage en périodes de plusieurs années, correspondant à des modifications qui s'opèrent dans sa constitution et ses aptitudes ; on les désigne sous le nom d'*âges*.

Depuis sa naissance jusqu'à cinq ans révolus, le corps du cheval s'accroît dans toutes ses dimensions, en hauteur, en largeur et en épaisseur : c'est *le jeune âge* ou *période d'accroissement*.

Après cinq ans commence l'*âge adulte ;* le cheval a acquis la taille qu'il conservera le reste de sa vie ; mais il se développe encore en épaisseur et gagne en vigueur et en résistance jusqu'à huit ans ; alors il reste stationnaire jusqu'à douze ans, époque où commence la *période de décroissence* ou *vieillesse*, qui s'accentue de plus en plus jusqu'à la fin de l'existence de l'animal.

Ces périodes correspondent à peu près à celles de l'évolution dentaire ; ainsi le cheval est *poulain* tant qu'il n'a que des dents de lait, c'est-à-dire jusqu'à deux ans et demi : c'est le temps de son plus grand accroissement. Il perd ce nom et n'est plus désigné que sous celui de *jeune cheval*, pendant l'apparition des dents persistantes, de deux ans et demi à cinq ans, temps pendant lequel il grandit encore sensiblement. La première partie de l'âge adulte, qui finit à huit ans, correspond à la période du rasement des dents, est caractérisée par le développement en force et en vigueur. Pendant la disparition de l'émail central, de huit à douze ans, le cheval est réellement stationnaire; enfin, après douze ans, commence la décroissance avec la triangularité des dents.

Le cheval n'arrive dans l'armée que pendant la deuxième partie de sa jeunesse (vers quatre ans) et en disparaît de quinze à dix-huit ans, avant la fin naturelle de sa vieillesse. Les services qu'il est susceptible de rendre, comme les soins dont il doit être l'objet, sont marqués par les phases de son existence, telles qu'elles viennent d'être indiquées.

Le jeune cheval est encore dans la période de croissance, ses jointures n'ont pas acquis toute la résistance qu'elles offriront plus tard, ses chairs sont molles et ont peu de force : il est nécessaire de le bien nourrir pour qu'il se développe convenablement, et de le ménager dans l'exercice pour ne pas fausser ses aplombs et altérer ses articulations : en un mot, il ne peut être soumis qu'à un léger travail de dressage.

Le cheval adulte, après cinq ans, peut être soumis à toutes les épreuves du dressage et satisfaire aux exigences du service militaire, mais il n'est réellement un cheval fait, c'est-à-dire dans toute la plénitude de ses forces, de sa vigueur et de sa résistance, que vers huit ans.

Après douze ans, la vieillesse arrive plus ou moins vite, selon les individus et selon qu'ils ont été plus ou moins ménagés pendant les périodes antérieures. A cette époque, les forces diminuent, les membres deviennent roides, les formes s'altèrent; on peut encore utiliser le cheval dans les dépôts des corps, mais on ne peut plus compter sur lui pour un service de guerre. Il pourrait encore supporter des privations, mais il est incapable de résister à de grandes fatigues.

§ II. — DES SEXES.

L'armée utilise *des chevaux entiers, des juments et des chevaux hongres.*

Le cheval entier est plus fort et capable, à un moment donné, de plus grands efforts de vigueur et d'énergie que la jument ou le cheval hongre; mais il est plus difficile à gouverner, moins soumis et fréquemment plus méchant.

Les chevaux entiers qui appartiennent aux races françaises ne sont pas propres au service militaire. Ceux qui existent dans l'armée sont des chevaux algériens qui montent quelques corps de cavalerie en France et tous les régiments d'Afrique; ils doivent cette exception à des qualités spéciales : ils sont doux avec l'homme, très maniables, très sobres, très résistants aux fatigues, et sont excellents pour le service des avant-postes, les reconnaissances et la guerre de partisans; on ne peut leur reprocher que d'être querelleurs entre eux, de jeter parfois du désordre dans les camps lorsqu'ils s'échappent, et d'exposer les cavaliers à être trahis dans une embuscade, par leurs hennissements.

La jument est d'un bon service, surtout celle qui est de race commune et propre au trait. Dans les races plus fines qui, suivant l'expression consacrée, ont du sang, les juments sont plus irritables que les chevaux hongres; parfois elles sont quinteuses; quelques-unes, aux époques des chaleurs (*du rut*), deviennent *pisseuses* : alors elles sont difficiles à monter, n'obéissent plus, ruent et mettent le désordre dans le rang. Le nombre des juments dans l'armée est beaucoup moins considérable que celui des chevaux.

Le cheval hongre est, à tous les points de vue, celui qui convient le mieux pour le service militaire; c'est le plus docile, le plus soumis, et il possède assez de vigueur et de résistance pour satisfaire à toutes les exigences de la guerre.

CHAPITRE II.

Influence de l'air, des saisons et des climats.

§ I. — DE L'AIR.

L'air, si indispensable à la vie des animaux, peut devenir une cause de l'altération de leur santé et de leur vigueur dans certaines conditions de température, d'humidité, d'agitation ou d'impureté, qui dépendent des saisons, des climats ou des locaux dans lesquels ils sont enfermés.

L'air pur et sec, d'une température moyenne, donnant une impression plutôt fraîche que froide, est celui qui convient le mieux au cheval; il stimule son organisme et entretient sa vigueur et son énergie.

L'air froid, en abaissant la température extérieure du corps, arrête la transpiration cutanée, produit une rigidité de la peau qui hérisse les poils; s'il est très froid, son action va jusqu'à déterminer des tremblements dans les membres, et il est surtout nuisible aux chevaux faibles et mal nourris. Pour en prévenir les dangereux effets, on doit éviter de tenir longtemps les chevaux au repos hors des écuries, et, s'il y a nécessité de le faire, il faut les mettre à l'abri des courants d'air et les revêtir d'une couverture.

L'air chaud fatigue les chevaux, il les affaiblit par les grandes déperditions qu'il occasionne en provoquant des sueurs abondantes; sous son influence, l'appétit diminue et la soif augmente. Pour en atténuer les effets, on place à l'ombre, autant que possible, les chevaux que les besoins du service forcent de tenir dehors; ou l'on oppose aux vifs rayons du soleil qui pénètrent dans les écuries des toiles ou écrans fixés aux ouvertures placées au-dessus des chevaux. On lave plusieurs fois par jour les yeux et les naseaux de ces animaux avec de l'eau fraîche. On leur fait prendre des bains de rivière; enfin on les rafraîchit en leur donnant des barbotages clairs, au repas du soir, pendant les journées les plus chaudes.

L'air humide, s'il est froid, est celui qui altère le plus la santé des chevaux; c'est en leur distribuant une très bonne nourriture, en les tenant chaudement, en les soumettant à de bons et longs pansages et en leur faisant prendre chaque jour de l'exercice, qu'on peut en diminuer les fâcheux effets.

Si l'air est chaud en même temps qu'il est humide, il amollit les chevaux, les rend paresseux et diminue leur appétit; il faut alors les stimuler par une nourriture excitante, arroser leurs fourrages avec de l'eau salée et ne les faire travailler qu'au moment le moins chaud de la journée.

L'air vicié par la respiration et les émanations du corps, dans les locaux étroits où sont enfermés un grand nombre de chevaux, est ce qu'il y a de plus pernicieux pour leur santé et même pour leur vie; il en sera question plus loin, quand nous traiterons des écuries et des chevaux transportés sur des navires.

LUMIÈRE. — La lumière est nécessaire aux animaux; elle a sur eux une action vivifiante qui favorise l'accomplissement de toutes les fonctions. Les chevaux tenus longtemps dans l'obscurité perdent de leurs forces; lorsqu'ils sortent de locaux sombres, la lumière extérieure les éblouit et les rend ombrageux, et leur vue peut s'altérer.

§ II. — Des vents.

L'air agité, ou le vent, lorsqu'il est modéré et que la température est un peu élevée, impressionne agréablement les chevaux et leur est salutaire. Les vents violents, froids et humides les incommodent ; s'ils sont libres, ils cherchent à s'y soustraire ; ils en redoutent surtout l'action sur leur tête. Chacun a pu remarquer que les chevaux bivaqués, attachés à la corde ou au piquet, tournent tous leur derrière au vent et abritent leur tête avec leur corps ; de là l'indication de soustraire autant que possible ces animaux à l'action des vents, en les plaçant dans des lieux abrités, et, dans le cas où l'on ne peut le faire, en leur mettant sur le corps une couverture bien étendue qui enveloppe la croupe et même retombe en arrière des fesses. Un autre effet très pernicieux du vent est de refroidir rapidement les animaux, surtout s'ils sont en sueur. Tout le monde sait combien il est dangereux de laisser dans un courant d'air un cheval échauffé par un travail quelconque ; il faut, si l'on ne peut l'abriter, le promener jusqu'à ce qu'il soit un peu refroidi et jusqu'à ce qu'il soit séché, s'il est mouillé par la sueur.

§ III. — Des pluies.

Les pluies d'été sont bien supportées par les chevaux ; celles qui accompagnent les orages ont même l'avantage de les rafraîchir par l'abaissement qu'elles apportent dans la température, après les journées chaudes et lourdes qui les précèdent habituellement.

Les pluies du printemps et surtout celles de l'automne et de l'hiver sont froides. Les chevaux casernés qui les reçoivent accidentellement n'en sont généralement pas incommodés ; il est bon cependant de les sécher par un vigoureux bouchonnage à leur rentrée à l'écurie. Mais ceux qui y sont continuellement exposés dans les camps ou les bivouacs n'y résistent qu'à la condition d'être bien nourris ; dans ce cas, le plus grand inconvénient de ces pluies est de rendre le sol boueux et d'occasionner des crevasses dans les paturons et quelques engorgements des membres. Si, au contraire, l'alimentation est insuffisante, les pluies des saisons froides sont très funestes pour les animaux, et beaucoup succombent.

§ IV. — DES SAISONS.

Les effets de l'air dans ses différents états de sécheresse, d'humidité et de température, expliquent naturellement l'influence des saisons sur le cheval.

Les saisons sont déterminées par la hauteur du soleil et le temps pendant lequel il reste au dessus de l'horizon, circonstances d'où dépendent la température de chaque lieu et les variations de cette température.

En France, il y a quatre saisons ; deux d'entre elles sont franchement caractérisées, l'une par ses jours très courts et sa température froide :

c'est *l'hiver*; l'autre par des jours longs et chauds : c'est *l'été*. Les deux autres . *le printemps* et *l'automne*, sont des saisons intermédiaires ; pendant la première, le jour et la température vont en augmentant, c'est la transition entre l'hiver et l'été ; dans la deuxième, les jours et la température diminuent, c'est le passage de l'été à l'hiver. L'une et l'autre sont caractérisées encore par des variations, quelquefois brusques, du froid au chaud et du chaud au froid.

Le printemps est favorable à tous les chevaux, à ceux qui sont en bon état et à ceux qui ont souffert pendant la durée de l'hiver ; sous son influence, l'activité des fonctions augmente, un poil court et brillant remplace la fourrure hivernale ; l'embonpoint et la gaieté reparaissent, c'est le réveil de l'organisme animal comme celui de la vie végétale.

L'été, par sa chaleur, affaiblit le cheval ; son appétit diminue ; il sue facilement, est toujours altéré ; tourmenté par les mouches, il repose mal et maigrit. Les journées orageuses sont celles qui l'accablent le plus et diminuent le plus son énergie. C'est pendant cette saison qu'il y a lieu d'appliquer les mesures indiquées plus haut pour atténuer les effets de l'air chaud.

L'automne ramène une certaine activité dans les fonctions, mais son action est loin d'être aussi favorable que celle du printemps ; tout au contraire, cette saison est regardée par certains cavaliers comme celle où les chevaux, épuisés par les chaleurs de l'été, ont le moins d'énergie et sont le plus exposés aux accidents qui résultent de

brusques variations de température ou d'altérations particulières de l'atmosphère, surtout dans
les pays marécageux. Dès les premières impres-
sions du froid, les poils s'allongent et s'épaississent, on dit alors que le cheval prend *le poil
d'hiver*.

L'hiver froid et sec exerce sur les tissus un
resserrement qui accroît la vigueur ; le cheval
éprouve un besoin de mouvement qui se traduit
par des accès de gaieté. L'air froid qui entoure
le cheval lui enlève beaucoup de sa chaleur naturelle ; aussi faut-il, pour remplacer celle qui se
perd sans cesse, que les phénomènes qui la produisent soient suractivés ; de là la nécessité de
fournir en proportion plus considérable, par une
nourriture plus abondante, les éléments qui
doivent contribuer à sa production. L'animal en
exprime lui-même le besoin par une augmentation de son appétit.

Les hivers froids et humides sont les plus
malsains, ce sont ceux où l'on voit surtout lan-
guir les fonctions de la peau et souvent même
celles des autres appareils d'organes ; la sueur
s'évapore alors difficilement, refroidit la surface
du corps et peut occasionner de graves maladies.

§ V. — DES CLIMATS.

Ce sont encore le plus ou le moins de chaleur
et d'humidité de l'air qui déterminent ce qu'on
appelle un *climat*. On comprend sous ce nom
des étendues de pays dans lesquelles la température et les autres conditions de l'atmosphère

sont à peu près semblables, en raison de leur position géographique, de leur configuration topographique, de leur élévation relative au-dessus du niveau des mers et de la nature de leur sol.

Les climats sont donc chauds, froids ou tempérés, secs ou humides.

Leurs effets sur les chevaux, comme sur tous les animaux, sont considérables, parce qu'à l'action permanente d'une température déterminée, s'ajoutent d'autres influences qui modifient les conditions de vie, comme par exemple une végétation spéciale d'où résulte une alimentation particulière, etc.

La nature du cheval est assez flexible pour se prêter, dans certaines limites cependant, aux modifications que lui impriment les climats. Mais ces modifications de l'organisme qui permettent aux animaux de vivre sans trouble sous l'influence des diverses conditions climatériques, sont le privilège exclusif de ceux qui appartiennent aux races locales et qui sont nés dans la région. Les autres ne peuvent les acquérir, le plus souvent, qu'après s'être habitués au climat par un long séjour ; aussi le brusque transport d'un climat dans un autre ne peut avoir lieu sans faire courir au cheval un danger, qui est d'autant plus grand que la différence est plus marquée. Tous les animaux dépaysés passent en effet par une phase critique qu'on appelle *l'acclimatement* et qui dure jusqu'à ce que leur organisme se soit accommodé avec le nouveau milieu dans lequel ils doivent vivre. On verra

6.

plus loin, à l'égard des chevaux de remonte, que, sans quitter la France, ces animaux subissent l'influence des changements de localité, de régime et de vie.

CHAPITRE III.

Logements des chevaux.

(Écuries, baraques et hangars.)

Pour soustraire les chevaux aux influences atmosphériques, il est nécessaire, pendant le temps qu'ils ne sont pas utilisés, de leur procurer des abris où ils puissent encore se reposer et consommer facilement leur nourriture. Ces abris ont une grande importance dans l'hygiène du cheval ; car, s'ils sont très avantageux à la santé et au bon entretien de cet animal lorsqu'ils réunissent de bonnes conditions de salubrité, ils peuvent produire un effet contraire lorsque leur construction et leur installation intérieure sont vicieuses.

Trois sortes d'abris sont donnés aux chevaux de l'armée :

1° Des *écuries*, et l'on étend ce nom à tout local clos, en maçonnerie, construit ou non en vue d'y loger des chevaux ;

2° Des *baraques*, qui ne sont autre chose que des écuries en planches ;

3º Et enfin des *hangars* construits en maçonnerie ou en bois.

§ I. — ÉCURIES.

Une écurie, pour être salubre, doit réunir les conditions suivantes :

1º Elle sera aussi vaste que possible, eu égard au nombre de chevaux qu'elle doit contenir ; ses dimensions, dans le sens suivant lequel sont disposés les mangeoires et les râteliers, seront telles qu'on pourra accorder à chaque cheval au moins 1m,45 en largeur, si les animaux sont barrés, et 1 mètre s'ils ne le sont pas ; il faudra, en outre, qu'il y ait un espace vide pour circuler facilement et sûrement derrière les chevaux, quelle que soit d'ailleurs la disposition de ceux-ci sur un ou deux rangs.

2º Le sol de l'écurie sera uni, pavé, bétonné ou macadamisé et assez incliné pour permettre aux urines de s'écouler.

3º Les plafonds seront très élevés ; les fenêtres, en nombre suffisant pour donner partout de la lumière et permettre une large aération, seront percées assez haut pour, étant ouvertes, ne pas établir des courants d'air dans l'espace occupé par les chevaux. Les portes seront larges et autant que possible à deux battants.

4º Enfin les râteliers et les mangeoires seront en bon état.

Les écuries construites dans les quartiers de cavalerie depuis 1842 présentent toutes ces bonnes conditions ; celles qui datent d'une époque antérieure laissent assez souvent à désirer sous le rapport de l'élévation des plafonds et de la disposition des ouvertures ; celles-ci sont généralement trop basses, peu nombreuses et ne permettent pas une bonne aération.

Écuries-docks.

Les écuries-docks, vastes, faciles à aérer, commodes pour le service, ont l'inconvénient d'être très froides en hiver par suite des courants d'air qui s'y établissent facilement et du défaut de voligeage sous tuile.

Il y a donc lieu, par les basses températures, de fermer toutes les ouvertures.

En été, au contraire, l'atmosphère de ces locaux étant extrêmement chaude, on doit en arroser fréquemment le sol et rendre leur aération aussi large que possible.

Les écuries-docks ne conviennent nullement aux chevaux malades.

Les écuries appartenant à des particuliers, occupées dans certaines garnisons, et celles qui sont fournies aux détachements cantonnés dans les villages, sont rarement dans de bonnes conditions de salubrité ; ce sont généralement des écuries d'auberges, d'anciens établissements de roulage, des fermes ou des étables, etc., bas, étroits, sombres et peu aérés, dont le sol est défoncé et laisse séjourner les urines. Il faut ob-

vier à ces défauts en n'y plaçant qu'un nombre
de chevaux inférieur à celui qu'elles peuvent
contenir ; ce qu'il importe d'éviter, c'est de réunir dans de semblables locaux un grand nombre
de chevaux ; l'air s'y vicie très vite par la respiration et les exhalaisons du corps, et rien
n'est plus funeste pour la santé de ces animaux.
Une petite écurie, basse, étroite et mal aérée,
ne contenant que deux ou trois chevaux, est
moins insalubre qu'une autre dans des conditions semblables, mais qui en contiendrait un
grand nombre, avec des dimensions donnant le
même cube d'air par cheval. On doit encore
améliorer le sol de ces écuries, en remplissant
les trous avec du sable ou de la terre argileuse
bien tassée. On fait ensuite creuser des rigoles
pour l'écoulement des urines.

§ II. — BARAQUES.

Les baraques, comme les écuries, doivent être
assez larges pour permettre une circulation facile et sûre derrière les chevaux, que ceux-ci
soient placés sur un ou deux rangs. Leur toiture
également élevée se prolongera assez en dehors
pour rejeter les eaux pluviales aussi loin que
possible. Les planches devront être bien jointes,
afin d'empêcher, par les interstices, le passage
de l'air qui frapperait sur la tête et les yeux des
chevaux. Les ouvertures disposées pour l'aération devront s'ouvrir sans établir de courants
d'air dans les parties basses. Les baraques doivent être construites sur un terrain sec et élevé,
ou protégé par des fossés contre l'envahisse-

ment des eaux et l'humidité du sol ; autant que possible, elles seront pavées ou macadamisées. Enfin, comme les écuries, elles doivent être pourvues de mangeoires et de râteliers.

Installées dans ces conditions, les baraques sont des logements salubres, froids en hiver ; mais le cheval, bien nourri et bien soigné, ne redoute pas une basse température.

§ III. — HANGARS.

Les hangars en maçonnerie ou en bois constituent, en France, des abris moins bons qu'un local clos, mais suffisants, s'ils sont assez profonds pour laisser un espace couvert assez large derrière les chevaux et s'ils ne sont pas ouverts du coté d'où viennent les vents froids et pluvieux ; dans ce dernier cas, il faudrait compléter l'abri avec des toiles grossières tendues, des nattes ou tout autre objet pouvant remplir le même but.

Les hangars doivent avoir un sol incliné en arrière pour l'écoulement des urines ; si, avec cela, ce sol est pavé ou macadamisé, il n'en vaudra que mieux. Enfin, il est nécessaire que les hangars soient pourvus de râteliers et de mangeoires.

En Algérie, pour des raisons climatériques, on donne la préférence aux hangars sur tout autre local, pour abriter les chevaux.

§ IV. — Tenue des logements des chevaux.

Quels que soit les locaux qui contiennent des chevaux, il doivent être tenus dans le plus grand état de propreté. Les mangeoires et les râteliers seront nettoyés avant d'y placer la nourriture, ce qui reste du repas précédent devant toujours être retiré. Le sol sera soigneusement balayé, et, pendant les fortes chaleurs, il sera bon de l'arroser : cette précaution donne une fraîcheur très salutaire.

Les crottins, enlevés de dessous les chevaux au fur et à mesure qu'ils sont rendus, ne doivent pas séjourner dans les écuries. Les fumiers seront toujours déposés dehors, aussi loin que possible.

La litière, maintenue en permanence sous les pieds des chevaux, ne doit être relevée pour permettre d'en retirer le fumier que lorsque l'ordre en est donné, généralement deux fois par mois. Dans cette opération, il faut, autant que possible, faire sortir les chevaux des écuries, et, dans tous les cas, ouvrir toutes les portes et toutes les fenêtres.

Une litière ainsi tenue s'épaissit tout les jours par l'adjonction de la paille non consommée ; elle finit par former trois couches distinctes : la supérieure sèche, sur laquelle repose le cheval, celle du milieu humide et chaude, et l'inférieure, en contact avec le sol, froide et retenant les vapeurs ammoniacales qui se dégagent des urines. Quand elle est bien entretenue, elle ne répand aucune odeur ; il n'y a que lorsqu'on la remue que les gaz rendus libres se dégagent; mais ils se dissipent promptement en aérant l'écurie.

Quand on relève une litière ainsi tenue, on ne doit jeter au fumier que la couche profonde, humide et pourrie, en contact avec le sol. La couche superficielle, sèche, est mise de côté; celle du milieu, étant humide, si le temps le permet sera exposée à l'air extérieur pour la sécher; cette dernière précaution n'est pas indispensable. On refait la litière en étendant sur le sol préalablement bien nettoyé, la partie de l'ancienne litière qui constituait la couche moyenne; on la tasse bien avec les pieds et on la recouvre de la partie sèche qui a été mise de côté.

Aréation des écuries. — Bains d'air.

Quoique constamment assurée, l'aération des écuries doit varier avec l'état de l'atmosphère. Chaque capitaine-commandant, après avoir pris l'avis du véterinaire en premier, donne des ordres particuliers appropriés à la disposition intérieure des locaux, à leur orientation et aux exigences du service. Plutôt que de faire diminuer l'aération, on fait couvrir les chevaux.

Autant que possible, les prescriptions suivantes doivent être observées.

En été, les portes et les fenêtres doivent être largement ouvertes, de nuit et de jour : s'il fait du vent quand les chevaux rentrent du travail, on ferme les portes pendant une heure et demie ou deux heures, tout en évitant d'élever la température de l'écurie au point de faire transpirer les chevaux.

En hiver, pendant les temps calmes, et toutes les fois que la température extérieure ne descend pas au-dessous de zéro, on laisse les fenêtres ouvertes, nuit et jour. Quand le vent souffle avec violence, les portes restent fermées du côté du vent. Les portes et les fenêtres sont toujours fermées pendant une heure et demie ou deux heures après la rentrée des chevaux. Enfin, quand la température descend au dessous de zéro, le capitaine-commandant donne les ordres que la rigueur du froid paraît devoir exiger.

Il faut veiller à ce que les chevaux ne soient pas exposés aux courants d'air et fermer, à cet effet, les portes près desquelles ils sont placés.

En été, les chevaux sont attachés avant la nuit hors des écuries, pour être soumis pendant une heure ou deux à l'action de l'air pur.

Lorsque tous les chevaux sont dehors, toutes les portes et les fenêtres doivent rester ouvertes.

Les chevaux malades, les blessés qui ont de larges plaies suppurantes, ne doivent pas séjourner dans les écuries qui contiennent des chevaux sains.

Il ne faut, sous aucun prétexte, tolérer dans les écuries la présence d'autre animaux domestiques. On évitera également de les laisser fréquenter par des volailles, qui salissent les mangeoires par leur fientes.

Les fourrages ne doivent jamais être conservés dans les locaux occupés par les chevaux ; ils s'imprègnent de l'odeur d'écurie, perdent leur fraîcheur et peuvent être gaspillés par les chevaux qui se détachent.

Soins à donner aux chevaux avant le travail.

Avant de monter à cheval, le cavalier doit donner un coup de brosse en chiendent, ou de bouchon. sur tout le corps du cheval, pour enlever la poussière et le crottin dont il serait souillé ; puis passer la brosse humide sur les crins, sur la tête et sur les pieds.

Soins à donner aux chevaux à la rentrée.

A moins de circonstances exceptionnelles, les chevaux ne doivent pas être ramenés en sueur au quartier.

En rentrant, le cavalier attache son cheval hors des écuries, cure les pieds et desselle. Il prend une poignée de paille dans chaque main, frotte énergiquement l'encolure, la poitrine, le ventre, les flancs, et particulièrement l'emplacement de la selle ; puis il étend la couverture sur le dos du cheval. Il brosse ensuite, avec la brosse en chiendent, les cuisses et les jambes, en allant de haut en bas ; passe l'éponge mouillée sur les yeux, les naseaux, le fourreau et l'anus ; lave les paturons et les sèche soigneusement avec l'époussette. Si la queue est crottée, il frotte les crins les uns contre les autres et trempe le fouet dans l'eau.

. Il rentre ensuite le cheval à l'écurie et le laisse couvert pendant le temps prescrit. Si le cheval transpire de nouveau quand il est à l'écurie, le cavalier le bouchonne comme il a dû le faire à la rentrée du travail.

Ces prescriptions doivent être observées par tout cavalier qui descend de cheval; le maréchal des logis de semaine est responsable de leur observation par les groupes de cavaliers qui ne forment pas de fractions constituées et par les cavaliers qui rentrent isolément.

CHAPITRE IV.

Soins de propreté.

Les soins de propreté n'ont pas seulement pour but de donner au cheval une belle apparence extérieure: ils sont encore une mesure hygiénique, c'est-à-dire qu'ils concourent au maintien de la santé en favorisant l'accomplissement de fonctions importantes. Ces soins sont: le *pansage,* les *bains* et le *tondage.*

§ I. — PANSAGE.

La peau, qui enveloppe le corps du cheval et protège les tissus qu'elle recouvre, est le siège d'une fonction dont le résultat est l'élimination de certains produits qui sont devenus inutiles ou nuisibles et doivent être rejetés du corps. Cette fonction est ce qu'on appelle la *transpiration cutanée;* elle est continuelle, mais son activité varie beaucoup selon la température de l'air et le travail que font les animaux ; tantôt le produit de la transpiration n'est constitué que par une vapeur invisible, et prend, à cause de cela, le nom de transpiration *insensible* ; tantôt, au contraire, il apparaît sous forme liquide et mouille les poils : c'est alors la *sueur*. Dans l'un et l'autre cas, la transpiration laisse sur la peau des matières grasses et des substances salines qui peuvent obstruer en partie les ouvertures des très petits canaux par lesquels elle s'échappe, et s'opposer à la libre sortie de ces produits. En outre, la peau est couverte d'une mince couche d'un tissu de la même nature que la corne et les poils, qu'on appelle l'épiderme ; cette couche se renouvelle continuellement, et se détache par petites écailles qui restent dans les poils, et forment, mélangées avec les matières que la transpiration laisse en s'évaporant et la poussière du dehors, la crasse que l'on enlève avec la brosse pendant le pansage.

Le pansage a encore un autre effet : la friction générale du corps avec la brosse et autres instruments équivaut à un massage qui procure un grand bien-être aux chevaux. Un bon pansage, après une grande fatigue, concourt puissamment à délasser les animaux.

Le pansage a lieu une fois par jour, autant que possible après le travail à cheval, et hors des écuries toutes les fois que la température le permet. Il doit être exécuté avec une grande activité.

Le cheval étant sec, ou ayant été bouchonné, est attaché par le bridon, le frontal relevé, la sous-gorge débouclée pour permettre de nettoyer la tête.

Par exception, et si le cheval a le poil un peu fort, le cavalier se sert de l'étrille ; prenant l'étrille de la main droite, il la passe légèrement à rebrousse-poil sur toutes les parties charnues, en commençant par la croupe, et étrillant le côté droit d'abord, la gauche ensuite. La tête, le bord inférieur de l'encolure, la base de la queue, les hanches, l'épine dorsale, le fourreau, les mamelles, la face interne des cuisses et des avant-bras, les parties inférieures des membres, ne doivent jamais être touchées par l'étrille.

Si le cheval a le poil fin, ou s'il est tondu, l'emploi de l'étrille est inutile ; le cavalier, à l'aide de la brosse en chiendent ou du bouchon, fait tomber le plus gros de la crasse ; puis prenant l'étrille de la main gauche, les dents en dessus, et la brosse à cheval de la main droite, il brosse la tête, puis l'encolure et tout le côté droit, et exécute la même opération du côté gauche en recommençant par la tête, ayant soin, après chaque coup de brosse, donné d'abord à rebrousse-poil, puis dans le sens du poil, de passer la brosse sur l'étrille pour enlever la crasse ; quand l'étrille en est chargée, il la frappe légèrement sur le sol, en arrière du cheval.

Le cavalier panse les membres de même, en commençant toujours par la partie supérieure ; puis il repasse avec l'époussette sur toutes les parties du corps, pour lisser et lustrer le poil.

Le cavalier brosse ensuite le toupet et la crinière, qu'il ramène par mèches, successivement sur le côte droit, puis sur le côté gauche ; il nettoie la queue, en la séparant par mèches, et en brosse le tronçon pour éviter les démangeaisons qu'y produirait la crasse.

Enfin, il passe la brosse en chiendent légèrement mouillée sur tous les crins, éponge le cheval comme il a été prescrit, frictionne les canons et les boulets en les frottant vivement et avec les deux mains à plat, en sens inverse, de haut en bas et de bas en haut, et termine le pansage en curant les pieds et en examinant la ferrure.

Hygiène des membres.

Les membres du cheval doivent être l'objet d'une attention constante. Si en massant les canons et les boulets, le cavalier sent de la chaleur sur quelque partie d'un membre, ou s'il s'aperçoit d'un peu d'engorgement, il en rend compte immediatement, et le cheval est conduit à la douche. Si la chaleur ou l'engorgement ne diminue pas, le cheval doit être présenté à la visite du vétérinaire.

Les paturons doivent être tenus très propres, afin d'éviter les crevasses ; on n'y laisse séjourner ni boue, ni sable, ni poussière, et le cavalier signale la plus légère excoriation qu'il y remarque.

Après un travail sur un terrain dur, on fait passer les chevaux à l'eau jusqu'aux genoux, toutes les fois que cela est possible ; puis à la rentrée au quartier, on bouchonne les parties mouillées, on sèche les paturons et on les frictionne.

Toute tare doit être soignée aussitôt qu'elle apparaît.

Soins à donner aux pieds.

Les pieds du cheval doivent être l'objet d'une égale attention.

Ils doivent toujours être tenus très proprement; et si, par exception, on les graisse, ils doivent être lavés fréquemment.

En envoyant un cheval à la forge, le capitaine-commandant appelle, quand il y a lieu, l'attention du vétérinaire en premier sur les remarques que lui a suggérées l'examen du pied du cheval depuis la dernière ferrure. Si le capitaine-commandant trouve un cheval mal ferré, il le présente au chef d'escadron, qui, après examen, soumet la question, s'il le juge à propos, au colonel.

Dans l'intervalle d'un ferrage à l'autre, l'officier de peloton doit s'assurer qu'aucun symptôme morbide ne se produit dans le pied ; que la fourchette ne s'atrophie pas ; qu'aucun commencement de déformation ne se manifeste, etc.

Les sabots dérobés, cerclés ou fendillés, doivent être graissés avec de l'onguent de pied.

Pendant l'hiver, si les chevaux travaillent au manège ou sur le sol doux des carrières, le capitaine-commandant peut les faire déferrer, afin de laisser reposer les pieds que la ferrure ou les marches sur les routes ont fatigués.

Soins à donner au dos du cheval.

On habitue le cheval, par une augmentation progressive des charges prescrites par le règlement pour les différentes périodes d'instruction, à porter le poids qui lui est imposé en campagne.

De même tout cheval qui est resté longtemps indisponible doit être soumis de nouveau à la même graduation.

Avant de seller, ainsi qu'en dessellant, le cavalier examine le dos de son cheval et passe la main sur l'emplacement de la selle, pour s'assurer qu'il n'y a aucune sensibilité. Si le dos est sensible, il en rend compte immédiatement.

Entretien des crins de la crinière et de la queue.

En principe, on ne coupe les crins des paturons qu'aux chevaux communs que désigne le capitaine-commandant.

La crinière doit être coupée au passage de la têtière et à la base de l'encolure. La queue, sauf dans les régiments montés en chevaux barbes, est coupée de manière que, tendue verticalement, elle arrive à quatre travers de doigt au-dessus de la pointe du jarret.

Il est interdit de toucher aux crins qui recouvrent la couronne du pied et aux longs poils qui se trouvent autour des yeux, des naseaux, des lèvres et dans l'intérieur des oreilles.

§ II. — BAINS.

Dans les localités où des bains d'eau de mer ou d'eau douce peuvent être donnés aux chevaux, le colonel, après avoir pris l'avis du vétérinaire en premier, les ordonne dès que la saison et la température le permettent.

Les bains sont très salutaires aux chevaux : d'abord ils nettoient mieux la peau que le meilleur pansage, ensuite ils rafraîchissent ces animaux, augmentent leur appétit et leur procurent un grand bien-être.

Dans les garnisons où existe une rivière assez profonde, d'un abord facile, ayant un bon fond de sable, il y a toujours avantage à en profiter pour faire baigner les chevaux deux ou trois fois par semaine pendant la saison chaude.

Quelques précautions sont à observer :

On ne doit pas conduire les chevaux au bain après le repas ; dans l'armée on y consacre le temps qui aurait été employé au pansage du soir, dont le bain tient lieu.

Il faut y aller au pas, pour éviter d'échauffer les chevaux, les laisser dans l'eau pendant quinze à vingt minutes et les ramener à l'écurie également au pas, à cause de la poussière. Il est inutile de les conduire à l'abreuvoir, ils ont satisfait leur soif dans l'eau ; en rentrant on leur donne l'avoine.

Si, pendant le bain, un cheval s'avance dans un endroit profond et se met à la nage, le cavalier doit lâcher les rênes et saisir la crinière : l'animal abandonné à son instinct s'en tirera mieux que guidé par un cavalier que la peur peut dominer.

Dans quelques corps on a l'habitude de graisser les sabots des chevaux avant de les conduire à l'eau. C'est une pratique qui, sans être indispensable, présente quelques avantages, et le meilleur topique à employer dans ce cas est le goudron végétal.

Les bains de mer sónt aussi très salutaires; mais l'eau salée n'a pas le pouvoir dissolvant de l'eau douce et nettoie moins bien. Il va sans dire qu'au retour de ces bains, les chevaux doivent être conduits à l'abreuvoir.

§ III. — TONDAGE.

On a vu plus haut qu'aux approches de l'hiver les poils s'épaississent, surtout chez les chevaux communs. Cette fourrure hivernale, évidemment destinée à protéger les animaux contre l'action du froid, est nécessaire à ceux qui vivent en liberté dans les pâturages où ils ne prennent que l'exercice qu'ils veulent ; mais les chevaux qui travaillent aux allures rapides, comme ceux de l'armée, suent facilement ; leur épaisse enveloppe de poil ne sèche qu'avec lenteur et il en résulte de fréquents refroidissements et, par suite, des maladies graves ; en outre les pansages ne peuvent être bien faits, et la malpropreté peut être une cause d'affections de la peau.

On remédie à ces inconvénients par le tondage. L'expérience a prouvé que cette opération se fait sans danger et a des résultats avantageux; mais elle doit être pratiquée avec certaines précautions. L'époque à choisir est la fin de l'automne, avant l'apparition des premiers froids; la peau. n'étant pas encore habituée à l'épaisse fourrure qu'on lui enlève tout à coup, est moins sensible d'abord, et s'accoutume peu à peu à l'impression des froids de l'hiver.

Tous les chevaux ne prennent pas en même temps leur poil d'hiver et ne l'ont pas tous aussi épais; ceux appartenant aux races distinguées en ont très peu; il faut donc commencer par tondre les sujets qui, par l'abondance de leur fourrure, en ont le plus besoin, et s'abstenir de le faire pour ceux auxquels l'opération n'est pas nécessaire, en raison du peu d'épaisseur et de longueur de leurs poils.

Pendant le tondage, les chevaux devront être placés dans un local à l'abri des vents et des courants d'air; les moyens de contrainte sont généralement inutiles. Cette opération est actuellement rendue facile et expéditive par l'usage d'instruments particuliers appelés *tondeuses;* cependant il est bon de choisir les cavaliers qui en sont chargés. Un homme tond aisément un cheval par jour.

Après avoir pris l'avis du vétérinaire en premier, les capitaines commandants, avant l'apparition des premiers froids, présentent au colonel les chevaux qu'ils proposent pour la tonte; le colonel prononce.

Les chevaux sont tondus à l'infirmerie sous la surveillance du vétérinaire en premier. On ne tond ni l'emplacement de la selle, ni les membres au dessous des genoux et des jarrets ; les poils qui ont échappé à l'action de la tondeuse ne doivent pas être brûlés.

Après la tonte, les chevaux sont placés autant que possible dans une partie de l'écurie éloignée des fenêtres et des portes, et restent couverts pendant une semaine. Ceux qui sont logés dans des hangars non fermés conservent leurs couvertures nuit et jour.

La tonte n'est qu'une mesure exceptionnelle.

§ IV. — HYGIÈNE DES JEUNES CHEVAUX.

Les chevaux de six ans qui, en raison de leur force et de leur tempérament, prennent part au travail commun de l'escadron doivent être l'objet d'une surveillance spéciale ; ceux de cinq ans qui sont versés dans les escadrons mobilisés sont soumis à un dressage progressif et subordonné à leur état de santé.

Les chevaux au-dessous de cinq ans sont, au dépôt, l'objet de soins particuliers.

A leur arrivée au corps, après la visite du vétérinaire en premier, les chevaux sont placés dans les écuries les plus aérées et les plus claires préalablement lavées avec soin et blanchies à la chaux, particulièrement sur le mur de face, entre les mangeoires, les râteliers, et pourvues de bat-flancs rempaillés.

On se conforme ensuite aux prescriptions ci-après énoncées.

On varie, autant que possible, le régime des

jeunés chevaux, selon les tempéraments, les provenances, et selon les ressources du moment. Ainsi, à l'arrivée, la ration d'avoine est diminuée d'environ un kilogramme pour les chevaux en très bon état ; une partie de la ration d'avoine est remplacée par de la farine d'orge pour les chevaux en moins bon état ; la ration de foin des chevaux qui ont trop de corpulence est légèrement diminuée.

On donne un ou deux repas de farine d'orge en barbotage aux chevaux qui laissent l'avoine dans la mangeoire, et on ne les remet à l'avoine que par petites portions.

On mêle, si la saison le permet, un peu de vert au fourrage sec de tous les chevaux de remonte malingres ou souffreteux ; en hiver, on leur donne des carottes ou des mashs.

On change une partie de la ration de foin contre de la paille, surtout quand cette denrée est de bonne qualité.

On lave et l'on blanchit à la chaux la place de tout cheval atteint de gourmes, ainsi que celles de ses deux voisins.

On promène les jeunes chevaux avec la plus grande régularité et aux heures les plus favorables de la journée, deux fois par jour si c'est possible. en faisant conduire en main les chevaux faibles ou en mauvais état.

Pour éviter les refroidissements que pourraient causer les pluies ou les abaissements brusques de température, on veille à ce que le bouchonnage soit rigoureusement exécuté à la rentrée au quartier.

Enfin les chevaux qui sont conduits à la forge sont couverts et tenus en main, à l'aller comme au retour.

CHAPITRE V.

Alimentation.

(Aliments, substitutions, repas, boissons, régime vert.)

Dans la première partie de ce cours, en faisant connaître les fonctions de la digestion et de la nutrition, on a suffisamment établi ce qu'il faut entendre par alimentation et quel est le but à atteindre ; il serait superflu d'entrer ici dans de plus amples explications à cet égard. Il est aussi inutile de dire qu'en France, comme dans la plus grande partie de l'Europe, le cheval est nourri avec *du foin, de la paille* et *de l'avoine*. (Dans les régions méridionales, en Espagne, par exemple, l'avoine est remplacée par l'*orge ;* c'est également ce qui a lieu dans le nord de l'Afrique, en Algérie.) L'expérience des siècles a démontré que ces aliments sont ceux qui conviennent le mieux à cet animal, et que ce sont, en outre, ceux que l'on produit en plus grande abondance et au prix le moins élevé, dans tous les pays où l'on en fait usage.

Mais ce qu'il est important de faire connaître, au point de vue de l'hygiène, ce sont les qualités de ces aliments d'où dépend leur valeur nutritive ; les quantités de chacun d'eux qu'il est nécessaire de donner au cheval pour qu'il soit suffisamment nourri, et les indications d'après lesquelles on peut les remplacer par d'autres substances, lorsque, par une circonstance quelconque, ils viennent à manquer. Ce sera l'objet de ce chapitre.

§ I. — DU FOIN.

Le foin est l'herbe des prairies naturelles coupée à l'époque de sa floraison, puis séchée pour sa conservation. Le produit des prairies artificielles, récolté dans les mêmes conditions, est également du foin ; mais, dans la pratique, on a l'habitude de le désigner par le nom de la plante qui le constitue (*luzerne, sainfoin, trèfle*, etc.); quand on parle simplement du foin, on entend celui des prés.

L'herbe des prés est la nourriture naturelle du cheval ; le foin qui en provient constitue un aliment complet, c'est-à-dire qu'à lui seul il peut entretenir la vie, en fournissant tous les matériaux dont le corps a besoin pour réparer ses pertes journalières ; il doit cette propriété à la grande variété de plantes dont il est composé. Le foin des prairies artificielles ne jouit pas des mêmes avantages, parce qu'il n'est constitué que par une seule plante et que tous les éléments réparateurs ne sont pas contenus en proportion voulue dans la même plante, quelle qu'elle soit, et ne peut, par conséquent, servir seul de nourriture pendant longtemps. il faut l'associer au foin des prés et à l'avoine, qui possèdent ce qui lui manque, et alors ce mélange forme une bonne alimentation parce qu'il a acquis des qualités nutritives particulières. C'est ainsi qu'on fait consommer dans l'armée le foin des prairies artificielles.

Le foin nouveau est plus nutritif que celui de la récolte précédente et plus appété par les animaux ; lorsqu'il est récemment récolté et qu'il n'a pas encore, comme on le dit vulgairement, jeté son feu, il peut être dangereux pour les chevaux qui en feraient une consommation exclusive, et, dans ce cas, on ne doit l'employer qu'avec précaution. Mais dans l'armée, où cette denrée n'entre que pour une partie dans l'alimentation ordinaire, le foin nouveau, sortant des prairies, peut être donné sans inconvénient; cela résulte d'expériences faites sur une grande échelle. Le foin conserve ses qualités nutritives pendant une année ; après, il les perd de plus en plus en vieillissant.

§ II. — FOINS DES PRAIRIES ARTIFICIELLES.

Parmi les foins des prairies artificielles, celui de luzerne mérite une attention spéciale, parce qu'il est à peu près le seul qui entre dans l'alimentation des chevaux de l'armée, lorsque les localités où les corps tiennent garnison en produisent. On le donne mêlé au foin des prés dans la proportion d'un tiers ; le mélange se fait à l'écurie avant la distribution, afin d'éviter la perte des feuilles qui se détachent très facilement.

Le sainfoin et surtout le trèfle ne conviennent guère au cheval de troupe que lorsqu'ils sont donnés en vert; desséchés, ce sont des fourrages grossiers et durs.

La luzerne fournit plusieurs coupes dans une année; la première est la meilleure; elle se reconnaît à son mélange avec des herbes de prés qui croissent naturellement avec elle et sont fauchées en même temps; on ne remarque plus ces plantes dans les coupes suivantes. La deuxième coupe est encore bonne; les autres sont très inférieures.

La luzerne bien récoltée a une couleur verte très prononcée, ses tiges sont pourvues de leurs feuilles et de leurs fleurs, son odeur est douce et agréable. Cette plante est très exposée à la moisissure et à la fermentation; on reconnaît ces altérations à l'odeur que le fourrage exhale et aux taches noires ou roussâtres qu'il présente; il constitue alors une mauvaise nourriture.

§ III. — PAILLES.

La paille entre dans la ration du cheval, partie comme alimentation, partie comme litière; mais, avant de servir à ce dernier usage, elle passe toute par le râtelier, et l'on ne jette sous les pieds que ce qui n'a pas été consommé. La paille admise par les règlements est celle de froment. Pour cause de rareté, on la remplace quelquefois par celle d'avoine, d'orge ou de seigle. Ces différentes pailles n'ont pas la même valeur nutritive; celle d'avoine tient le premier rang; viennent ensuite celles de froment, d'orge et de seigle. Comme litière, la paille de seigle est la meilleure; c'est celle qui résiste le mieux; puis celle de blé, d'orge et d'avoine.

Dans quelques régions du midi de la France, l'usage de dépiquer le blé à l'aide des pieds des animaux brise la paille au point qu'elle ne peut être réunie en bottes et consommée dans les râteliers ; cette paille, lorsqu'elle n'est pas trop poussiéreuse, est bonne comme alimentation, mais toujours mauvaise comme litière (1).

Les pailles terreuses provenant de blés versés, celles qui présentent des taches de rouille, de charbon ou de moisissure, enfin celles dont la couleur est plus ou moins foncée par leur exposition à l'humidité, sont mauvaises et peuvent être dangereuses pour la santé des chevaux.

§ IV. — AVOINE.

L'avoine est l'aliment le plus important et le plus indispensable pour le cheval ; dans notre climat, aucun autre ne peut le remplacer avec avantage. Elle présente deux variétés, l'une blanche et l'autre noire, également bonnes quand elles réunissent les conditions voulues.

---

(1) L'emploi du rouleau à dépiquer et même des machines à battre, qui prend chaque jour plus d'extension dans le Midi, rend aujourd'hui beaucoup moins répandues qu'autrefois les pailles divisées outre mesure dont il est ici question.

§ V. — ORGE.

En Algérie, l'avoine est remplacée par l'orge, qui convient mieux pour des raisons climatériques et est aussi avantageuse à l'entretien des forces et de la vigueur du cheval.

Les altérations de l'orge sont les mêmes que celles de l'avoine ; mais plus souvent elle est piquée par des insectes qui l'ont privée de sa partie farineuse.

§ VI. — FARINE D'ORGE ET SON.

Ces denrées n'entrent pas d'habitude dans l'alimentation du cheval de troupe ; elles constituent un régime particulier pour les malades, pour certains chevaux de remonte et très exceptionnellement pour ceux des escadrons. Ordinairement, on ne les fait pas consommer sèches, mais plus ou moins mouillées ; généralement elles se donnent sous forme de barbotages composés de : un litre de farine d'orge et deux de son délayés dans un seau d'eau.

Le son sec, associé à l'avoine, favorise la mastication de ce grain ; il convient de donner ce mélange aux chevaux gloutons qui mangent trop vite.

La farine d'orge doit être blanche, fraîchement moulue et sans mauvaise odeur ; trop vieille, humide ou échauffée, elle doit être rejetée.

Le son doit être frais et il se reconnaît à son odeur douce, agréable ; il blanchit l'eau et les mains quand il est de bonne qualité. S'il a une couleur foncée et une odeur aigre, il est altéré.

Les denrées alimentaires de médiocre qualité peuvent être améliorées par l'addition de quelques condiments, parmi lesquels le sel de cuisine est le plus usité : on l'emploie en dissolution dans l'eau et l'on en arrose le fourrage après l'avoir secoué, battu et retourné. Il faut 10 à 15 grammes de sel par litre d'eau.

§ VII. — NATURE ET QUALITÉS DES DENRÉES A FOURNIR PAR LES ENTREPRENEURS D'APRÈS LE CAHIER DES CHARGES.

Les denrées dont se compose la *ration ordinaire* de fourrages sont :

Le foin ;

La paille de froment ;

L'avoine à l'intérieur, l'orge en Algérie.

Les *denrées de substitution* sont :

La luzerne et le sainfoin, première coupe (la deuxième coupe peut être admise lorsqu'elle est suffisamment nutritive) ;

Les pailles de seigle, d'avoine et d'orge ;

L'orge à l'intérieur, l'avoine en Algérie et en Tunisie ;

Le son, la farine d'orge ;

Les fourrages verts dans la saison de la mise au vert, et à l'arrière-saison si ce régime est reconnu nécessaire ;

Les carottes, les panais.

La substitution d'une denrée à l'autre n'est facultative que pour l'administration.

Les substitutions se renferment dans les limites maxima ci après :

Luzerne ou sainfoin en remplacement de foin, la moitié de la ration normale ;

Paille de seigle, d'avoine ou d'orge, en remplacement de paille de froment, deux cinquièmes de la ration normale.

Les états de fournitures annuelles indiquent, pour chaque arrondissement, les proportions adoptées dans la limite de moitié ou des deux cinquièmes.

La distributions des fourrages vert, du son et de la farine d'orge ; les substitutions de l'orge à l'avoine et réciproquement, du foin à la paille et réciproquement, du foin à l'avoine et réciproquement, de la paille à l'avoine et réciproquement, peuvent être prescrites dans une mesure dont l'administration est seule juge.

Quant au son, l'administration se réserve le droit d'appliquer les produits de ses manutentions jusqu'à concurrence des quantités qui sont nécessaires pour les substitutions ordonnées. L'entrepreneur en prend livraison au rez-de-chaussée des magasins de son service ; la valeur lui en est imputée au prix de l'avoine ou de l'orge, d'après les proportions indiquées à l'annexe n° 11.

Carottes et panais. — La substitution n'est prescrite que dans les arrondissements où les ressources sont jugées suffisantes, et dans la limite restreinte indiquée par la note ministérielle du 2 décembre 1874.

L'obligation pour l'entrepreneur de faire des distributions de carottes ou de panais, et l'importance approximative de ces distributions sont indiquées sur les états de fournitures annuelles.

En dehors des substitutions *ordonnées*, l'entrepreneur ne peut en faire aucune autre sans y être formellement autorisé, et sous la condition expresse que le surcroît de dépenses qui en résulte demeure à sa charge.

Les denrées doivent entrer en magasin telles qu'elles ont été récoltées. La seule préparation à donner par l'entrepreneur aux denrées mises en distribution est celle qui est indispensable pour l'extraction de la poussière et des herbes, plantes, graines non nutritives ou malfaisantes.

Pour le rationnement des fourrages artificiels, l'entrepreneur adopte le mode le plus convenable pour que les feuilles et fleurs du sainfoin et de la luzerne ne se séparent pas des tiges ou ne soient pas perdues. Il se conforme, à ce sujet, aux ordres qui lui sont donnés par le sous-intendant militaire.

Sont formellement interdits :

1° Le mélange des qualités et des provenances pour tous les foins ;

2° Le mélange d'avoine ou d'orge d'une qualité inférieure avec des denrées de bonne qualité ;

3° L'introduction dans l'avoine ou l'orge de graines étrangères à leur production, alors même qu'elles ne seraient pas malfaisantes, les seules qui puissent s'y trouver ne devant résulter que de la nature du terrain qui les a produites avec la denrée elle-même.

Les conditions auxquelles doivent satisfaire les denrées à fournir par l'entrepreneur sont les suivantes :

1º Foins, fourrages artificiels, fourrages verts.

Le foin et les fourrages artificiels doivent être toujours de bonne qualité, suffisamment ressués, en parfait état de conservation, exempts d'humidité et d'altération quelconque, susceptibles de donner aux chevaux une nourriture saine et substantielle et propres à faire un service de tous points satisfaisant; cependant, si des accidents atmosphériques ont altéré plus ou moins les produits de la récolte locale, il ne peut être exigé rien de plus que la meilleure qualité des denrées obtenues dans un rayon de 150 kilomètres de la place de livraison. Toutefois, ce rayon peut s'étendre jusqu'aux centres de production par lesquels les fourrages sont ordinairement fournis.

Tout mélange intentionnel, soit de qualités, soit de provenances différentes, est défendu formellement, pour le foin de prés comme pour les fourrages artificiels. En un mot, la denrée est livrée telle qu'on l'a récoltée ; mais, dans cet état, elle doit être dégagée de poussière, de graines de foin, d'herbes non nutritives (laiches, roseaux, joncs, etc.), autant que peuvent l'être les produits des prairies bien cultivées et bien entretenues du rayon d'approvisionnement.

Les bottes de foin au-dessous de six kilogrammes ne peuvent avoir plus de deux liens et celles de six kilogrammes et au-dessus plus de trois.

Si les liens sont de même nature et de même qualité que la denrée distribuée, ils entrent dans le poids de la ration. Si les liens sont en paille de froment ou de seigle, le poids de chacun, qui ne doit pas excéder 125 grammes, entre, pour moitié de son poids, dans la ration.

Les liens de denrées impropres au service sont défalqués en totalité.

Il n'est admis aucune tolérance pour le foin pressé, qui doit, en tout état de choses, être de bonne qualité et propre à donner aux chevaux une nourriture saine et substantielle.

Les fourrages verts réunissent les conditions indiquées à l'annexe n° 6.

2° Paille de froment, de seigle, d'avoine et d'orge.

La paille doit être, autant que possible, garnie de ses épis, en parfait état de conservation, exempte d'humidité et d'altération quelconque, propre à donner aux chevaux une bonne nourriture, ou à faire, comme paille de couchage ou comme litière, un service de tous points satisfaisant.

Cependant, si des accidents atmosphériques ont altéré plus ou moins les produits de la récolte locale, il ne peut être exigé rien de plus que la meilleure qualité obtenue dans un rayon de 150 kilomètres de la place de livraison. Toutefois, ce rayon peut s'étendre jusqu'aux centres de production par lesquels la paille est ordinairement fournie.

Si, en distribution, les bottes de paille de froment ne sont pas liées avec la même paille ou avec de la paille de seigle, il est fait déduction du poids des liens.

Avoine et orge

Avoine.

L'avoine doit être de bonne qualité, pesante, bien sèche et couler facilement entre les doigts ; son écorce doit être mince, brillante et lustrée sans rides ; son amande serrée, blanche et laissant, quand on l'écrase dans la bouche, une saveur agréable et farineuse ; versée d'une certaine hauteur sur une surface dure, elle doit rendre un bruit sec.

L'avoine doit être exempte de mauvaise odeur, d'avarie ou d'altération quelconque ; homogène, c'est-à-dire non mélangée de graine d'essence, de provenance et de récolte différentes, non plus que de graines étrangères à sa production ; en un mot, être propre de tous points à faire un excellent service. Elle est refusée lorsque, sans être avariée, elle conserve une odeur de grenier ou de bateau.

L'avoine formant les approvisionnements doit être dans son état naturel et ne pas donner, avant criblage, un déchet supérieur à celui qui est fixé par le directeur du service de l'intendance, l'épuration étant faite avec les appareils prévus au cahier des charges.

7.

Parmi les graines récoltées avec l'avoine, on doit distinguer celles qui sont propres à l'alimentation et celles qui sont nuisibles ou seulement inertes.

Les premières sont le froment, l'orge, le seigle, l'épeautre, le maïs, le sarrazin, la vesce, les pois, les féverolles.

Les secondes, destinées à disparaître en partie dans le criblage, sont les graines de sauve, de coquelicot, de jacée, de bluet, de nielle, de liseron, de trèfle.

Les proportions tolérées des unes et des autres, après criblage, sont fixées par le directeur du service de l'intendance.

Mesurée à la trémie conique, l'avoine doit, avant nettoyage opéré ainsi qu'il est dit ci-dessus, peser au moins par hectolitre (poids naturel) le nombre de kilogrammes déterminé par le directeur du service de l'intendance.

L'avoine doit être livrée au poids naturel ; il s'ensuit que l'entrepreneur ne peut suppléer à ce poids par une bonification.

Orge.

L'orge doit être de bonne qualité, grosse, compacte, luisante, de couleur jaune-paillé, sillonnée dans sa longueur, anguleuse et dégagée de matières et de graines étrangères. — Fraîchement récoltée, l'orge répand une odeur agréable, sa fécule est serrée, d'un blanc mat, d'un goût fade et légèrement sucré.

L'orge est fréquemment attaquée par le charançon et l'alucite ; cette altération est un motif suffisant d'exclusion.

Les conditions à remplir pour les avoines sont applicables à l'orge qui doit réunir les mêmes qualités pour être admise et être rejetée pour les mêmes causes.

Indépendamment des conditions ci-dessus exigées, l'avoine et l'orge ne peuvent être mises en distribution que dégagées de pierres, de terre, de poussière, de graines non nutritives ou malfaisantes, et qu'après avoir été parfaitement nettoyées et criblées. A cet effet, l'entrepreneur doit pourvoir ses magasins de cribles assez perfectionnés pour donner à la denrée le degré de netteté nécessaire. Il remplace, au besoin, ceux qu'il a reçus à la reprise du service.

L'avoine est conservée partie en vrac, partie en sacs réglés au poids net de 70 kilogrammes, dans la proportion qui est déterminée par l'administration. — Des sacs vides, en nombre suffisant, restent déposés à proximité des avoines conservées en couches pour permettre un ensachement immédiat de la denrée. Tous les sacs sont d'assez bonne qualité pour que l'ensachement rapide et le transport de la denrée puissent s'effectuer dans des conditions pleinement satisfaisantes.

Les corps pourront, au moment d'une mobilisation, disposer à leur gré, contre récépissé remis à l'entrepreneur, des sacs qui devront leur être livrés s'il le demande.

Si ces récipients ne sont pas rendus ou remplacés par l'administration, ils seront remboursés à l'entrepreneur au prix fixé par l'article 10 du cahier des charges.

Chaque lot d'avoine porte une étiquette indiquant, autant que possible, la provenance, l'an-

nee de la récolte, le poids de l'hectolitre, le taux
du déchet.

4° *Foin et paille pressés.*

Le foin est comprimé en balles dont le poids
peut varier de 50 à 100 kilogrammes (en Algérie, les balles sont de 50 kilogr., autant que possible); sa densité doit être, *au minimum*, de
170 kilogrammes au mètre cube, en calculant le
volume des balles sur leurs plus grandes dimensions en largeur, hauteur et épaisseur.

Les moyens de ligature en fer feuillard ou fil
de fer doivent être suffisamment solides pour
résister pendant les transports et les transbor-
dements. Les balles doivent pouvoir tomber
d'une hauteur de 3 mètres sans que les liens se
brisent. La ligature ne comporte de planchettes
de soutien qu'autant que, eu égard au mode de
pressage, ces planchettes sont jugées indispensables pour que les balles réunissent les conditions requises de solidité et n'éprouvent pas de
trop forts déchets dans les transports.

La paille pressée est comprimée en balles d'un
poids pouvant varier de 50 à 100 kilogrammes
(en Algérie, les balles sont de 50 kilogrammes,
autant que possible), avec une densité *minimum*
de 160 kilogrammes au mètre cube · le volume
étant mesuré comme ci-dessus.

Chaque balle de foin ou de paille porte une
étiquette indiquant son poids brut et son poids
net, l'année de la récolte et le nom de l'entrepreneur et celui de la place où elle a été reçue
en magasin.

Le foin et la paille ne doivent être soumis au

pressage que suffisamment ressués. — Ces denrées doivent être, sauf autorisation contraire de l'administration, de la dernière récolte et susceptibles de se conserver dix-huit mois.

5° *Farine d'orge.*

Cette denrée doit être brute et grossièrement moulue. Elle doit provenir d'un grain en bon état de conservation et ne contenir aucune substance étrangère.

6° *Son.*

Le son doit provenir de la mouture du froment ; il doit être frais, inodore, d'une saveur douce. Il est d'autant meilleur qu'il contient plus de farine.

§ VIII. — RATIONS.

La quantité de nourriture que chaque cheval doit consommer en vingt-quatre heures est ce qu'on appelle sa ration journalière ; elle doit varier selon la catégorie à laquelle il appartient, les pertes que l'alimentation a pour but de réparer étant proportionnelles, d'abord au volume du corps, et ensuite à la dépense de force qui doit être faite pour exécuter le travail demandé. C'est pour ces raisons que la ration n'est pas la même dans toutes les armes et dans toutes les circonstances.

Voici le tableau des différentes rations allouées aux chevaux de l'armée dans toutes les positions :

Tarif des rations de fourrages à l'intérieur, en Algérie, en Tunisie et aux armées. — Substitutions.

NOTES.

Les officiers brevetés conservent la ration de la 2ᵉ classe, quels que soient les corps ou services dans lesquels ils sont employés.

Lorsque les officiers sans troupe non brevetés, fonctionnaires ou employés militaires, placés dans la 3ᵉ classe, se trouveront dans des conditions qui justifient une ration supérieure, MM. les gouverneurs militaires de Paris et de Lyon, les généraux commandant les corps d'armée, le général commandant la brigade d'occupation de Tunisie et les généraux commandant l'Ecole supérieure de guerre, l'Ecole de cavalerie de Saumur, l'Ecole d'application de l'artillerie et du génie et l'Ecole spéciale militaire de Saint-Cyr, pourront leur accorder, exceptionnellement et pour le temps qu'ils fixeront, la ration de 2ᵉ classe.

Pour tenir compte des fatigues spéciales que peuvent avoir à supporter, dans certaines circonstances, les chevaux de manège, ceux des écuyers et des instructeurs et autres officiers du cadre dans les écoles militaires, les autorités militaires visées au 2ᵉ alinéa auront la faculté d'accorder, quand elles le jugeront nécessaire et pour la durée qu'elles détermineront, un supplément journalier de 250 grammes d'avoine à la ration fixée par le tarif du 12 octobre 1887.

Sont autorisés à faire usage, à leur choix, du tarif du 12 octobre 1887 ou de celui du 10 octobre 1881 :

1° Les régiments de dragons, de chasseurs et de hussards;

2° Les régiments d'artillerie (sauf pour les batteries attachées aux divisions de cavalerie);

3° Les bataillons d'artillerie à pied;

4° Les régiments du génie (pour les chevaux des compagnies de sapeurs-conducteurs, mais d'après le taux de la ration des chevaux de l'artillerie);

5° Les escadrons du train des équipages militaires;

6° Les officiers sans troupe;

7° Les officiers des régiments du génie.

TARIF A (DU 12 OCTOBRE 1887).

Tarif des rations de fourrages à l'intérieur et aux armées. (Du 12 octobre 1887, modifié.)

DÉSIGNATION DES PARTIES PRENANTES	PIED DE PAIX et de rassemblement — Ration des animaux appartenant aux divers corps-majors, aux parties prenantes isolées et aux corps de troupe			PIED DE PAIX — Ration des animaux pendant leur séjour dans les dépôts de remonte, y compris les chevaux des officiers détachés en remonte			CAMPS de manœuvres — Animaux bivouaqués (I)			RATION EN MER					RATION DE ROUTE par terre (II)			Ration de chemin de fer (pour 24 heures), aussi bien en temps de paix qu'en temps de guerre		PIED DE GUERRE (III)			CHEVAUX AU VERT (IV)		
	Foin	Paille	Avoine	Foin	Paille	Avoine	Foin	Paille	Avoine	Foin	Orge	Farine d'orge	Son	Eau (lit)	Foin	Paille	Avoine	Foin	Avoine	Foin	Paille	Avoine	Foin	Paille	Avoine
1re CLASSE.																									
Cuirassiers (1)...............	3.50	4.00	5.25	3.00	3.00	4.00	5.75	5.75	3.50	3.50		1.50	0.50	16	3.75	5.75	4.50	5.75	5.00	3.50	3.50	5.75	50	2.50	3.00
Batteries d'artillerie attachées aux divisions de cavalerie (2)............	3.50	4.00	5.25	3.00	4.00	4.00	5.25	4.50	3.50	3.50		1.50	0.50	16	3.75	5.75	4.50	5.75	5.00	3.50	3.75	5.75	50	2.50	3.00
Officiers généraux. — Chevaux de carrière (Ecoles)...........	3.75	3.75	5.25	3.00	4.00	4.00	3.75	3.75		3.50		1.50	0.50	16	3.75	5.75	4.50	5.00	5.00	2.75	2.00	5.75	50	2.50	3.00
2e CLASSE.																									
Artillerie de campagne et à pied (2).........	3.50	3.50	5.25	3.00		4.00	5.25		3.50	3.00		1.50	0.50	15	3.50	5.75		5.00	2.00	2.50	2.00	5.50	45	2.50	2.50
Dragons. — Chevaux de manège (Ecoles). — Chevaux des écuyers et des instructeurs (Écoles). — Train des équipages militaires (3). Officiers du service d'état-major et officiers brevetés (4). — Officiers employés à l'administration centrale en vertu d'une lettre de service. — Gendarmerie et garde républicaine (5)....	3.50	3.50	5.00	3.00		4.00	3.50		3.50	3.00		1.50	0.50	15	3.50	5.50	5.00	2.00	2.50	2.00	5.50		45	2.50	2.50

(1) Note ministérielle du 28 juillet 1888. — (2) Décision ministérielle du 10 mars 1888. — (3) Id. du 29 mai 1888. — (4) Id. du 4 janvier 1888. — Id. du 2 juin 1888.

Tarif des rations de fourrages à l'intérieur et aux armées. (Du 12 octobre 1887, modifié) (Suite.)

DÉSIGNATION DES PARTIES PRENANTES.	PIED DE PAIX et de rassemblement.			Ration des animaux pendant leur séjour dans les dépôts de remonte, y compris les chevaux des officiers détachés au remonte.			CAMPS manœuvres.		Animaux bivouaqués (T.)			RATION EN MER					RATION DE ROUTE par terre (II).		Ration de chemin de fer (pour 24 heures), aussi bien en temps de paix qu'en temps de guerre.			PIED DE GUERRE (III)			CHEVAUX AU VERT (IV).		
	Foin.	Paille.	Avoine.	Foin.	Paille.	Avoine.	Paille.	Avoine.	Foin.	Paille.	Avoine.	Foin.	Orge.	Farine d'orge.	Son.	Eau. lit.	Foin.	Paille.	Foin.	Avoine.	Avoine.	Foin.	Paille.	Avoine.	Foin.	Paille.	Avoine.
3e CLASSE.																											
Compagnies de sapeurs-conducteurs du génie (1).	2.50	3.50	4.75	3.00	4.00	4.00	3.50	4.75	3.50	5.25	2.50	1.75	1.50	0.50	15	3.50	5.25	5.00	2.00	2.50	5.25	40	2.50				
Chasseurs, hussards. — Officiers du cadre des Écoles (autres que les officiers instructeurs et les écuyers). — Officiers d'infanterie et du génie. — Officiers employés dans le service de la remonte. — Chevaux de trait des équipages de l'infanterie. — Officiers des états-majors particuliers de l'artillerie et du génie. — Officiers du corps de santé (en dehors des corps de troupe). — Vétérinaires (en dehors des corps de troupe). — Fonctionnaires de l'intendance et officiers d'administration. — Aumôniers. — Fonctionnaires et agents de la télégraphie militaire, du Trésor et des postes. — Transports auxiliaires. — Imprimerie nationale.	2.50	3.50	4.50	3.00	4.00	4.00	3.50	4.50	3.50	3.00	2.50	1.75	1.50	0.50	15	3.50	5.00	5.00	2.00	1.50	5.00	40	2.50				
4e CLASSE.																											
Mulets de toutes provenances	2.50	3.50	4.00	2.50	3.50	4.00	3.50	4.00	3.50	4.50	2.50	1.75	1.50	0.50	15	3.50	4.50	5.00	2.00	2.50	4.50	40	2.50				

(1) Décision ministérielle du 12 juillet 1888.

OBSERVATIONS.

I. Rations dans les camps de manœuvres.

Lorsque les animaux do vent bivouaquer pendant un certain temps sur le même point, il peut y avoir avantage à remplacer 1 kilogramme de foin ou 500 grammes d'avoine par 2 kilogrammes de paille pour la litière. S'il y a lieu, la substitution est demandée au Ministre.

II. Rations de route.

S'il y est autorisé par le chef de corps, l'officier qui précède les colonnes a le droit pour tout ou partie de l'effectif, suivant les circonstances, de réclamer le remplacement *au plus* pour chaque ration de 1 kilogramme de foin ou de 500 grammes d'avoine par 2 kilogrammes de paille. La substitution ne peut porter sur les deux denrées à la fois dans le même gîte.

III. Ration de guerre.

Le taux et la composition indiqués au présent tarif serviront de base aux prévisions pour la formation des approvisionnements de réserve et des moyens de transport; mais elles n'ont rien d'absolu. Pour le service en campagne, les rations varient nécessairement selon la nature et l'importance des ressources des contrées où les armées opèrent.

IV. Chevaux au vert.

Ces allocations sont exclusives de toutes autres. La paille est fournie gratuitement par l'entrepreneur.

Allocation de paille aux troupes pour exercices d'embarquement en chemin de fer.

Instruction du 25 avril 1890.

Appendices I, II, III, règle 3.
Appendice X, chapitres II, III, VII.

Allocation de paille pour transports en chemin de fer.

2 k. 500 grammes par litière.

TARIF

DES RATIONS DE FOURRAGES EN ALGÉRIE ET EN TUNISIE.

Tarif des rations de fourrages en Algérie et en Tunisie.

DÉSIGNATION DES PARTIES PRENANTES.	PIED DE PAIX et de rassemblement.						CAMPS de manœuvres.						RATION EN MER.					RATION DE ROUTE par terre.			Ration de chemin de fer (pour 24 heures), aussi bien en temps de paix qu'en temps de guerre.		PIED DE GUERRE.			CHEVAUX AU VERT.		
	Rations des animaux appartenant aux divers états-majors, aux parties prenantes isolées et aux corps de troupe.			Rations des animaux pendant leur séjour dans les dépôts de remonte.			Animaux baraqués.			Animaux bivouqués.																		
	Foin.	Paille.	Orge.	Foin.	Paille.	Orge.	Foin.	Paille.	Orge.	Foin.	Paille.	Orge.	Foin.	Orge.	Farine d'orge.	Son.	Eau.	Foin.	Paille.	Orge.	Foin.	Orge.	Foin.	Paille.	Orge.	Foin.	Paille.	Orge.
chevaux de toutes armes et de toutes provenances (excepté les chevaux de trait de race française et les chevaux de race française détenus par les officiers auxquels sont allouées les rations de l'intérieur. — Mulets de toute provenance, ...	2.50	3.50	4.00	2.50	3.50	4.00	2.50	3.50	4.00	8.50	»	4.50	2.50	1.75	1.50	0.50	15 lit	3.50	»	4.50	5	2	2.50	40	4.50	40	2.50	2

OBSERVATIONS

Indépendamment des allocations de paille déterminées par le présent tarif, pour la position de *station*, il est accordé 3 kilogrammes de paille, à titre de *première mise pour la litière*, à tous les chevaux et mulets des corps arrrivant de France ou rentrant d'expédition.

La ration de route sera appliquée à toutes les places et dans toutes les positions où, soit en raison de la difficulté de se procurer de la paille, soit en raison des besoins éventuels des colonnes expéditionnaires, soit pour tout autre motif, M. le général commandant le 19e corps d'armée reconnaîtra qu'il y aura lieu de former exclusivement, en foin, les approvisionnements de fourrages.

Dans les places de passage où il existera des approvisionnements suffisants de paille, une troupe en marche ou en expédition pourra demander que cette denrée entre dans la ration des chevaux pendant la durée de son séjour, mais sans dépasser, dans aucun cas, la quantité de 2 kilogrammes de paille pour 1 kilogramme de foin, selon la proportion admise pour les places de station.

NOTA. En vertu des dispositions d'une dépêche ministérielle du 30 juin 1874, M. le général commandant le 19ᵉ corps d'armée peut accorder un supplément de 500 grammes d'orge, dans toutes les positions, aux chevaux *de selle, de race française, de l'artillerie,* en raison des travaux pénibles imposés à ces chevaux.

La paille est, autant que possible, de la paille longue, battue au fléau ou à la mécanique, et ayant au moins 60 centimètres de longueur.

Il est fourni de la paille courte dépiquée aux pieds des chevaux partout où la culture locale ne permet pas de se procurer, à un prix admissible, des quantités suffisantes de la paille longue qui est définie au paragraphe précédent.

TARIF B

(Du 10 octobre 1881).

FACULTATIF

(Voir la note insérée en tête du tarif du 12 octobre 1887.)

Tarif des rations de fourrage à l'intérieur (du 10 octobre 1881).

DÉSIGNATION DES PARTES PRENANTES.	PIED DE PAIX et de rassemblement. Ration des animaux appartenant aux divers états-majors aux parties prenantes isolées aux corps de troupe.			CAMPS de MANŒUVRES.			Animaux bivouaqués. (I)			RATION EN MER.					RATION DE ROUTE PAR TERRE. (II)			Ration de chemin de fer (pour 24 heures) temps de paix ou de guerre.		PIED DE GUERRE.			CHEVAUX AU VERT. (III)		
	Foin.	Paille.			Paille.	Avoine.	Foin.	Paille.	Avoine.	Foin.	Orge.	P. d'or.	Son.	Eau.		Foin.	Paille.	Avoine.	Avoine.	Avoine.	Foin.	Paille.	Avoine.	Foin.	Paille.	Avoine.
État-major général. — Officiers d'état-major. — Officiers employés à l'administration centrale en vertu d'une lettre de service. — Intendance. — États-majors particuliers de l'artillerie et du génie. — Cavalerie de réserve. — Trains d'artillerie, du génie, des équipages militaires, des équipages régimentaires, du Trésor, des postes, de l'imprimerie nationale et des transports auxiliaires...........	4	4			5.05	»	5.55	3.50	2.50	1.50	0.50	16	5	»	5.65	5	2	4	2.80	50	2.50	3
Gendarmerie, officiers et vétérinaires hors cadres des dépôts de remonte...........	4	4			5.05	»	5.55	3.50	2.50	1.50	0.50	16	5	»	5.55	5	2	4	2.80	50	2.50	3
Artillerie, chevaux de selle et de trait des régiments (officiers et troupe); chevaux des officiers des trains.	4	4			4.85	»	5.35	3.50	2.50	1.50	0.50	16	5	»	5.35	5	2	4	2.60	50	3.50	3
Cavalerie de ligne; chevaux des officiers des régiments du génie, des officiers d'infanterie (lorsque les chevaux de ces derniers ne proviennent pas de la cavalerie légère), des officiers de santé et d'administration.	3	4			4.65	»	5.05	3	2	1.50	0.50	15	5	»	5.05	5	2	4	2.80	45	2.50	2.50
Cavalerie légère; chevaux des officiers d'infanterie (lorsque ces chevaux proviennent de la cavalerie légère)...........	2	4		4	4	»	4.50	2.50	1.75	1.50	0.50	15	4	»	4.50	5	2	3	2.50	40	2.50	2
Chevaux de race arabe et de race espagnole, quelle que soit l'arme à laquelle ils sont attachés...........	2.50	4		4	3	»	4.75	2.50	1.75	1.50	0.50	15	3	»	4.75	5	2	3	2.50	40	2.50	2
Mulets, quelle que soit l'arme à laquelle ils sont attachés.	3	4			3.75	»	4.25	2.50	1.75	1.50	0.50	15	4	»	4.25	5	2	3	2.50	40	2.50	2

OBSERVATIONS

I. Rations dans les camps de manœuvres.

Lorsque les animaux doivent bivouaquer pendant un certain temps sur le même point, il peut y avoir avantage à remplacer 1 kilogramme de foin ou 500 grammes d'avoine par 2 kilogrammes de paille pour la litière. S'il y a lieu, la substitution est demandée au Ministre.

II. Ration de route.

S'il y est autorisé par le chef de corps, l'officier qui précède les colonnes a le droit, pour tout ou partie de l'effectif, suivant les circonstances, de réclamer le remplacement *au plus* pour chaque ration de 1 kilogramme de foin ou de 5'0 grammes d'avoine par 2 kilogrammes de paille. La substitution ne peut porter sur les deux denrées à la fois dans le même gîte.

III. Chevaux au vert.

Ces allocations sont exclusives de toutes autres. La paille est fournie gratuitement par l'entrepreneur.

Allocation de paille aux troupes pour exercices d'embarquement en chemin de fer.

Instruction du 25 avril 1890.

Appendices I, II, III, règle 3.
Appendice X, chapitre II, III, VII.

Allocation de paille pour transports en chemins de fer.

2 k. 500 grammes pour litière.

TARIF C
(Du 12 mai 1853).

FACULTATIF
(Voir la note insérée en tête du tarif A.)

TARIF DES RATIONS DE FOURRAGES
en Algérie et en Tunisie.

DÉSIGNATION DES PARTIES PRENANTES.	SUR LE PIED de station.			SUR LE PIED de route en expédition et dans toutes positions y assimilées (2)		
	Foin.	Paille (1)	Orge.	Foin.	Paille.	Orge (3).
	k.h	k.h	k.h	k.h		k.
Etat-major général, gendarmerie....... / Chasseurs d'Afrique, spahis...	3	2	4	4	»	4
Chasseurs de France et hussards. — Chevaux de race française.......	4	2	4	5	»	4
Chevaux arabes, sardes, etc.....	3	2	4	4	»	4
Chevaux de remonte.........	2	5	4	»	»	»
Étalons de l'État...........	3	5	5	»	»	»
Artillerie, génie et équipages militaires. — Chevaux de selle — de race française.....	4	2	4	5	»	4
de race arabe, sarde, etc.	3	2	4	4	»	4
Chevaux de trait..	6.5	2	5.5	7.5	»	5.5
Mulets de trait.....	4	2	5	5	»	5
Mulets de bât......	3	2	5	4	»	5
Chevaux des officiers d'infanterie, des officiers sans troupe, des officiers de santé et des officiers d'administration....	3	2	4	4	»	4
Chevaux et mulets dans toutes les positions autres que celles qui sont spécifiées ci-dessus.						

OBSERVATIONS

(1) Indépendamment des allocations de paille déterminées par le présent tarif, pour la position de *station*, il est accordé 3 kilogrammes de paille, à titre de *première mise pour la litière*, à tous les chevaux et mulets des corps arrivant de France ou rentrant d'expédition

(2) La ration de route sera appliquée à toutes les places et dans toutes les positions où, soit en raison de la difficulté de se procurer de la paille, soit en raison des besoins éventuels des colonnes expéditionnaires, soit pour tout autre motif, M. le général commandant le 19e corps d'armée reconnaîtra qu'il y aura lieu de former exclusivement en foin les approvisionnements de fourrages.

(3) Dans les places de passage où il existera des approvisionnements suffisants de paille, une troupe en marche ou en expédition pourra demander que cette denrée entre dans la ration des chevaux pendant la durée de son séjour, mais sans dépasser. dans aucun cas, la quantité de 2 kilogrammes de paille pour 1 kilogramme de foin, selon la proportion admise pour les places de station.

Nota. En vertu des dispositions d'une dépêche ministérielle du 30 juin 1874, M. le général commandant le 19e corps d'armée peut accorder un supplément de 500 grammes d'orge, dans toutes les positions, aux chevaux *de selle, de race française, de l'artillerie*, en raison des travaux pénibles imposés à ces chevaux.

La paille est, autant que possible, de la paille longue, battue au fléau ou à la mécanique, et ayant au moins 60 centimètres de longueur.

Il est fourni de la paille courte dépiquée aux pieds des chevaux partout où la culture locale ne permet pas de se procurer, à un prix admissible, des quantités suffisantes de la paille longue qui est définie au paragraphe précédent.

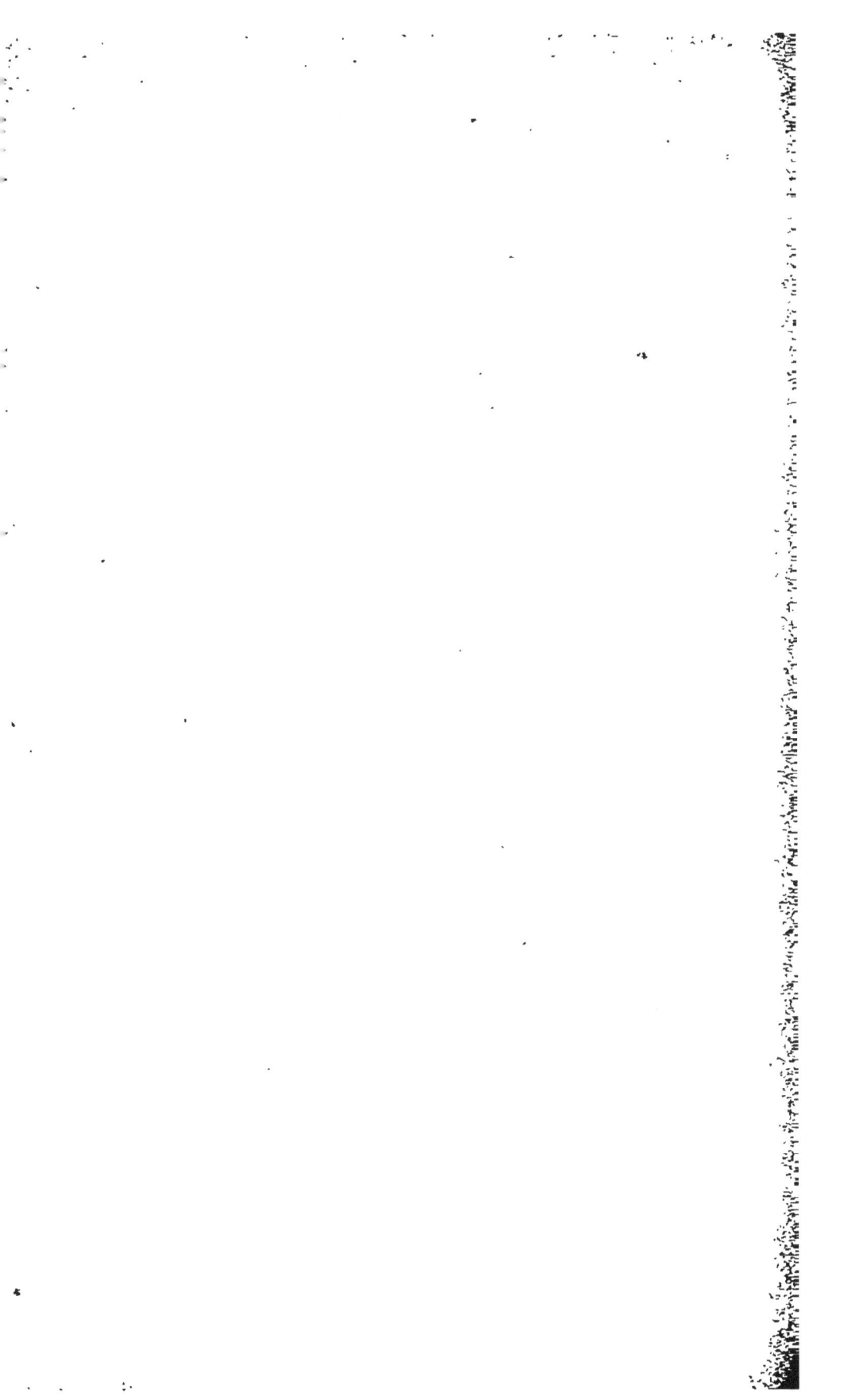

TARIF D

APPLICABLE DANS LE 1er, LE 9e ET LE 16e CORPS D'ARMÉE ET LA DIVISION DE CONSTANTINE.

(Décision du 4 août 1894.)

DÉSIGNATION DES PARTIES PRENANTES.	RATION du pied de paix		Ration du pied de guerre, routes, manœuvres.			CHEVAUX CONSERVÉS DANS LES DÉPÔTS DE REMONTE.					CHEVAUX au vert (B).		Rations de chemins de fer ou en mer (C).	
	Foin.	Avoine.	Foin.	Avoine (A)		Avoine.					Foin.	Avoine.	Foin.	Avoine
				Ration minima.	Ration normale.	Foin.	1er mois.	2e mois.	3e mois.	4e mois.				
	k. gr.	k. gr.	k. gr.	k. gr.	k. gr	k. gr	k. gr.	k. gr.	k. gr.	k. gr.	k. gr.	k. gr.	k. gr.	k. gr.
INTÉRIEUR.														
Cuirassiers, y compris les équipages régimentaires	4 »	5.900	4 »	5.900	6.650	4 »	3 »	4 »	5 »	5.900	50 »	3 »	5 »	2 »
Batteries d'artillerie attachées aux divisions de cavalerie														
Officiers généraux														
Chevaux de carrière des écoles														
Artillerie montée.														
Compagnies de sapeurs-conducteurs du génie	3.650	5.600	3.650	5.750	6.450	3.850	3 »	4 »	4.800	5.600	45 »	2.500	5 »	2 »
Train des équipages militaires														
Wagons, y compris les équipages régimentaires	3.500	5.900	3.500	5.500	6.150									
Chevaux de manège														
— des écuyers et des instructeurs dans les écoles	3.500	5.900	4 »	5.900	6.650	3.500	3 »	3.750	4.500	5.200	45 »	2.500	5 »	2 »
Officiers employés dans le service de l'état-major														
— brev. empl. dans les corps ou serv. autres que celui d'ét.-maj.														
— détachés à l'administration centrale de la guerre	3.500	5.900	3.500	5.500	6.150									
Bataillons d'artillerie à pied														
Chasseurs, hussards (y compris les équipages régimentaires)	3 »	4.700	3 »	5 »	5.350									
Gendarmerie														
Garde républicaine														
Fonctionnaires de l'intendance														
Officiers de l'état-major particulier de l'artillerie	3 »	4.700	3.500	5.700	6.150									
— du génie														
Officiers d'infanterie														
Chevaux de trait des équipages régimentaires de l'infanterie						3 »	3 »	3.750	4.250	4.700	40 »	2 »	5 »	2 »
Officiers du génie														
— du service des remontes														
— du corps de santé (en dehors des corps de troupe)														
Ordinaires (en dehors des corps de troupe)	3 »	4.700	3 »	5 »	5.350									
Officiers du cadre des écoles (sauf les écuyers et les instructeurs)														
— d'administration														
Muletiers														
Fonction. et agents de la télégraphie milit., du Trésor et des Postes.														
Transports auxiliaires														
Imprimerie nationale														
Mulets de toute provenance	3.400	4.200	3.400	4.900	5.500	3.400	3 »	3.750	4.250	4.900	40 »	2 »	5 »	2 »
ALGÉRIE ET TUNISIE.		Orge		Orge	Orge		Orge.	Orge.	Orge.	Orge.		Orge		Orge
Chevaux de toutes armes et de toute provenance (excepté les chevaux de trait de race française et les chevaux de race française détenus par les officiers auxquels sont allouées les rations de l'intérieur, (D)	3 »	4.500	3 »	4.500	4.500	3 »	3 »	3.250	3.750	4 »	40 »	2 »	5 »	2 »
Mulets de toute provenance														

OBSERVATIONS.

Litière.

Les rations du pied de paix et de chemin de fer et celles pour les chevaux dans les dépôts de remonte se complètent par l'allocation d'une indemnité dite de litière, au moyen de laquelle les corps de troupe et les officiers sans troupe se procurent les matières nécessaires pour le couchage des chevaux (pailles de froment, d'orge, de seigle, d'avoine ; tourbe, ajonc, bruyère, fougère, sciure de bois, etc., etc., à l'exclusion du tan).

Les officiers sans troupe ont la faculté, lorsqu'ils entretiennent eux-mêmes leurs chevaux, de percevoir à leur choix soit l'indemnité de litière, soit 2 kilog. 500 de paille par cheval et par jour. Dans le cas de mise en subsistance dans un corps de troupe, l'indemnité de litière est toujours allouée ; elle est perçue par le corps.

L'indemnité de litière est fixée comme il suit :

Intérieur, 0 fr. 16 par cheval et par jour ;

Algérie et Tunisie, 0 fr. 12 par cheval et par jour.

Sur le pied de guerre, pendant les marches ou aux manœuvres, les allocations pour la litière ne sont pas perçues. Il en est de même pour les journées en mer.

(A) Ration de guerre.

Le taux de la ration normale d'avoine indiqué au présent tarif sera perçu, sur un ordre du commandement, partout où les ressources locales permettront de se procurer sur place les quantités nécessaires ; chaque fois qu'on sera obligé de faire vivre les chevaux exclusivement sur l'avoine des trains et des convois, la ration minima sera seulement perçue.

Pour le service en campagne, les rations varient nécessairement selon la nature et l'importance des ressources des contrées où les armées opèrent.

(B) Chevaux au vert.

La ration comporte, en outre, 2 kilog. 500 de paille pour la litière, qui sont fournis gratuitement par l'entrepreneur.

Ces allocations sont exclusives de toutes autres.

(C) Rations de chemin de fer et en mer.

Les substitutions ne sont pas autorisées.

(D) Etalons en Algérie et en Tunisie.

Les étalons reçoivent un supplément de 1 kilog. d'avoine par jour.

Allocations de paille aux troupes pour exercices d'embarquement en chemin de fer.

Instruction du ⎰ Appendices I, II, III, règle 3
25 avril 1890. ⎱ Appendice X, chapitres II, III, VII.

Substitutions

§ 1er. *Denrées normales.*

FOIN.

Sainfoin : poids pour poids.

Luzerne (première coupe et regain) : poids pour poids.

Paille : double du poids.

Avoine ou orge : moitié du poids.

Carottes et panais : trois fois le poids.

PAILLE DE FROMENT.

Paille de seigle, d'avoine, d'orge : poids pour poids.

Foin et fourrages artificiels : moitié du poids.

Avoine ou orge : quart du poids.

Carottes et panais : deux fois le poids.

AVOINE (OU ORGE).

Foin et fourrages artificiels : double du poids.

Paille (froment, seigle, avoine ou orge) : quatre fois le poids.

Orge (dans la proportion autorisée) : poids pour poids.

Son : moitié en sus.

Farine d'orge : 8/10 du poids.

Maïs concassé : 2/5 en sus.

Carottes et panais : six fois le poids.

FOURRAGES ARTIFICIELS. Le sainfoin et la luzerne peuvent être distribués en remplacement de foin jusqu'à concurrence de la moitié de la ration réelle.

Paille de seigle, d'avoine et d'orge. Ces pailles peuvent être données en remplacement de la paille de froment, jusqu'à concurrence des 2/5 de la ration réelle.

Orge a l'intérieur. L'orge n'est substituée à l'avoine que par exception et sans dépasser, pour les chevaux de race française, le quart de la ration ; pour les chevaux de race arabe, cette proportion peut être augmentée.

Carottes. Lorsqu'on peut se procurer cette racine en quantité suffisante, dans le rayon d'approvisionnement, sans imposer de trop lourds sacrifices au Trésor, la carotte est substituée au foin dans la limite et sous les réserves indiquées par la note ministérielle du 2 décembre 1874. (*Journal militaire officiel*, partie réglementaire, 2e semestre, page 730.)

Ces diverses indications, concernant la proportion dans laquelle peuvent s'opérer les substitutions d'une denrée à l'autre, n'ont rien d'absolu.

Des décisions ministérielles spéciales peuvent les modifier selon les circonstances exceptionnelles dont il y a lieu de tenir compte.

Fourrages verts. 40 kilog. de fourrages verts à l'écurie représentent 12 kilog. de foin. Une journée de cheval à la prairie équivaut à une quantité de fourrages verts correspondant au taux de la ration déterminée pour chaque arme.

§ 2. *Denrées similaires.*

Les denrées mentionnées ci-après ne peuvent

pas remplacer, d'une manière absolue, celles qui entrent dans la composition normale des rations ; mais il convient de prévoir le cas où on est dans la nécessité de les faire distribuer, vu l'insuffisance ou le manque absolu des denrées habituelles. Sous cette réserve, la commission d'hygiène hippique recommande :

1º Comme pouvant remplacer l'avoine, les grains suivants : l'orge, le seigle, le blé, le maïs, le sarrazin, les vesces, les féverolles ; quoique la valeur nutritive de ces grains ne soit pas tout à fait la même, ils peuvent se substituer à l'avoine poids pour poids, et entrer pour 1/4 dans la ration. Les vesces, constituant un grain dangereux, ne devront être données que très exceptionnellement, en petite quantité (1/4 ou 1/5), et pendant quelques jours seulement.

2º Comme pouvant être substitués au foin : le trèfle, la spergule, les vesces, le millet, le trèfle incarnat. La valeur nutritive de ces divers fourrages étant à peu près la même et assez rapprochée de celle du foin, ils pourraient se substituer à cette denrée, également poids pour poids dans la proportion du tiers.

La commission signale encore, parmi les denrées agricoles susceptibles d'être employées dans l'alimentation, les gerbes non battues et les carottes.

Les gerbes des céréales (blé, seigle, orge, avoine) dans la proportion de 12 à 14 kilog. selon l'arme, équivalent à une ration complète d'hiver.

Les carottes peuvent être admises d'après les bases suivantes : 6 kilog. de carottes pour 1 kilog.

d'avoine ; 3 kilog. de carottes pour 1 kilog. de foin ; 2 kilog. pour 1 kilog. de paille. Toutefois, cette dernière substitution ne devra pas dépasser 3 kilog. de la denrée fourragère par cheval et par jour.

§ 3. *Substitutions en mer.*

Le son se remplace par les 2/3 de son poids en orge. La farine d'orge se remplace par les 5/4 de son poids en orge.

§ IX. — MASHS.

Les mashs sont donnés aux chevaux en mauvais état d'embonpoint, fatigués, à appétit capricieux, à ceux qui sont échauffés par l'avoine ou atteints d'inflammation chronique de l'intestin.

Le mash varie dans sa composition selon la nature des cas qui en réclament l'emploi.

Celui destiné aux chevaux maigres, fatigués, à appétit capricieux, se compose de : foin et paille hachés, 200 grammes de chaque ; avoine, 500 grammes ; son, 160 grammes ; farine d'orge, 80 grammes ; sel marin, 10 grammes.

Ces substances sont disposées dans un seau, l'avoine d'abord, ensuite le foin et la paille hachés. On verse deux litres environ d'eau bouillante, tenant en solution les 10 grammes de sel marin, puis on ajoute le son et la farine et on couvre le récipient avec une couverture jusqu'à refroidissement.

Le mash destiné aux chevaux échauffés par l'avoine ou atteints d'inflammation intestinale chronique est préparé comme le précédent. Il se compose de : foin et paille hachés, 200 grammes de chaque ; avoine, 500 grammes ; son, 160 grammes ; graine de lin, 30 grammes ; farine d'orge, 80 grammes ; sel marin, 15 grammes. Lorsqu'il y a possibilité, il est avantageux de faire bouillir préalablement la graine de lin.

Dans les deux cas, les quantités de foin, paille, son et farine d'orge sont prélevées sur la ration journalière du cheval ; le son et la farine étant substitués à de l'avoine d'après les tarifs en vigueur.

Dans le mash nº 1, l'avoine est donnée en supplément de la ration ; elle est prélevée sur les économies faites dans les escadrons ou à l'infirmerie. Dans le mash nº 2, elle est, comme les autres denrées fourragères, prélevée sur la ration journalière du cheval.

Le sel marin, la graine de lin et le combustible nécessaires sont fournis par la pharmacie vétérinaire.

Le mash dans lequel il n'entre pas de graine de lin peut être préparé à l'eau froide ; mais alors, afin de favoriser l'imbibition, il est nécessaire de ne pas donner aux couches des différents éléments une épaisseur de plus de 25 centimètres et de laisser macérer pendant six heures au moins.

Les capitaines commandants, après avoir pris l'avis du vétérinaire chef de service, rendent compte des chevaux auxquels il conviendrait de donner des mashs. Le colonel décide et provoque les substitutions nécessaires à leur préparation.

Les mashs sont préparés à la pharmacie par les soins du service vétérinaire.

§ X. — VERT.

Le vert est un régime alimentaire auquel on soumet temporairement, au printemps, certains chevaux, dans le but de rétablir leur état général ou leur santé. Ce régime consiste dans le remplacement de tout ou partie de la ration sèche ordinaire par de l'herbe verte. Dans le premier cas, il constitue ce qu'on appelle le vert complet, et dans le second, c'est le vert mixte.

Les effets du vert complet sont beaucoup moins favorables que ceux du vert mixte; l'expérience a prouvé que ce régime n'est réellement avantageux qu'autant qu'on conserve aux animaux toute leur ration d'avoine ou au moins la plus forte partie.

Le vert est plus favorable aux jeunes chevaux qu'à ceux qui sont âgés ; il convient surtout aux chevaux de remonte qui s'accoutument difficilement au régime militaire ; aux chevaux fatigués, maigres, qui se refont avec peine ; aux convalescents de maladies intestinales et à ceux qui sont affectés de maladies de peau.

Il produit d'abord une légère purgation qui rafraîchit les animaux, puis une sorte de relâchement favorable s'opère à la fois dans tous les tissus, et en dernier lieu on observe une amélioration notable de l'état général et de la santé.

Il y a quelquefois des chevaux mis au vert auxquels ce régime ne convient pas. On les reconnaît à la diarrhée qui persiste. à l'odeur souvent fétide des matières qui sont rendues, à la tristesse et à l'abattement qu'ils manifestent, ainsi qu'à l'état de faiblesse dans lequel ils demeurent. Il faut se hâter de soustraire ces animaux aux mauvais effets du vert, en les remettant à l'alimentation ordinaire.

Le régime du vert est appliqué non seulement aux chevaux de l'armée dont l'état de santé réclame son usage, mais encore aux chevaux en bon état d'entretien auxquels ce régime est reconnu devoir être favorable.

Toutefois, ces derniers, désignés par les chefs de corps sur la proposition des capitaines commandants et l'avis des vétérinaires, ne reçoivent que le quart de la ration de vert réglementaire.

Les chevaux indisponibles pour boiteries ou affections graves sont seuls, lorsque la localité occupée par le corps le permet, parqués, pendant le jour, dans une prairie où ils peuvent manger le vert en liberté et à la soulée, et ils sont logés, pendant la nuit, dans des écuries ou sous des hangars. Ils y reçoivent, en deux parties égales, le matin et le soir, la quantité d'avoine indiquée dans le tarif du 12 octobre 1887.

Dans le cas, au contraire, où les localités ne se prêtent pas à cette combinaison, le vert est donné à l'écurie et la ration de ces animaux est réglée d'après le tarif en vigueur.

En conséquence, aussitôt que dans chaque localité la végétation le permet, MM. les généraux commandant les corps d'armée prescrivent, de concert avec les fonctionnaires de l'intendance, les mesures nécessaires pour que tous les chevaux dans les conditions précitées soient mis au régime du vert suivant la forme prescrite par les articles 354 (cavalerie), 381 (artillerie) et 363 (infanterie) du règlement du 20 octobre 1892 sur le service intérieur des corps de troupe.

Le nombre de chevaux à mettre au vert est constaté par un état numérique distinguant ceux qui reçoivent le vert à l'écurie de ceux qui le prennent dans la prairie et faisant ressortir les animaux auxquels il ne doit être attribué qu'un quart de la ration de vert réglementaire Un double de cet état est remis par le sous-intendant militaire à l'agent du service des fourrages. Une troisième expédition est envoyée au Ministre par l'intendant militaire (bureau des fourrages).

Il est établi, en outre, un état signalétique pour les animaux qui doivent prendre le vert à la prairie.

On veille à ce que les prairies, choisies suivant les prescriptions des articles 680 et 681 du règlement provisoire du 26 mai 1866 sur le service des subsistances, présentent toujours les conditions requises pour assurer aux chevaux une bonne alimentation proportionnée à leur nombre.

Un vétérinaire est désigné pour visiter la prairie et les locaux et il rend compte à son chef de corps de ses observations et de l'époque qui lui paraît, en raison de l'état de végétation des plantes, la meilleure pour y commencer ce régime.

Lorsque le vert est pris au quartier, le vétérinaire chef de service propose au chef de corps toutes les mesures nécessaires pour que ce régime soit suivi dans les meilleures conditions possibles. Il a la direction des chevaux qui prennent le vert en dehors des escadrons. Pour les autres, il propose, s'il y a lieu, au chef de corps, les mesures d'hygiène qui paraissent utiles, particulièrement en ce qui concerne le travail.

Un vétérinaire par garnison est désigné pour surveiller les chevaux qui prennent le vert à la prairie. Il doit les visiter deux fois par semaine, et davantage si leur état sanitaire l'exige. Il propose de retirer les chevaux auxquels le régime ne paraît pas convenir. Ces chevaux peuvent être remplacés par d'autres, après que l'intendance en a été avisée.

Si, par suite de variations atmosphériques, de pluies trop abondantes ou de toute autre cause, le régime du vert a une influence pernicieuse sur la santé des animaux, le colonel en prononce immédiatement la suspension et en rend compte au général commandant le corps d'armée qui en informe le service de l'intendance. (Note ministérielle du 25 février 1885, insérée au *J. M. officiel*, p. r., n° 14, page 221.)

Les dispositions qui précèdent sont applicables aux chevaux des dépôts de remonte.

Les observations auxquelles le régime du vert a donné lieu sont consignées sur le rapport mensuel relatif à l'état sanitaire des chevaux et reproduites dans le rapport annuel.

§ XI. — REPAS.

La digestion n'est pas une fonction continuellement en activité, et l'estomac, qui en est le principal agent, contracte très facilement l'habitude de n'entrer en action qu'à des moments déterminés ; mais il veut être satisfait à ses heures ; de là la nécessité, afin d'épargner aux animaux le tourment de la faim, de leur distribuer la nourriture d'une façon très régulière.

Le nombre, l'heure et la composition des repas doivent être nécessairement subordonnés au service et combinés de manière que les chevaux soient suffisamment lestés pour le travail, qu'ils aient le temps de consommer en entier chaque repas et que ceux-ci soient assez nombreux pour ne pas fatiguer les organes digestifs par une trop forte masse de fourrages pris en une seule fois. On sait d'ailleurs qu'une petite quantité d'aliments se digère plus facilement et plus complètement qu'une grande.

Les chevaux doivent, en principe, faire deux repas principaux par jour : le premier, le matin, avant ou après le travail, selon la saison ; le deuxième, le soir. Ce dernier repas doit être d'habitude le plus copieux. L'avoine est donnée à ces deux repas et toujours après l'abreuvoir.

Les repas principaux, surtout ceux d'avoine, doivent être donnés aux chevaux, trois heures au moins avant le travail. Si le travail a lieu le matin, on donne aux chevaux, afin qu'ils ne sortent pas à jeun, un quart de la ration de foin.

Quand les chevaux refusent une des denrées

qui leur sont distribuées, le capitaine commandant en rend compte immédiatement.

Dans chaque peloton, les chevaux qui mangent lentement, ainsi que ceux qui boivent l'avoine, sont placés les uns à côté des autres ; ces derniers doivent recevoir moins d'avoine à la fois et faire des repas plus fréquents. Les chevaux délicats de l'escadron sont aussi mis à part ; ils sont l'objet de soins particuliers.

L'appétit que témoigne le cheval doit être attentivement observé, car il indique son état de santé et la manière dont il supporte le travail.

Dans les distributions de fourrages, il est utile de ne pas trop les manipuler pour éviter la perte qui résulte de la chute des feuilles, surtout s'il s'agit de luzerne ; s'ils contiennent de la poussière, on devra les secouer hors de l'écurie.

Les mangeoires et les râteliers, ainsi que cela a déjà été dit, seront préalablement nettoyés, et ce qui reste du repas précédent, jeté à la litière. Enfin on devra veiller à ce que chaque cheval mange sa ration.

§ XII. — Boissons.

L'eau dont on abreuve les chevaux doit être pure, claire et sans odeur ; la meilleure est l'eau de rivière coulant sur du gros sable ou des galets.

L'eau de puits est crue, froide en été, pas aérée et le plus souvent chargée de sels calcaires ; on peut en faire usage en ayant la précaution de la tirer quelques heures à l'avance ou de l'agiter fortement avec les mains.

8

L'eau de citerne, lorsqu'elle est bien conservée, c'est-à-dire lorsqu'elle n'a pas de mauvais goût ni d'odeur désagréable, peut être donnée comme boisson aux chevaux.

Les eaux des étangs, mares, réservoirs peuvent également servir à abreuver les chevaux, quand elles sont claires et qu'elles ne contiennent pas de matières en fermentation. On doit, lorsqu'on fait usage de ces eaux, se méfier des sangsues qu'elles contiennent quelquefois, surtout dans les pays chauds, notamment en Algérie.

Lorsque les eaux sont troubles, il faut les laisser reposer; si l'on est forcé d'en faire usage tout de suite, il est bon, si c'est possible, d'y ajouter un peu de sel.

Les eaux peuvent être altérées par les résidus de fabriques qui s'écoulent dans les rivières ou par les égouts des villes; *règle générale*, quand un cours d'eau traverse une ville ou même un village, il faut toujours faire boire les chevaux en amont.

Les chevaux doivent, en principe, boire deux fois par jour en été et une fois en hiver.

Les auges sont remplies au moins une heure avant qu'on amène les chevaux à l'abreuvoir.

Les chevaux ne doivent pas boire ayant chaud. On doit éviter également de les faire boire quand ils sont à jeun, ou quand ils ont l'estomac plein. En tout cas, il faut toujours leur couper l'eau, c'est-à-dire les empêcher de boire d'un seul trait, surtout si l'eau est froide, ou lorsque après un travail pénible les chevaux sont pressés par la soif, ou quand on est forcé de les faire boire à jeun.

Ces prescriptions sont particulièrement recommandées; leur inobservation peut causer de graves accidents.

La quantité d'eau indispensable à un cheval, lorsqu'il est nécessaire de le rationner, varie selon l'arme et la saison; elle est en moyenne, pour vingt-quatre heures : de 20 litres pour les chevaux de cavalerie de réserve et les gros chevaux de trait; 18 litres pour les chevaux de dragons; 16 litres pour les chevaux français de cavalerie légère, et 14 litres pour les chevaux arabes.

CHAPITRE VI.

Du harnachement.

On appelle harnais des pièces de formes variées dont on revêt diverses régions du corps du cheval, dans le but :

1° De le fixer à la place qu'il doit occuper à l'écurie, au bivac, au pâturage ou dans tout autre lieu où l'on a besoin de le faire séjourner;

2° De lui faire comprendre la volonté de celui qui est appelé à le diriger, de le faire obéir, et même de le dompter, dans les circonstances où il est tenté de se soustraire à la puissance de l'homme ;

3° D'établir entre lui et les fardeaux qu'il doit porter ou traîner une relation nécessaire,

4° Enfin de le protéger dans quelques cas contre le froid et les intempéries, et même contre les attaques des petits animaux, comme les insectes, qui peuvent le tourmenter.

En ce qui concerne le cheval de troupe, le

licol et la longe constituent les harnais dont on se sert presque exclusivement pour l'attacher à l'écurie ou ailleurs. Il est rare que l'on fasse usage du collier d'écurie, qui est un appareil moins parfait, et des entraves, qui, en limitant les mouvements de l'animal, s'opposent à ce qu'il puisse s'éloigner beaucoup d'un point déterminé.

Les harnais qui sont mis en usage pour faire obéir le cheval à la volonté de l'homme, et même pour le dompter au besoin, sont : la bride, le bridon, le filet et plus rarement le caveçon. Ceux qui établissent une relation entre lui et le fardeau qu'il doit déplacer sont : pour le cheval qui sert de monture au cavalier, la selle et ses accessoires ; pour le cheval ou le mulet qui doit porter un fardeau inanimé, le bât et ses accessoires, et enfin pour le cheval de trait, le collier ou la bricole, les traits, la sellette et l'appareil de reculement.

Quant aux harnais qu'on emploie pour protéger le cheval contre les intempéries ou contre les insectes, ce sont les différentes espèces de couvertures, de camails, de caparaçons, etc., qui, à l'exception de la couverte ordinaire et de son surfaix, ne sont pas en usage dans l'armée.

L'ensemble des harnais dont un cheval est pourvu constitue ce qu'on appelle son *harnachement*.

Nous n'avons point ici à passer en revue les différentes pièces du harnachement du cheval de troupe. Nous devons nous borner à indiquer simplement quelles sont les conditions que doivent remplir les harnais envisagés d'une manière générale.

Ces conditions, peu nombreuses d'ailleurs, sont relatives :

1° A la solidité et à la légèreté des différentes pièces du harnachement ;

2° A leur parfait ajustement relativement à la conformation des régions sur lesquelles elles doivent porter ;

Et 3°, au grand état de propreté dans lequel elles doivent être minutieusement entretenues.

La solidité des pièces du harnachement est une condition à rechercher, non-seulement en raison de ce qu'elles sont alors d'un entretien moins coûteux, mais encore et surtout en raison de la propriété qu'elles ont de mieux conserver la forme qui leur a été donnée pour les rendre aussi propres que possible à remplir un rôle déterminé. Lorsque les harnais se détériorent facilement, que quelques-unes de leurs parties se brisent ou se déchirent, ils peuvent, si l'on n'a pas sous la main des ouvriers aptes à les réparer promptement, être cause d'accidents sérieux, de blessures graves. Parfois même il arrive qu'on est dans l'impossibilité d'utiliser le cheval au moment où l'on aurait le plus besoin qu'il fît son service. Mais, autant que possible, la solidité ne doit pas être obtenue aux dépens de la légèreté. Le cheval de guerre, appelé à manœuvrer souvent aux allures rapides et dans les terrains les plus difficiles, ne doit rien porter au delà de ce qui est absolument indispensable pour assurer le bien du service.

Aussi, doit-on s'attacher à confectionner ses harnais de telle sorte qu'ils soient tout à la fois légers et solides. Il est juste de dire que, depuis le commencement de notre siècle, des progrès réels ont été obtenus sous ce rapport.

Toutes les pièces du harnachement doivent être bien ajustées sur les régions où elles sont appliquées : c'est une condition indispensable pour obtenir de la force du cheval qui porte ou qui tire tout l'effet utile qu'on est en droit d'en attendre. Avec des harnais mal faits ou mal ajustés, une partie des efforts des animaux sont dépensés en pure perte, et, de plus, très souvent on voit se produire de graves blessures. C'est surtout à l'égard des pièces du harnachement qui exercent sur les régions où elles appuient une pression un peu forte, qu'il est urgent de veiller attentivement à l'observation de la règle que nous venons de poser. La selle, le bât, la bricole, doivent porter sur des surfaces assez étendues pour que les pressions ne se concentrent pas sur un petit nombre de points. Ces appareils seront toujours confectionnés de telle sorte qu'ils prendront de larges points d'appui sur les régions que protègent des coussins musculaires plus ou moins épais. On évitera de les faire porter dans les endroits où les os sont presque immédiatement sous la peau, dans ceux surtout où la présence du tissu fibreux peut rendre graves les plaies les plus superficielles. C'est pour cette raison que l'on donne aux arçons de la selle et du bât une forme telle que ces harnais ne peuvent appuyer sur aucun des points de la colonne dorso-lombaire, et laissent, comme on le dit en termes de métier, une entière liberté de garrot et de rognon; c'est pour cette raison encore que la bricole doit appuyer sur la partie inférieure de l'épaule. Dans les pressions qu'il exercent, les harnais ne doivent jamais gêner les mouvements de progression, ni mettre obstacle à l'accomplissement normal d'une fonction importante, ni causer à l'animal une douleur qui, si légère qu'elle soit, est toujours nuisible. Les cavaliers ont le plus grand intérêt à veiller au bien-être de leurs chevaux. Ils sont exposés à être les premières victimes des faux mouvements que peuvent provoquer, dans une manœuvre, une bride assez mal ajustée pour que le mors blesse les commissures des lèvres, une selle qui ne permet pas aux épaules toute l'étendue des mouvements dont elles ont besoin, une bricole qui comprime la trachée à son entrée dans la poitrine.

Les harnais bien ajustés seront toujours en rapport, par leur dimensions, avec la taille et le développement des animaux auxquels ils sont destinés. Une selle trop grande est exposée à porter sur les apophyses épineuses des vertèbres dans la région du garrot, ou dans celle du dos et des reins. Une selle trop petite a des inconvénients tout aussi sérieux : elle ne porte guère que sur la partie saillante des côtes, qu'elle blesse le plus souvent.

Il ne suffit pas que les harnais soient bien ajustés ; il faut encore qu'ils soient bien exactement placés dans les régions qu'ils doivent occuper. Un changement de position leur fait perdre en effet le bénéfice de leur parfaite adaptation à la conformation de l'animal, et ils peuvent alors blesser tout aussi bien que s'ils étaient trops grands ou trop petits. Le cavalier soigneux veillera donc à mettre bien exactement à sa place chacune des pièces du harnachement; il effacera les plis qui tendent à se former sur la couverture que l'on met au-dessous de la selle; il s'assurera que des courroies du harnachement ou d'autres corps ne se sont pas accidentellement engagés entre les harnais et les régions du corps sur lesquelles ils appuient; il verra si la peau n'est pas pincée par les sangles ou le surfaix, si la longe de la croupière n'est pas trop tendue, si des crins ne sont pas restés engagés entre le culeron et la base de la queue, etc. Tous ces soins, qui ont pour objet d'assurer un rapport convenable entre l'animal et ses harnais, ne sont pas inutiles, car ils suffisent pour épargner au cheval de la gêne ou de la douleur, et pour prévenir, dans bien des cas, des blessures plus ou moins graves.

La propreté des harnais, à laquelle on attache, dans l'armée, avec juste raison, une grande importance, n'est pas seulement une affaire de luxe ou de parade, c'est encore et surtout une des conditions les plus avantageuses à l'hygiène du cheval de troupe. Toutes les pièces du harnachement sont exposées à être souillées par des impuretés de diverses natures. Le mors qui a servi reste souvent couvert de salive et d'écume qui se dessèchent à la surface des canons et des branches; les pièces métalliques sont attaquées par la rouille et le vert-de-gris; le cuir et les étoffes sont mouillés par la sueur, imprégnés de la crasse et des poils qui se detachent de la surface du corps, et salis par la boue ou par la poussière. Si l'on ne prenait pas le soin de débarrasser les harnais de toutes ces souillures, leur conservation serait compromise; ils seraient de peu de durée, et, de plus. on les verrait souvent se briser et se déchirer au moment d'utiliser le cheval à son service. Mais là ne se borneraient pas les inconvénients d'une semblable négligence. Le mors que l'on remet dans la bouche du cheval sans l'avoir lavé et nettoyé lui impose une sensation désagréable qu'il est bon de lui épargner; les courroies jouent difficilement dans les boucles qui sont rouillées ou rongées par le vert-de-gris, et si l'on a à rajuster quelques parties de la bride ou des accessoires de la selle ou du bât. on ne peut y réussir qu'avec peine. et parfois même on est obligé d'y renoncer; enfin, les cuirs et les étoffes souillés des impuretés que nous avons signalées perdent leur souplesse et deviennent rigides au point d'irriter par leur contact les parties de la peau avec lesquelles ils sont en rapport. C'est souvent à des harnais malpropres qu'il faut attribuer les dépilations qui se font observer à la tête, sur le trajet du montant de la bride ou du licol, au poitrail et sous le ventre, dans les points que touchent les sangles ou la pièce du harnais qui porte le nom de poitrail. La têtière de la bride, lorsqu'elle est mal ajustée, provoque parfois l'apparition, dans la région de la nuque, d'une affection difficile à guérir. Ce fâcheux effet se produit plus sûrement encore quand cette pièce du harnachement est rendue rigide par la malpropreté. Enfin, il est à peine besoin d'ajouter que l'état dans lequel se trouvent les panneaux ou les feutres de la selle, après avoir été imprégnés de sueur, suffit pour provoquer des excoriations et des blessures.

Toutes ces raisons doivent justifier aux yeux du cavalier les prescriptions du règlement à l'égard de la propreté des harnais, car elles concourent puissamment à assurer le bien-être et la conservation du cheval qui partage ses fatigues et ses dangers.

Telles sont les considérations générales dans lesquelles on peut entrer à l'occasion des harnais du cheval de guerre. Il faudrait, pour les compléter, étudier maintenant successivement chacune des pièces du barnachement. Mais ce n'est point ici le lieu de faire cette étude, qui appartient à une autre branche de l'enseignement militaire.

CHAPITRE VII.

Du travail.

Le cheval n'est utile que par son travail : lorsque celui-ci est modéré et en rapport avec les forces de l'animal, il concourt à l'entretenir en santé et le maintient en état de vigueur. Quand, au contraire, il est trop considérable et dépasse la limite assignée par la nature à la résistance de cet animal, il devient la source de nombreuses maladies et accidents.

Le travail a donc une importance de premier ordre en hygiène, puisque, suivant la manière dont on le dirige, il est salutaire ou pernicieux.

Un repos prolongé, en laissant les muscles dans l'inaction, diminue leur puissance de contraction, nuit à l'exercice normal des autres fonctions, et modifie d'une manière peu avan-

tageuse pour le cheval les phénomènes de la
nutrition ; l'animal engraisse, mais il devient
mou ; la circulation ralentie l'expose à des congestions. et les tissus vivants du pied, n'étant
plus suffisamment excités par la marche, perdent
une partie de leur vitalité et de leur volume, et
le sabot se resserre.

Un travail modéré active toutes les fonctions,
entretient les forces et prépare le cheval à de
plus grandes fatigues.

L'excès de travail porte atteinte à l'accomplissement des fonctions, en exerçant sur l'organisme une influence inverse à celle qui résulte
du repos prolongé ; la ruine entière de l'éco-
nomie en est la conséquence, et elle se traduit
par des maladies très graves ou des déforma-
tions des articulations et des aplombs qui mettent l'animal hors de service.

Il est difficile de fixer d'une manière absolue la quantité de travail que l'on peut demander à un cheval ; elle varie selon sa force
et sa résistance propre, et aussi suivant l'alimentation qui lui est donnée ; il faut que celle-ci
soit en rapport avec la dépense que l'organisme
doit subir pour exécuter le travail exigé. Avec
une nourriture suffisante, tel cheval pourra résister longtemps et sans danger à des fatigues
auxquelles il succomberait avec une alimentation moindre. De même. un travail pénible
auquel un cheval sera brusquement soumis
pourra avoir des conséquences fâcheuses pour
sa santé. tandis qu'il sera parfaitement supporté si le même cheval y est habitué. C'est
pour cela qu'il est avantageux d'amener peu à
peu les animaux à faire le travail auquel ils

sont destinés. L'espèce de préparation à laquelle on le soumet alors est ce qu'on appelle *l'entraînement au travail.*

Cependant, quelles que soient la force et l'énergie d'un cheval, quelle que soit la valeur de son alimentation, il y a des limites qu'on ne saurait impunément franchir. Une fatigue extraordinaire peut amener subitement, d'un seul coup, la perte ou la ruine d'un animal ; on a vu des chevaux succomber entre les jambes de leurs cavaliers ou quelques instants après avoir été mis au repos ; on dit alors que le cheval a été *forcé*. Un cheval forcé est toujours à peu près perdu ; s'il n'a pas succombé tout de suite, on peut par des soins lui donner l'apparence de la santé, mais il est désormais incapable de supporter aucune fatigue.

Comme conséquence de ce qui vient d'être exposé, on peut poser en principe : qu'un travail journalier et modéré est favorable à la santé des chevaux ;

Que le repos et le séjour trop prolongé dans les écuries sont préjudiciables à leur santé et à leur vigueur ;

Qu'il est nécessaire de les préparer, de les entraîner, par un travail graduellement augmenté, lorsqu'on a le projet de les soumettre à de grandes fatigues ;

Que l'alimentation doit toujours être proportionnée à la dépense de la force employée ;

Enfin que l'excès de travail ruine promptement les chevaux et les expose à de très graves maladies.

Le travail ordinaire dans les régiments, eu égard à la ration qui leur est accordée, peut être considéré comme assez actif pour tenir suffisamment les chevaux en haleine et les conserver en santé.

Lorsque ce travail ne peut être journalier, comme cela arrive assez souvent, il doit être remplacé par des promenades assez longues pour en tenir lieu. Elles se font au meilleur moment de la journée, c'est à-dire le matin en été, et après déjeuner en hiver ; l'allure est le pas et le trot, en observant bien les distances pour éviter les atteintes ; une halte de quelques instants est nécessaire, peu de temps après la sortie de l'écurie, pour laisser uriner les chevaux et resserrer les surfaix ; et enfin elles seront conduites de manière à ne pas ramener les chevaux en sueur à l'écurie.

Le travail des grandes manœuvres est plus fatigant, il exige une alimentation plus abondante, et il est alloué, pendant toute leur durée, un supplément d'avoine ; la même chose a lieu pour les routes et les promenades militaires.

Enfin, le service en campagne est, de tous, celui qui fatigue le plus, qui ruine le plus promptement les chevaux et engendre le plus de maladies. Devant le but à atteindre, disparaissent toutes les considérations hygiéniques. Néanmoins, dans une certaine limite et tout en satisfaisant aux exigences de la guerre, il est encore possible de conserver la santé de ces animaux et de prolonger la durée de leurs services. Il sera parlé plus loin des soins dont ils doivent être l'objet pendant la guerre.

CHAPITRE VIII.

Hygiène des chevaux de remonte.

Les jeunes chevaux de remonte doivent être l'objet de soins spéciaux et être surveillés avec la plus grande attention. Ces animaux sortent généralement des mains des éleveurs avant d'être assez familiarisés avec l'homme pour bien comprendre ses volontés; ils n'ont pas encore achevé leur croissance; la plupart ont été préparés à la vente par une alimentation qui leur a donné un embonpoint factice; enfin ils sont plus ou moins dépaysés et soumis à un régime auquel ils ne sont pas habitués. Le but à atteindre est donc assez complexe: il s'agit de les accoutumer à l'homme et à lui obéir, de favoriser leur développement, de modifier leur état général et de prévenir les maladies qui peuvent être la conséquence de leur changement de pays et de leur nouvelle manière de vivre.

Pour ce qui concerne leur éducation morale, leur accoutumance à l'homme, il ne faut jamais oublier que le cheval est craintif et conserve longtemps le souvenir des mauvais traitements. Son caractère est doux, dominable; il devient très obéissant si l'on sait lui faire comprendre ce qu'on exige de lui. Par nature il est peureux, on doit le rassurer, lui donner confiance en l'homme et lui faire connaître tout ce qui est susceptible de l'effrayer. Son instinct de conservation le porte à se rendre compte des objets qui l'entourent, surtout de ceux qui lui inspirent de la crainte; il faut les lui laisser considérer, l'en approcher doucement, les lui faire flairer et toucher des lèvres ; alors il est pleinement rassuré, et passera ensuite auprès de ces objets sans y faire la moindre attention. C'est le moyen le plus sûr de rendre les jeunes chevaux hardis et de leur faire comprendre qu'ils s'effrayent d'objets inoffensifs ; les forcer par des châtiments à s'en approcher, c'est provoquer leur résistance et les habituer à se défendre.

Le cheval est très sensible aux caresses de la main ; quand on l'approche, il faut lui parler doucement, lui passer légerement la main dans le sens du poil, le long de l'encolure, sur les joues et le chanfrein ; cela le rassure et lui donne confiance en l'homme.

Le cheval de remonte ne doit pas être frappé : on peut, on doit tout obtenir de lui par la patience et par la douceur ; on lui impose assez par une parole brève et élevée. Le cheval n'est méfiant et farouche que par crainte, ce sont les fréquentes relations qui lui donnent de la confiance ; si l'on débutait avec lui par la violence, on ne ferait que le rendre plus ombrageux et craintif avec les hommes Il n'y a que ceux qui mordent ou donnent des coups de pied qu'il faut corriger, et le faire sur-le champ, afin que l'animal se rende bien compte du motif de la punition.

C'est pour ces raisons qu'il ne faut confier les jeunes chevaux qu'à des cavaliers doux, patients et surtout aimant le cheval ; tout homme brutal et connu par la violence de son caractère ne doit pas être employé à ce service : ce sont ces cavaliers qui rendent les chevaux méchants.

Dans les dépôts de remonte, les jeunes chevaux doivent être divisés par catégories selon le régime auquel ils doivent être soumis, lequel est nécessairement subordonné aux habitudes d'élevage des pays d'où ils proviennent.

Dans les corps, ils doivent, autant que possible, être séparés des chevaux en service et placés dans une écurie à part où seront réunies les meilleures conditions de salubrité, et dont on surveillera l'aération avec soin, afin de maintenir à l'intérieur une température en rapport avec l'état général de santé de ces animaux et leur impressionnabilé aux variations atmosphériques. La nourriture sera nécessairement celle du corps auquel les jeunes chevaux appartiennent, mais on devra se montrer un peu plus sévère dans la réception des denrées.

Beaucoup de chevaux de remonte sortent des prairies et ne sont pas habitués à l'alimentation sèche; il en est même qui n'ont encore mangé que très peu d'avoine; il ne faut leur en donner d'abord qu'en petite quantité et les rafraîchir par de fréquents barbotages au repas de midi ou à celui de 3 heures En général, ils s'accoutument très vite à la nourriture des régiments, au bout d'une quinzaine de jours, il n'est besoin de la modifier qu'exceptionnellement.

Les pansages doivent être faits avec ménagement tant que les chevaux n'y sont pas habitués; au début, ils seront très courts. Si des chevaux sont sauvages ou chatouilleux, il faut les rassurer par la parole, y mettre de la patience et ne pas pousser l'essai des instruments de pansage jusqu'à provoquer les défenses de ces animaux ; ce n'est que peu à peu qu'on les amène à en supporter l'usage et à se laisser palper le corps dans tous les sens. On doit aussi, pendant le pansage, habituer les chevaux à se laisser lever les pieds et à rester tranquilles quand on frappe sur les fers avec le marteau de l'étrille.

Les promenades doivent être journalières et faites au moment le plus convenable d'après le temps et la saison. Il est bon de varier les lieux afin d'habituer les chevaux à passer partout.

Lorsqu'il s'agit de ferrer les chevaux de remonte, on doit le faire avec précaution, douceur et patience; si l'on emploie les moyens de contrainte, il est presque certain qu'il faudra plus tard y recourir chaque fois ; le cheval regardera désormais la forge comme un lieu de torture et opposera toujours de la résistance.

Les chevaux de remonte ne sont mis en service que lorsqu'ils ont acquis la force et la résistance nécessaires, ce qui a lieu vers cinq ans ou peu après. Néanmoins, dès qu'ils sont habitués au régime militaire, ils peuvent être soumis au dressage. La progression donnée par les règlements est conçue de telle sorte que non seulement cette opération est sans danger pour de jeunes animaux, mais encore qu'elle tend à les développer et à les fortifier par une gymnastique bien entendue.

Les chevaux de remonte arrivent dans les corps, soit par les voies ferrées, soit par convois voyageant par étapes. Dans le premier cas, on devra se conformer à ce qui sera indiqué plus loin pour les chevaux transportés sur les chemins de fer.

Lorsqu'un convoi de jeunes chevaux suit une route ordinaire, ses marches sont moins longues que celles des autres troupes, il ne voyage que par petites étapes et son itinéraire est tracé avant de quitter le dépôt.

Les chevaux désignés pour être montés sont choisis parmi les plus âgés, les plus forts et les plus vigoureux ; les autres sont tenus en main.

On veillera à ce que les cavaliers disposent leurs bagages de manière à ne pas blesser les chevaux, et l'on devra leur interdire de se faire des étriers avec des cordes attachées aux surfaix : ce système, quelque bien établi qu'il puisse être, occasionne toujours des blessures.

Les heures de départ sont subordonnées à la saison : ce sera le matin, en été, et l'hiver, après déjeuner. La route se fait toujours au pas.

Ces chevaux n'étant pas au gîte d'étape logés par réquisition, on devra choisir de bonnes écuries où, autant que possible, ils se trouveront seuls.

La nourriture sera également choisie ; on pourra, s'il y a lieu, remplacer au repas du soir l'avoine par de la farine d'orge ; mais en général il faut être très sobre de barbotage et n'en donner que lorsque les chevaux ont réellement besoin d'être rafraîchis

Les chevaux atteints de gourme ne devront pas être mêlés aux autres ; c'est une maladie contagieuse qui se communique d'autant plus facilement que les chevaux de remonte y sont particulièrement prédisposés. En conséquence, ceux que l'on reconnaîtra affectés seront mis à part et tenus chaudement ; on leur supprimera l'avoine, qui sera remplacée par du barbotage ; ils ne boiront que de l'eau blanchie avec de la farine d'orge, voyageront à une certaine distance des autres et conserveront leur couverture étendue.

Il arrive quelquefois que, parmi les détachements de remonte reçus par les corps, il se trouve des juments en état de *gestation*, c'est-à-dire *pleines*; on en remarque aussi parfois dans les escadrons ou batteries, lorsque accidentellement des juments ont été saillies, et cela a lieu particulièrement dans les camps où se trouvent des corps montés en chevaux entiers.

On ne s'aperçoit guère de cet état de gestation que lorsqu'il est très avancé; il se reconnaît au développement du ventre des juments et à l'affaissement des muscles de la croupe; aux soubresauts qu'avec un peu d'attention on observe sur les parois de l'abdomen quand les juments mangent ou boivent, lesquels sont dus aux déplacements du jeune animal dans le ventre de sa mère; plus tard, les mamelles grossissent, et, enfin, quand le terme approche, c'est-à-dire quelques jours avant la mise-bas, en pressant les mamelles, il en sort un liquide laiteux.

Dès qu'une jument présente des apparences de plénitude, il est nécessaire de lui donner des soins particuliers; d'abord elle devra être isolée, afin d'éviter les accidents qui pourraient la faire avorter; on la placera donc seule dans une petite écurie ou un box, et si l'on n'a aucun local convenable, il est toujours possible de disposer, à l'extrémité d'une écurie, de deux places au moins que l'on séparera des autres par des cordes tendues ou quelques planches.

Quand bien même on connaîtrait la date de la saillie, la jument portant onze mois et quelques jours, le moment de la mise-bas (*la parturition*) est toujours douteux ; il est donc indispensable de la laisser libre dans le local où on l'aura placée, afin qu'elle puisse donner ses soins à son poulain au moment de sa naissance.

La jument, avant la parturition, devra être ménagée au travail ; le mieux sera de la promener seulement : on évitera de l'exposer à la pluie et aux vents froids ; on augmentera un peu sa nourriture et on lui donnera une litière abondante.

La parturition a presque toujours lieu naturellement ; il n'est pas nécessaire d'intervenir, si ce n'est pour lier le cordon ombilical, dans le cas très rare d'hémorrhagie. On doit se borner le plus souvent à surveiller la jument, et s'il survient des accidents ou des difficultés dans la sortie du poulain, on appellera le vétérinaire.

Dès que le poulain est né et tant qu'il restera avec sa mère, celle-ci a droit à une demi-ration en sus de la ration ordinaire de son arme.

L'instruction ministérielle relative aux poulains nés dans les corps dit qu'on doit les vendre dès qu'on peut le faire sans inconvénient pour la mère.

La jument, lorsqu'on lui a retiré son poulain, doit être promenée ; on diminuera un peu sa nourriture ; si ses mamelles sont trop gorgées de lait, on pourra la traire les premiers jours ; si elles deviennent douloureuses, on les lotionnera avec de l'eau froide ou l'on y appliquera un cataplasme de terre glaise vinaigrée.

CHAPITRE IX.

Soins à donner aux chevaux en route, en campagne, sur les voies ferrées et à bord des navires.

§ I. — Soins en route.

Quelles que soient l'allure choisie et les dispositions prises par le commandant de la colonne pour faire la route, une halte, quelque temps après le départ, est nécessaire, tant pour laisser uriner les chevaux, que pour serrer les sangles et rajuster les parties du harnachement ou du paquetage qui se seraient dérangées.

La circulaire ministérielle du 27 mars 1860 prescrit à la cavalerie de ne plus faire de grande halte pendant les routes.

En toute saison, il est préférable, pour les hommes et pour les chevaux, d'arriver de bonne heure à l'étape, sans cependant partir avant le jour; les marches de nuit sont toujours très fatigantes, et dans l'obscurité les chevaux sont plus mal harnachés par les cavaliers.

A l'arrivée au gîte d'étape, on devra laver les jambes des chevaux si elles sont couvertes de boue, et les sécher ensuite avec de la paille fraîche. Quand la route suivie est poudreuse, dès qu'on a ôté la bride, il faut éponger les yeux et les naseaux des chevaux, puis on les dessellera (décision ministérielle du 18 décembre 1846); si le dos est humide de sueur, on le séchera par un bouchonnage avec une poignée de paille, et l'on fera la même opération si les chevaux sont mouillés par la pluie.

Autant que possible il faut éviter d'entasser les chevaux dans des écuries étroites, basses et sombres, et de les mélanger avec des chevaux étrangers.

Un bon pansage est toujours très utile, et, pendant sa durée, les sous-officiers doivent passer une visite sévère du dos et du garrot des chevaux de leurs pelotons; les cavaliers dissimulent souvent, pour ne pas être mis à pied, de légères blessures, et ne les déclarent que quand le mal est considérablement aggravé. Chaque fois qu'un harnachement a blessé, même très légèrement, un cheval, il faut le faire modifier en conséquence par le sellier, et, il n'y a pas à hésiter, on doit faire conduire le cheval en main et mettre la selle aux bagages. Deux ou trois jours suffisent pour guérir une blessure qui, sans cette précaution, pourrait entraîner une longue indisponibilité.

La ration de route ne comporte pas de paille; l'équivalent est reporté sur le foin et sur l'avoine. Aussitôt le fourrage reçu, on donne un tiers du foin aux chevaux ; après le pansage du soir, un quart du foin et la moitié de la ration d'avoine ; le soir, ce qui reste du foin, moins une petite partie qui sera distribuée le lendemain matin au réveil. Avant le départ, on fait boire et l'on donne la deuxième moitié de l'avoine, en réservant une petite quantité de cette demi-ration qu'on fera manger en arrivant à l'étape.

§ II. — SOINS EN CAMPAGNE.

C'est en campagne surtout que le cavalier doit redoubler de soins et d'attentions pour son cheval; il doit être bien convaincu que, sans lui, il n'est d'aucune utilité ; que les services qu'il est appelé à rendre résultent de la résistance de sa monture, et enfin que de ses qualités dépendent son bien-être propre et sa vie.

Le cavalier qui a le sentiment du devoir doit donc aimer son cheval, le considérer comme un compagnon qui partage avec lui les fatigues et les dangers de la guerre; il doit faire son possible pour le conserver avec toutes ses forces et ne songer à se procurer ce dont il a besoin pour lui-même, que lorsque son cheval est pourvu du nécessaire; quand il le monte, autant que le service le permet, il doit le ménager, afin de le retrouver en état de supporter de plus grandes fatigues.

Le plus essentiel de tous les soins à donner au cheval est de lui procurer une bonne et abondante nourriture. En campagne, surtout à l'égard des colonnes mobiles de cavalerie, le service des fourrages n'est pas toujours assuré; alors les cavaliers sont obligés de pourvoir eux-mêmes à la nourriture de leurs chevaux : ils ne doivent rien négliger pour le faire.

Il importe tout d'abord de se précautionner contre l'imprévu. Souvent on manque de fourrage là où tout faisait supposer qu'on en trouverait; il est donc prudent, lorsqu'on se met en route, de se pourvoir au moins d'un repas par cheval. Ce repas ne sera, de préférence, composé que d'avoine, parce que c'est l'aliment qui nourrit le plus, se transporte le plus facilement, surcharge moins le cheval et se consomme le plus vite.

Lorsque les fourrages qui d'habitude servent à l'alimentation des chevaux viennent à manquer, on peut remplacer l'avoine ou l'orge par du blé ou du seigle en égale proportion; ces grains ne donnent pas la même vigueur, mais ils nourrissent autant.

Si ces grains sont en gerbe, on peut les faire consommer sans être battus; il faut à peu près une gerbe de 12 à 15 kilogrammes pour équivaloir à une ration complète selon l'arme.

Le *maïs*, dans les pays où on le cultive, est une ressource précieuse pour la nourriture du cheval. Ce grain, étant dur et d'une mastication difficile, a besoin d'être préalablement concassé, ou ramolli en le faisant tremper dans l'eau une heure avant de le donner aux chevaux. Lorsque ces animaux ne sont pas habitués à cette nourriture, ils la refusent d'abord, mais ils finissent par s'y accoutumer. La ration doit être la même que pour l'avoine et l'orge.

Le maïs nourrit autant que ces dernières, mais il donne moins de force. On peut aussi faire consommer les tiges et les feuilles vertes du maïs.

Le blé noir (*sarrazin*), les fèves concassées, peuvent être utilisés dans tous les cas; on les mélange avec des balles de blé ou de son, pour que les chevaux les mangent mieux.

Les *vesces* ne doivent être données qu'en très petite quantité : une forte ration peut occasionner le vertige.

Les *pois*, les *haricots*, les *lentilles*, à défaut d'autre chose, peuvent nourrir le cheval, mais ces grains sont lourds et indigestes ; il faut prealablement les faire tremper dans l'eau pendant quelques heures.

Les tourteaux de graines dont on a extrait l'huile ne doivent être employés à la nourriture du cheval, surtout s'il est affamé, qu'avec la plus grande circonspection : ils s'altèrent en vieillissant et deviennent dangereux ; le mieux est de s'abstenir d'en faire usage, quelles que soient leurs qualités. Dans tous les cas, il faut n'en donner qu'une petite quantité (1 kilogramme), que l'on écrase et que l'on mélange avec autre chose, comme du son, des balles, des menues pailles, et en prenant toujours la précaution d'ajouter du sel.

Les pailles de *vesces*, de *lentilles*, de *pois*, sont bonnes, mais il faut en donner peu : les chevaux ont besoin d'être habitués à ce genre de nourriture.

La *jarosse* (espèce de gesse) donne de la paille et des graines qui sont dangereuses : elles produisent des paralysies.

La paille de haricots est mauvaise.

Les *carottes* sont toujours très bonnes, nourrissantes et rafraîchissantes ; il faut les couper en petits morceaux.

Les *betteraves* conviennent peu au cheval ; elles le rendent mou. Si l'on ne peut faire autrement que de les utiliser, on les donne coupées et mélangées avec des balles ou de la menue paille.

Les *pommes de terre cuites et écrasées* peuvent également être données aux chevaux, mélangées avec de la paille ou du foin coupé et un peu de sel; elles nourrissent, mais ne donnent aucune force.

Au printemps et pendant l'été, on trouve de l'herbe partout. Le fourrage vert amollit le cheval; il sera bon, s'il est possible, de le mélanger avec du sec, et, dans tous les cas, d'en corriger les effets par de l'avoine.

Quand on campe au milieu des moissons sur pied et dans les prairies non fauchées, surtout si ces dernières sont des trèfles et des luzernes, il faut rationner les chevaux; les laisser manger à discrétion les exposerait à de graves accidents, comme la *fourbure* ou l'*indigestion*.

Lorsque le pays est tout à fait épuisé et la terre dépourvue de récoltes, il reste encore la ressource des feuilles des arbres, qu'on coupe avec les menues branches que le cheval mange comme les feuilles; les meilleures sont celles d'*orme*, de *peuplier*, de *saule*, de *châtaignier*, de *poirier*, de *frêne* et de *vigne*; celles de *chêne* ne doivent être données qu'à défaut de toute autre, et, dans tous les cas, on s'abstiendra de faire consommer au printemps les jeunes pousses de ce dernier arbre, car elles causent un enivrement aux animaux qui en font usage et leur donnent une maladie appelée *mal de brou, pissement du sang*. Les fruits du chêne (*glands*) peuvent toujours être donnés, ils nourrissent bien, et les chevaux les mangent avec plaisir.

Il faut se méfier des arbres verts qui croissent dans les jardins et parcs d'agrément; une espèce, l'*if*, est un poison pour le cheval.

Dans les régions où croît l'ajonc, on ne devra

pas négliger cette nourriture qui est très bonne pour le cheval ; il faut, avant de la lui donner, battre la plante avec des bâtons pour briser les épines.

Enfin il peut survenir telle circonstance où le cavalier, ayant besoin de son cheval, n'ait ni le temps ni la possibilité de le faire manger. Un morceau de pain donné à sa monture lui permettra d'attendre, et s'il peut arroser ce pain avec de l'eau-de-vie ou du vin, cela donnera à l'animal assez de vigueur pour permettre au cavalier d'accomplir sa mission et le tirer d'un danger.

En Algérie, presque toutes les colonnes qui s'éloignent un peu des centres d'approvisionnement sont obligées de compléter la nourriture de leurs chevaux par des aliments qui croissent naturellement sur les lieux, car elles ne peuvent emporter avec elles que de l'orge, et la simple ration de ce grain est insuffisante. Au printemps on trouve de l'herbe à peu près partout ; pendant les autres saisons on donne le *diss*, qui croît dans les montagnes du Tell : c'est une plante dure, à feuilles coupantes, que les chevaux et surtout les mulets mangent assez bien.

Dans les plaines du Sud et sur les hauts plateaux on trouve en abondance :

L'*alfa*, qui couvre d'immenses étendues : c'est d'ordinaire une plante très dure, que les chevaux mangent néanmoins ; cependant les tiges récemment poussées et dont l'épi est près de sortir sont tendres et constituent un fourrage recherché par les animaux ; les Arabes disent qu'en cet état *l'alfa vaut de l'orge*.

Le *thym* (nom donné par les soldats à une

9.

espèce d'*armoise*, le *chich* des Arabes), que les chevaux mangent volontiers, mais dont l'usage prolongé irrite les organes urinaires;

Le *drinn*, herbe qui croît dans les sables mouvants; on le donne avec ses longues racines qui ressemblent à celles du chiendent: il nourrit bien le cheval; il faut préalablement le battre avec une baguette pour le débarrasser du sable qui y adhère.

Dans les bas-fonds, près des lacs ou des *rdirs* (flaques d'eaux pluviales), on trouve le *seunra*, herbe qui ressemble à l'alfa et croît comme lui en touffes. mais que les chevaux mangent moins bien et qui n'a pas les mêmes qualités alimentaires; le *ghtaf*, petit arbrisseau, dont les chevaux mangent les feuilles et les jeunes rameaux; c'est une plante salée; elle excite la sécrétion urinaire.

Telles sont les plantes qu'en Algérie les chevaux consomment le plus souvent pendant les expéditions; les cavaliers ne tardent pas à les connaître quand ils passent dans les lieux où elles croissent.

Au bivac et dans les camps, il faut, autant que possible, faire manger l'avoine ou l'orge dans les musettes; donner ces grains sur le sol est ce qu'il y a de plus mauvais, au double point de vue de l'entretien des chevaux et de la conservation de leur santé: ils en perdent une grande quantité et avalent beaucoup de terre et de graviers, qui finissent par s'accumuler dans les gros intestins et causent des coliques quelquefois mortelles. On doit tout faire pour que les cavaliers aient constamment des musettes; il faut, à la vérité, les renouveler souvent ; mais ne pas leur en fournir autant qu'ils en ont besoin est une des plus mauvaises économies.

Le passage brusque de la pénurie à l'abondance expose les chevaux à des indigestions très graves ; on règlera alors la distribution des aliments de manière à ménager les forces digestives affaiblies par l'abstinence.

Autant que possible il faut abreuver les chevaux avec des eaux salubres, ne pas leur laisser boire des eaux froides comme celles des sources, lorsqu'ils ont chaud ; éviter, si faire se peut, de les conduire à des mares remplies d'eau verdâtre et à des fossés où l'eau est bourbeuse. A première vue en peut reconnaitre qu'une eau est bonne à boire, quand dans cette eaux vivent des poissons et croissent des plantes aquatiques. Le mulet est très difficile sur la qualité des eaux ; il refuse souvent, malgré sa soif, celles qui sont bues volontiers par les chevaux. *En principe*, on ne doit pas, lorsqu'on traverse des rivières à gué, laisser boire les chevaux : cela les rend mous et les fait suer. Cependant, lorsqu'on se sait près du lieu où l'on doit stationner, il n'est pas mauvais, s'il fait chaud et si la route a été longue, de leur laisser avaler une ou deux gorgées d'eau, cela leur rafraîchit la bouche, calme un peu leur soif, et ils boiront moins quand le moment sera venu de les conduire à l'abreuvoir.

Si les circonstances le permettent, il faut installer les bivacs sur des terrains durs et secs, abrités des vents, et changer les chevaux de place lorsque le terrain est défoncé par leurs piétinements. Quand le temps est froid et humide, il faut mettre en mouvement les chevaux qui ne sont pas montés, afin d'éviter le refroidissement des extrémités, prévenir leur engorgement ainsi que les crevasses et javarts, qui peuvent résulter du séjour prolongé dans une boue argileuse et froide.

On ne devra jamais négliger de placer les chevaux dans des locaux couverts, chaque fois qu'il sera possible de le faire ; les chevaux qui ont passé la nuit en plein air sont, le matin, plus roides et moins dispos que ceux qui ont été abrités.

Lorsque les chevaux n'auront eu à faire qu'un travail léger et de peu de durée, équivalent à une manœuvre ou à une simple étape, ils pourront être dessellés immédiatement après, sans inconvénient ; mais quand ils ont été montés pendant longtemps, il est prudent de les laisser sellés jusqu'à ce qu'ils soient bien refroidis, c'est-à-dire pendant trois ou quatre heures : cette précaution prévient le développement des tumeurs qui apparaissent aux endroits froissés ou trop comprimés par la selle. Dans ce dernier cas, il est utile d'attacher les chevaux assez court pour qu'ils ne puissent se coucher, ou, s'ils sont mis à la corde de bivac, il faut les surveiller afin de les empêcher de se rouler sur le sol et de casser ainsi l'arçon de leur selle. A ce point de vue, les mulets doivent surtout être surveillés, car ces animaux cherchent à se rouler dans la poussière chaque fois qu'ils peuvent le faire.

Le harnachement sera l'objet des plus grands soins ; on veillera à ce que les panneaux des selles et les sangles soient toujours entretenus dans un bon état de souplesse, que la boue qui peut s'y attacher soit bien enlevée ; car, en se durcissant, elle blesserait infailliblement les chevaux.

Le mors de bride doit toujours être tenu très propre et poli ; rien ne dégoûte un cheval comme de lui mettre dans la bouche un mors couvert de salive et d'écume ou rouillé.

Les pansages ne devront pas être négligés ; ils sont très salutaires. ils délassent les chevaux, et, en les entretenant dans un bon état de propreté, on prévient les maladies de la peau, qui se développent facilement dans les campagnes pénibles.

La ferrure devra être visitée tous les jours. En temps de gelée et de neige, les chevaux seront ferrés à glace. et, avant de les mettre en route, en renouvellera les clous usés. La neige qui botte, c'est-à-dire s'accumule en pelotes dures sous les pieds des chevaux et les fait glisser, est ce qu'il y a de plus difficile à empêcher. On y réussit, dans une certaine mesure et pendant un temps limité, en graissant le dessous des pieds ; l'adhérence de la neige n'a pas lieu tant que le corps gras n'a pas été enlevé par la marche. Le suif est celui qui convient le mieux ; on le fait fondre, et, le pied étant préalablement bien nettoyé, on coule le corps gras entre les branches du fer jusqu'à ce que la cavité de la sole soit remplie ; on attend qu'il soit figé avant de laisser tomber le pied. Ce moyen est peu pratique pour toute une armée, mais on peut l'employer pour les chevaux des estafettes et des cavaliers envoyés en reconnaissance.

Instruction du 25 avril 1889 pour l'aménagement des navires-transports et les mesures hygiéniques à prendre à l'égard des chevaux et mulets avant l'embarquement, pendant la traversée et après le débarquement.

Choix du navire.

Art. 1er. — Le tangage éprouvant beaucoup moins les animaux que le roulis, surtout lorsqu'ils sont dans des stalles individuelles, il importe d'exclure, autant que possible, les navires reconnus rouleurs, pour les transports à grande distance.

Aménagement des bâtiments.

Art. 2. — S'il s'agit de voyage de longue durée, les batteries devront être préférées au pont, pour l'installation des parcs ou écuries à la condition toutefois qu'elles aient au moins 1m,80 de hauteur. De deux batteries, celle qui convient le mieux est la batterie haute. On ne devra placer d'animaux dans l'arrière de la batterie basse et dans la cale qu'au cas d'absolue nécessité.

Les stalles aménagées sur le pont devront être solidement amarrées. Lors des voyages en Extrême-Orient, elles seront complétées par des tentes en toile goudronnée, garnies en avant et en arrière de bandes de même nature, pouvant se rabattre le matin et le soir afin d'éviter l'action oblique des rayons du soleil.

Il est expressément recommandé de supprimer quatre ou cinq stalles sur le travers de la machine, dont la chambre sera entourée d'une toile épaisse, placée à une certaine distance et que l'on maintiendra humide.

Art. 3. — Les stalles devront affecter une direction perpendiculaire au grand axe du navire.

Les parcs comprendront autant de stalles que d'animaux. Chacune d'elles aura une longueur de $1^m,75$ à 2 mètres, selon la taille des animaux à embarquer; une largeur minimum de $0^m,85$ à $0^m.90$, s'il s'agit de chevaux de France, et de $0^m,75$ à $0^m,80$ s'il s'agit de chevaux arabes ou de mulets. Leur paroi antérieure sera mobile, afin de pouvoir sortir les animaux sans déplacer leurs voisins.

Si l'établissement des stalles est impossible, on divisera les écuries en travées de trois ou quatre places au maximum.

Les planches de séparation des stalles ou des travées formeront un plan continu et auront une hauteur suffisante pour que les animaux ne puissent les franchir.

Sur le front des parcs, on ménagera une coursive destinée au service du bâtiment et des écuries.

Les mangeoires, élevées d'environ $1^m,10$ au-dessus du sol, devront être assez larges pour recevoir la ration de foin, étanches pour retenir l'eau des boissons et des barbotages. Leur bord postérieur sera arrondi et doublé en tôle.

Un peu en arrière de la mangeoire, on placera, à hauteur du poitrail, une planche mobile et rembourrée, pour permettre aux animaux de prendre appui par les gros temps.

Dans le même but, on devra fixer, en arrière

des animaux, à 0ᵐ,26 environ au dessus de la pointe des jarrets, une planche également rembourrée.

Entre cette planche et la muraille, il conviendra de ménager un espace de 0ᵐ,50 à 0ᵐ,60, pour permettre aux gardes d'écurie de circuler derrière les animaux et de pratiquer le nettoyage du plancher.

Des dalôts, formés d'une substance métallique, devront être établis de distance en distance, pour faciliter l'écoulement des eaux et des urines dans les puisards.

Les anneaux d'attache devront être placés en avant de la mangeoire.

Sur le plancher seront fixées de petites lattes en bois pour empêcher les glissades. Cette disposition est préférable aux tresses de corde qui s'imprègnent d'urine, répandent une odeur infecte, se pourrissent rapidement et laissent en saillie des clous qui peuvent déterminer des blessures graves du pied.

D'une manière générale, toutes les parties susceptibles d'occasionner une pression anormale devront être rembourrées avec de l'étoupe recouverte de toile goudronnée.

Art. 4. — Lorsque le temps est calme, il est préférable de laisser les animaux libres ; mais, par les gros temps, ils doivent être soutenus, soit par des barres matelassées, disposées sous la poitrine et le ventre et fixées aux parois de la stalle, soit par une large sangle passant sous la poitrine, munie d'une lanière formant poitrail et d'une avaloire aux angles de laquelle sont fixées quatre solides cordes se réunissant deux à deux.

pour être amarrées à des pitons implantés dans un madrier du plafond.

Art. 5. — L'exercice étant très favorable aux animaux embarqués, il conviendra de réserver dans chaque batterie un endroit où on puisse les promener. Sur certains bâtiments, la coursive ménagée entre les rangées de stalles pourra être utilisée à cet effet.

Dans les navires à plusieurs étages communiquant ensemble au moyen de panneaux et d'écoutilles, les panneaux devront être garnis de claies métalliques dites caillebotis, laissant passer l'air et empêchant la chute dans la cale des animaux qui viendraient à s'échapper de leur stalle.

Art. 6. — Il sera utile de réserver un certain nombre de places, 2 à 3 p. 100 de l'effectif, à l'avant ou dans le voisinage des grands sabords, dans les endroits les mieux aérés, pour servir d'infirmerie.

Une pharmacie sera annexée à cette infirmerie. Elle sera pourvue des médicaments suivants, dont la quantité devra être en rapport avec l'importance du convoi.

Par cent chevaux et fraction de cinquante, pour une traversée d'un mois à six semaines ·

Goudron liquide..............	2	kilog.
Huile camphrée..............	1	id.
Moutarde Rigoliot............	5	boîtes.
Esssence de térébenthine......	1	kilog.
Vinaigre....................	2	id.
Acide phénique du commerce..	5	id.
Huile de cade................	1	id.
Teinture de quinquina.........	1	id.
Poudre de quinquina..........	500	gr.

Acétate de plomb liquide	500 gr.
Liqueur de Villate.............	500 gr.
Sulfate de soude..............	5 kilog.
Ammoniaque..................	250 gr.
Acétate d'ammoniaque	1 kilog.
Café......................	2 id.
Ether......................	250 gr.
Nitrate d'argent fondu.........	50 gr.
Onguent vésicatoire...........	2 kilog.
Onguent populéum............	2 id.
Pommade mercurielle.........	500 gr.
Chlorure de chaux............	5 kilog.
Chlorure de sodium...........	5 id.
Trousse garnie...............	Une.
Seringue à lavements.........	Une.
Seringue à injections.........	Une.
Pompe à douches.............	Une.

Art. 7. — Tout détachement devra comprendre un maréchal ferrant, muni d'instruments de ferrage.

Art. 8. — L'embarquement du charbon, pendant les relâches, devra être fait avec précaution, afin d'éviter un dégagement trop considérable de poussière, retombant sur les animaux et dans les mangeoires.

Approvisionnements.

Art. 9. — Les approvisionnements en denrées fourragères seront en rapport avec l'effectif à embarquer et la durée probable de la traversée. (Voir la composition des diverses rations à l'article 23.)

Toutes les denrées devront être de bonne qualité et la farine d'orge fraîchement moulue Les denrées mal récoltées, mal conservées ou même seulement trop anciennes, seront rigoureusement exclues.

Art. 10. — Comme boisson, on ne devra recourir à l'eau distillée qu'à défaut d'eau naturelle. Aussi, toutes les fois que la chose sera possible, au moment des escales, fera-t-on provision d'eau de source.

L'eau obtenue par des appareils distillatoires, se chargeant, à son passage dans les chaudières, d'une certaine quantité de graisse qui lui donne un goût peu agréable, on combattra ses fâcheux effets par l'addition de chaux, à raison de 25 grammes par 1,000 litres d'eau.

Mesures de précaution à prendre avant l'embarquement.

Art. 11. — Revue sanitaire minutieuse des chevaux à embarquer.

Cette visite a pour but de faire connaître l'état de santé des chevaux qui y sont soumis. Elle devra avoir lieu la veille ou l'avant-veille de l'embarquement. Le vétérinaire signalera au chef de détachement tous les chevaux qui lui paraîtront devoir être retirés du rang pour les motifs suivants : maladies chroniques internes, affections psoriques et dartreuses, jetages de mauvaise nature, engorgements sous-glossiers sans cause connue, boutons, cordes et engorgements indolents, etc., etc.

Art. 12. — Les chevaux devront subir, avant l'embarquement, un régime préparatoire ayant pour but de les rendre plus aptes à se conserver en santé, au milieu des conditions et des habitudes nouvelles où ils vont se trouver.

Ce régime préparatoire consistera dans une alimentation rafraîchissante, c'est-à-dire que la ration ordinaire sera diminuée de moitié de la ration de foin et de moitié de la ration de grains, diminution qui sera compensée en partie par l'adjonction de 2 kilog. de farine d'orge. On n'exceptera de cette mesure que les chevaux maigres et sensiblement moins vigoureux que les autres.

Ce régime alimentaire devra être secondé dans ses effets par une diminution progressive dans le travail ou l'exercice.

Art. 13. — Deux heures avant d'être embarqués, les chevaux recevront leur repas et feront une promenade d'une heure, afin d'éviter, d'une part, les accidents qui peuvent résulter de l'état de plénitude de l'estomac, et pour diminuer, d'autre part, l'ardeur des animaux et les rendre plus abordables.

Art. 14. — Les chevaux seront embarqués ferrés des quatre pieds, lorsque la durée du voyage ne devra pas excéder un mois.

Art. 15. — Le chef de détachement devra visiter le navire en partance, se mettre en relation avec le commandant du navire et le second chargé du service intérieur avec lequel il aura à s'entendre pour l'hygiène des animaux en mer. Les places les plus avantageuses des écuries seront réservées aux chevaux de MM. les officiers et aux chevaux malingres qui ont besoin d'être particulièrement surveillés.

Précautions à prendre pour l'embarquement

Art. 16. — Les chevaux sont embarqués peu de temps avant le départ du navire, afin de réduire leur séjour à bord.

Art. 17. — Dans l'embarquement à quai, lorsqu'il est possible de jeter un pont de bois, muni d'un garde-fou, entre le bateau et le rivage, il faut avoir soin de répandre sur ce pont une couche d'un mélange de crottin et de sable ou de terre pour rendre l'appui des pieds des animaux plus ferme et plus solide.

Les chevaux munis du licol et du bridon seront conduits en main et en file, sans interruption, les plus dociles placés en tête.

Art. 18. — Dans l'embarquement par les chalands, on aura soin, pour les chevaux qui ont une crinière longue et une queue abondamment pourvue de crins, de faire tresser l'une et l'autre, afin d'éviter l'interposition des crins entre les deux bricoles de l'appareil de suspension, ainsi que leur arrachement dans les cas de chute des animaux.

Art. 19. Si les chevaux refusent d'entrer dans le chaland, on aura recours au procédé suivant : deux hommes, placés de chaque côté du train postérieur, joindront leurs mains au-dessus des jarrets, et. par un effort en haut et en avant, solliciteront le lever des membres, qui sera bientôt suivi de la progression complète.

Art. 20. — Le palan que l'on applique sous la poitrine des animaux, pour les enlever, devra être muni d'un poitrail et d'une avaloire desti-

nés à les maintenir solidement. Les mouvements
de la corde doivent s'exécuter d'une manière
uniforme, sans saccades, et le cavalier placé à
la tête de l'animal ne doit l'abandonner qu'au
moment où les quatre membres ont quitté le
sol.

Art 21. — Le plancher sur lequel est déposé
l'animal à son arrivée à bord devra toujours
être recouvert d'un lit épais de sable ou de
fourrage. en vue d'éviter les accidents résultant de glissades ou de chutes.

Les hommes chargés de manœuvrer l'appareil de suspension ne doivent lâcher la corde
que lorsque l'animal a pris pied sur le bâtiment.
Il doit être saisi immédiatement par un cavalier
et conduit à la place qui lui est affectée.

Les petits animaux, qu'on embarque de préférence les premiers, doivent être placés aux
extrémités des parcs.

Art. 22. — Les panneaux ou écoutilles ne
devront jamais être obstrués par des colis pouvant empêcher la circulation de l'air.

Les sabords, hublots et autres ouvertures resteront ouverts pendant toute la traversée, à
moins que le temps ou l'état de la mer ne s'y
oppose. Dans ce cas, et lorsque la température
sera très élevée, on aura recours à une ventilation artificielle au moyen des manches à vent,
et, si la brise fait défaut, à l'aide de ventilateurs
mus par la machine et fonctionnant à l'entrée
des panneaux.

Règles d'hygiène applicables aux chevaux embarqués.

Art. 23. — La ration des fourrages à bord est fixée aux quotités suivantes :

Chevaux d'état-major, cavalerie de réserve, chevaux de carrière et des écoles :

Foin......................	3 kil. 500
Orge ou avoine.............	2 kil. 500
Farine d'orge...	1 kil. 500
Son'...	0 kil. 500
Eau.......................	16 litres

Service d'état-major et état-major particulier de l'artillerie (à l'exception des services sédentaires), cavalerie de ligne, artillerie de campagne, pontonniers, etc. :

Foin......................	3 kil. 500
Orge ou avoine.............	2 kil.
Farine d'orge..............	1 kil. 500
Son.......................	0 kil. 500
Eau.......................	15 litres.

Service d'état-major et état-major particulier de l'artillerie (services sédentaires), intendance, état-major particulier et officiers du génie, des équipages militaires, du trésor, des postes, de l'intendance et des transports auxiliaires ; chevaux de trait des équipages régimentaires (à l'exception de ceux de la cavalerie qui perçoivent la ration de leur arme), gendarmerie, cavalerie légère, chevaux des officiers d'infanterie, officiers du cadre des écoles autres que les officiers instructeurs et écuyers, etc. :

Foin...	2 kil. 500

Orge ou avoine............	1 kil. 750
Farine d'orge...............	1 kil. 500
Son.......................	0 kil. 500
Eau......................	15 litres

Mulets de toutes provenances :

Foin......................	2 kil. 500
Orge ou avoine............	1 kil. 750
Farine d'orge...............	1 kil. 500
Son.......................	0 kil. 500
Eau......................	15 litres.

Toutefois, la quantité d'eau sera portée à 20 litres, lorsque les chaleurs seront très fortes. Dans tous les cas, on fera abreuver les chevaux deux fois par jour, le matin au moyen d'un barbotage clair de son et de farine, et le soir avec de l'eau pure qu'on rendra plus digestible par l'addition d'une faible quantité de sel marin.

Dans les deux premiers jours qui suivront l'embarquement, la ration indiquée ci-dessus subira une diminution de 1 kil. 500 de fourrages et de 1 kilo de grains, substituée en quantité équivalente de farine d'orge, de manière à constituer une alimentation de transition.

Art. 24. — Sans soumettre les chevaux à un pansage régulier et complet, on lavera deux fois par jour les yeux, les narines, les parties génitales et les jambes des animaux.

Dans les lavages à grande eau, faits le plus ordinairement avec la pompe à incendie, on aura soin de diriger le jet sur les pieds et les membres des chevaux.

Pendant les escales, les animaux seront sortis des stalles par séries, pour être promenés dans 'es coursives, et ils seront l'objet d'un pansage complet.

Art. 25. — On exigera que les fumiers soient enlevés chaque jour et on prendra les mesures nécessaires pour entretenir une très grande propreté dans les écuries.

Outre le nettoyage journalier des écuries, il sera nécessaire de les désinfecter tous les deux jours, surtout celles des faux-ponts et de la batterie basse. Pour cela, on fera arroser les intervalles avec de l'eau chlorurée ou phéniquée et on placera au milieu des compartiments, de distance en distance, des vases remplis d'eau de chaux.

Art. 26. — Tous les matins, le vétérinaire passera la revue sanitaire de tous les chevaux, afin d'être toujours à même d'attaquer les maladies à leur début, et d'isoler à temps ceux qui paraîtront suspects d'affections contagieuses.

Tout cheval reconnu malade sera conduit à l'infirmerie ; s'il n'existe pas d'infirmerie, on placera au dessus de sa stalle une étiquette indiquant le nom de sa maladie.

Après la revue sanitaire, le vétérinaire procèdera à la visite spéciale des chevaux malades. Ces deux opérations terminées, il rendra compte au chef de détachement des résultats de sa double visite et lui soumettra les modifications hygiéniques et les mesures particulières dont il jugera l'application nécessaire, dans l'intérêt des animaux malades.

Lorsqu'on s'apercevra qu'un animal a peu d'appétit, qu'il est échauffé, que ses crottins sont durs et coiffés, on mettra chaque matin dans son barbotage 80 grammes de sulfate de soude ; ou bien, on lui présentera, avant l'abreuvoir, un seau d'eau de mer.

En vue de prévenir les congestions cérébrales ou pulmonaires, par les températures très élevées, on donnera tous les jours deux douches générales en pluie et l'on divisera la ration en un plus grand nombre de repas.

Art. 27. — le vétérinaire ne devra pas perdre de vue que les maladies les plus fréquentes observées sur les chevaux à bord ont leur siège dans les organes respiratoires et qu'elles sont généralement compliquées d'altération du sang.

Il est donc indiqué de les combattre par le traitement suivant : dérivatifs, toniques, antiputrides et excitants diffusibles (quinquina, alcool, acétate d'ammoniaque et essence de térébenthine).

Art. 28. — Les blessures produites par les frottements ou compressions directes, dans les mouvements de tangage ou de roulis, étant suivies fréquemment de mortification ou de gangrène partielle, devront être traitées par des excitants ou des désinfectants spéciaux parmi lesquels le goudron liquide, mélangé à une petite quantité d'huile camphrée, jouit d'une grande efficacité.

Afin d'éviter les blessures graves, il importe de relever, aussitôt que possible, les animaux qui viendraient à tomber dans les travées.

Précautions à prendre après le débarquement.

Art. 29. — Au fur et à mesure que les animaux débarqueront, le vétérinaire les visitera et signalera au chef de détachement ceux qui lui paraîtront malades ou suspects de maladies contagieuses.

Art. 30. — Si le bivouac doit être établi sur la plage même, on fera faire aux animaux une promenade, au pas, de trois quarts d'heure. En rentrant, ils seront passés à l'eau et on leur lavera la crinière, la queue, le toupet; les parties génitales et les ouvertures naturelles. De retour au campement, on les séchera au moyen d'un bouchonnement général.

Si le bivouac est éloigné de la plage, ces soins hygiéniques seront donnés avant de quitter le rivage.

A l'arrivée au camp, les chevaux recevront une petite quantité de fourrage ou de grains et ils seront ensuite abreuvés. Dans le cas toutefois où le débarquement aurait lieu après le coucher du soleil, on ne ferait boire les chevaux que le lendemain, pour éviter les indigestions que la fraîcheur des nuits pourrait déterminer.

Art. 31. — Lorsque les chevaux seront installés au bivouac, ils continueront à recevoir la ration du bord qui sera augmentée progressivement, de manière à arriver sans transition brusque à la ration de terre, le cinquième ou le sixième jour de leur installation.

La durée des promenades journalières sera aussi progressivement augmentée.

QUATRIÈME PARTIE.

Du pied. — Son organisation. — Ses beautés et ses défectuosités. — De la ferrure. — Différentes ferrures selon les défectuosités du pied.

CHAPITRE PREMIER.

Du pied. — Son organisation. — Ses beautés et ses défectuosités.

§ 1. — Le pied du cheval est constitué extérieurement par une enveloppe cornée qu'on appelle le *sabot*, laquelle contient et protège les parties vivantes et très sensibles qui terminent les membres.

Ces parties vivantes ont pour base et soutien le dernier os du membre, ou troisième phalange (fig. 71); on le désigne le plus habituelle-

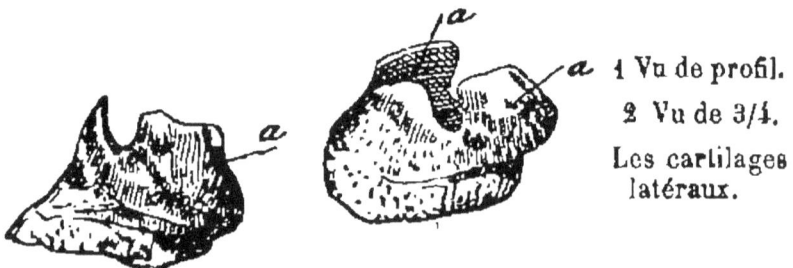

a 1 Vu de profil.

2 Vu de 3/4.

Les cartilages latéraux.

Fig. 71. — Os du pied ou 3ᵉ phalangien.

ment sous le nom d'os du pied ; il en a la figure, reçoit les attaches des tendons destinés à le

mouvoir, et forme, avec la deuxième phalange
ou os de la couronne (fig. 72), une jointure ou
articulation que complète en arrière un petit

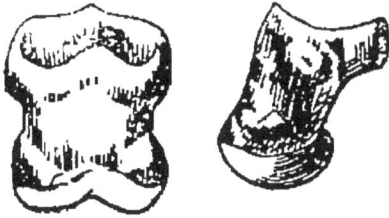

1 Vu de face.

2 Vu de profil.

Fig. 72.

Os de la couronne ou 2ᵉ phalangien.

Fig. 73.

Os naviculaire ou
petit sésamoïde.

os ressemblant assez à une navette de tisserand,
d'où son nom d'os *naviculaire* (fig. 73). Deux
lames d'un tissu résistant, élastique (les cartilages latéraux) (fig. 74. *a*), continuent l'os du

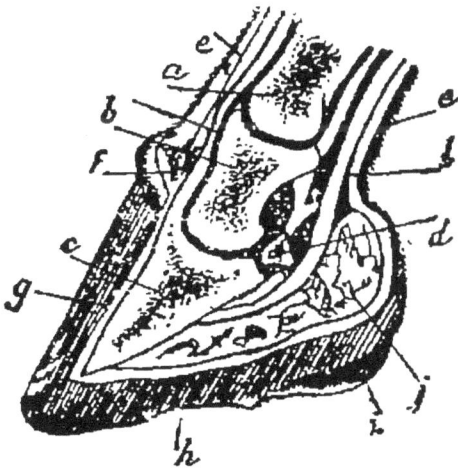

a Os du paturon ou 1ᵉʳ
phalangien.
b Os de la couronne ou
2ᵉ phalangien.
c Os du pied ou 3ᵉ pha-
langien.
d Os naviculaire.
e La peau de l'extré-
mité du membre.
f Le bourrelet.
g La muraille du sabot.
h La sole.
i La fourchette.
j Coussinet plantaire.
k Le tendon extenseur
du pied.
l Le tendon fléchisseur
du pied.

Fig. 74.

Coupe de l'extrémité du membre.

pied en arrière et remontent sur les côtés. Un

tissu plus élastique et plus mou que le précédent, également situé en arrière, mais en dessous, est destiné à amortir le retentissement des chocs du pied sur le sol, et en raison de cette fonction il a reçu le nom de *coussinet plantaire* (fig. 74, *j*). Enfin tout cet ensemble est recouvert par une couche d'un autre tissu très vivant, très sensible, principalement constitué par un lacis de vaisseaux s'abouchant les uns dans les autres (anastomoses), de tissus lamineux ou cel-

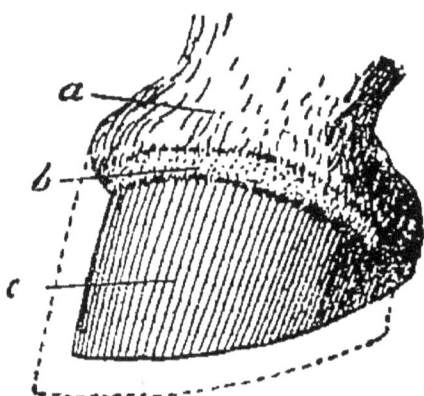
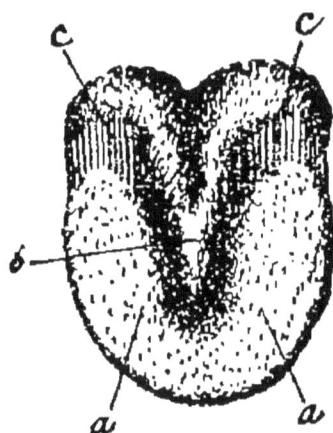

Fig. 75.

a La peau.

c Le bourrelet.

b Tissu feuilleté.

Fig. 76.

a Tissu velouté de la sole.

b Tissu de la fourchette.

c Tissu feuilleté des arcs-boutants et des barres.

lulaires et de filets nerveux, c'est le *tissu réticulaire du pied* (fig. 75 et 76); il est en contact avec la corne et lui est fortement uni. Cette union a lieu : dans la partie qui ne repose pas sur le sol, au moyen d'un engrenage de lamelles très nombreuses de chair et de corne, disposées comme les feuillets d'un livre: d'où les noms de

tissu feuilleté, chair cannelée, etc. (fig. 75, *b*).
Sous le pied, l'union se fait par de petits prolongements ayant quelque ressemblance avec
les filaments du velours s'élevant de leur trame,
et pour cette raison on l'a appelé *tissu velouté*.

Les tissus feuilleté et velouté jouissent de la
propriété de produire de la corne et concourent,
le dernier surtout, à la rénovation du sabot.

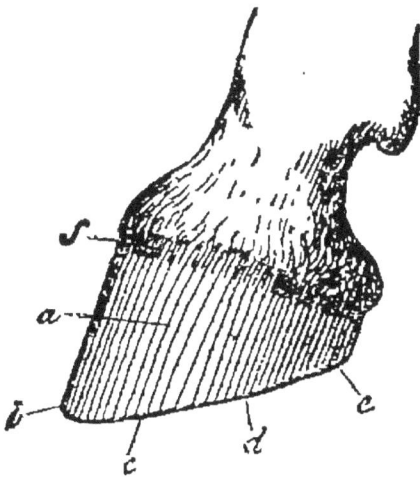

a Le sabot.

b La pince.

c Mamelles.

d Quartier

e Talons.

f Périople.

Fig. 77.

§ 2. — Le sabot (fig. 77), comme on l'a dit plus
haut, est une enveloppe cornée qui contient les
parties vivantes du pied sur lesquelles il se
moule. On l'a comparé à une boîte chaussant le
pied, c'est là l'origine de son nom ; il commence
où finit inférieurement la peau des membres et
la remplace comme organe protecteur.

Le sabot est formé de plusieurs parties fortement unies entre elles, mais séparables et constituées par une corne de nature différente ; ce
sont *la paroi, le périople, la sole et la fourchette*.

Tout ce qui se voit, le pied reposant sur le

sol, est ce qu'on appelle la paroi ou la muraille (fig. 77, *a*); c'est la partie la plus importante du sabot: de sa force, de la qualité de la
corne, de sa direction dépendent la bonté de
pied, l'aisance des allures et la solidité de la
ferrure.

La paroi a été arbitrairement divisée en plusieurs régions: la plus antérieure est la *pince*
(fig. 77, *b*); en dedans et en dehors de la pince
sont les *mamelles* (fig 77, *e*); en arrière de
celles-ci et correspondant aux côtés du pied
sont les *quartiers* (fig. 77, *d*), et tout à fait en
arrière les *talons* (fig. 77, *e*), là ne se termine
pas la paroi; elle se réfléchit en dedans et sous
le pied, où elle forme de chaque côté: d'abord
les *arcs-boutants* (fig. 80, *b*), puis se continue
par une petite lame oblique, en sens inverse
de la direction de la paroi; ce sont les *barres*
(fig. 80, *c*).

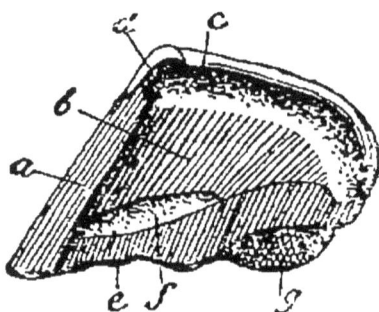

a Section de la paroi.
b Lames cornées qui s'engrènent
avec le tissu feuilleté.
c Périople.
d Le biseau.
e Section de la sole.
f Face supérieure de la sole laissant voir les pores dans lesquels s'engage le tissu velouté.

Fig. 78.

La corne de la paroi est résistante, d'un aspect fibreux, noire ou blanche, selon la couleur
de l'extrémité du membre; sa surface extérieure
est lisse et comme vernissée, l'intérieure pré-

seute les lames (fig. 78, *b*) qui s'engrènent avec le tissu feuilleté et dont il a été parlé plus haut.

La paroi diminue d'obliquité, d'épaisseur et de largeur depuis la pince jusqu'au talon ; elle pousse à la manière des ongles et des griffes des autres animaux ; sa croissance est de 1 à 2 centimètres par mois ; elle procède du bord inférieur de la peau, qui, en se terminant, s'est modifiée en un organe de production de la corne et qu'on appelle le *bourrelet* (fig. 78, *c*).

Sur le bord supérieur de la paroi s'étend une bande mince et étroite d'une corne particulière

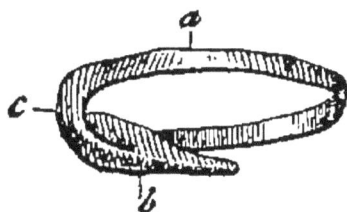

a Périople isolé ainsi que la fourchette *b* dont les tissus se confondent au point *c* appelé glômes.

Fig. 79.

et molle qui se confond en arrière avec le tissu de la fourchette : on l'appelle le *périople* (fig. 79, *a* et *c*, et 77 *f*), lequel fournit à la surface extérieure de la muraille une sorte de vernis qui protége la corne contre le dessèchement. Le périople est produit par la partie la plus extérieure du bourrelet, à laquelle on a donné le nom de *bourrelet périoplique*.

La partie du sabot qui repose sur le sol est désignée sous le nom de *surface plantaire* (fig. 80); elle représente une concavité plus ou moins prononcée, ouverte en arrière et dont le pourtour est constitué par le bord inférieur de la paroi (fig. 80, *a*). L'appui du pied n'a princi-

palement lieu que sur ce pourtour de la paroi,
c'est la partie vraiment résistante de la surface
plantaire ; dès qu'elle est détruite, les autres ré-

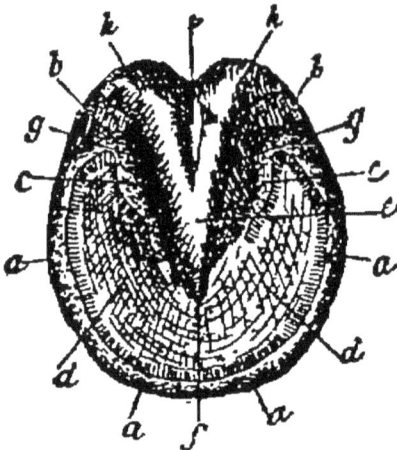

a Bord inférieur de la paroi.
b Arcs-boutants.
c Les barres.
d La sole.
e La fourchette.
f La pointe de la fourchette.
g Les lacunes latérales de
la fourchette.
h Les glômes.
i Lacune médiane de la
fourchette.

Fig. 80.

gions, quoique participant naturellement à l'appui dans une certaine mesure, ne peuvent seules résister à la marche.

La concavité de la surface plantaire est formée
par la sole (fig. 80, *d*) ; c'est une plaque de corne
sèche, s'enlevant par lames, assez résistante
pour protéger les tissus qu'elle recouvre, mais,
comme on l'a dit ci-dessus, incapable de supporter l'appui dans une marche prolongée.

En arrière de la surface plantaire on remarque une saillie en V allongé, formée par une
corne flexible, filandreuse et relativement peu
dure : c'est la fourchette (fig. 80, *e*) ; elle recouvre le coussinet plantaire ; ses branches se
dirigent vers les talons, et sa pointe (fig. 80, *f*)
s'étend jusqu'au centre de la concavité de la
sole ; les vides laissés de chaque côté et au cen-

tre de ce V sont les *lacunes de la fourchette*
(fig. 80, *g* et *i*).

La corne de la sole et de la fourchette est produite par le tissu velouté et sa croissance n'a
lieu qu'en épaisseur.

Tel est le pied dans l'ensemble de son organisation ; il peut, comme toutes les autres régions du cheval présenter des qualités de constitution et de forme, ainsi que des vices naturels ou acquis.

§ 3. — Un bon pied doit avoir des dimensions
en rapport avec la taille et la corpulence du
cheval ; la corne de la paroi doit être lisse, vernissée, sans fissures, cercles ou éclats ; d'une
obliquité d'à peu près 45 degrés vers la pince,
mais diminuant graduellement d'inclinaison jusqu'aux talons. On préfère la couleur noire,
parce qu'elle est plus résistante et s'éclate moins
que la blanche. La sole doit être concave, les
talons assez hauts et écartés les uns des autres,
les barres saillantes et la fourchette bien développée.

Les pieds antérieurs diffèrent comme forme
des pieds postérieurs ; ceux-ci sont moins arrondis, la paroi est moins oblique, les talons plus
hauts, la sole plus creuse et la corne moins sèche. On distingue un pied droit d'un pied gauche par la différence qui existe entre le côté
externe et le côté interne, celui-ci est moins
arrondi et la paroi moins oblique.

§ 4. — Les pieds défectueux que l'on observe généralement dans l'armée, et qu'il importe le plus de connaître, parce qu'ils nuisent

aux services que les chevaux peuvent rendre et exigent des ferrures spéciales, sont :

1° Le **pied grand**, qui présente un excès de développement par rapport aux autres parties du corps. Les pieds grands sont généralement très évasés, avec la sole peu concave, la fourchette épaisse, grosse et la corne peu résistante, s'éclatant facilement. Ils rendent les chevaux lourds, maladroits et les exposent à se déferrer.

2° Le **pied petit** a les défauts opposés du précédent : la corne est plus dure, la paroi plus verticale, la sole plus concave et la fourchette peu développée. Les pieds petits sont fréquemment souffreteux par la compression des tissus vivants ; ils sont exposés aux resserrements des talons et à l'encastelure.

3° **Pieds inégaux.** Quand il existe une différence dans le volume des pieds, on dit qu'ils sont inégaux, et c'est généralement l'indice d'une souffrance persistante et ancienne du membre dont le pied est le plus petit ; l'animal s'y appuyant moins, les tissus vivants contenus dans le sabot finissent par diminuer de volume.

4° Le **pied plat** est celui dont la sole manque de concavité. Cette défectuosité est le plus souvent l'apanage des pieds trop grands ; elle expose aux meurtrissures de la surface plantaire.

5° Le **pied à talons hauts**, comme l'indique son nom, est celui qui pèche par le trop grand développement des talons en hauteur relativement à l'élévation de la pince. Les pieds à talons

hauts ont la corne sèche, la sole creuse, la fourchette petite, et exposent le cheval au redresse-
ment du boulet et à devenir *pinçard*, c'est-à-dire
à ne plus appuyer son pied que sur la pince.

6º Le **pied à talons bas** a pour caractère un
évasement prononcé ; la paroi est donc très
oblique et très étroite aux talons, la corne est
toujours faible ; le poids du corps, trop rejeté sur
les parties postérieures du pied, expose le cheval aux foulures des talons.

7º **Pied à talons serrés.** Lorsque les talons
sont très rapprochés, très inclinés en dedans, on
dit qu'ils sont serrés, et, dans ce cas, la fourchette est très petite et sa corne très sèche. Les
tissus vivants, comprimés par ce rétrécissement
du pied en arrière, font souvent boiter les chevaux.

8º **Pied encastelé.** Lorsque le pied est serré
sur les côtés (en quartier) et que la paroi, plus
élevée que d'ordinaire, manque d'obliquité dans
cette région. il est encastelé. Ce défaut s'observe
généralement sur les chevaux fins, qui ont la
corne mince et sèche ; il occasionne de fréquentes boiteries et nuit considérablement aux
services de ces animaux.

9º **Pieds panards et cagneux.** Ce sont
deux défauts opposés dans l'aplomb du pied ;
lorsque la pince est tournée en dehors, le pied
est panard ; dans ce cas, l'appui est plus fort sur
le côté interne et le cheval est exposé à se couper, en marchant, avec le quartier.

Si la pince est tournée en dedans, le pied est

cagneux, l'appui est plus prononcé sur le côté externe et le cheval peut se couper avec la mamelle interne.

10° **Pied cerclé.** On appelle cercles des courbes saillantes qui se remarquent sur la paroi; on dit alors que le pied est cerclé; si ces courbes sont nombreuses et rapprochées les unes des autres, elles indiquent un pied souffreteux; s'il n'y a qu'un cercle volumineux, c'est le signe que le pied a été le siège d'une grave maladie à une époque plus ou moins rapprochée, selon sa hauteur sur la paroi; il disparaît par la croissance de la corne, par *avalure*, selon l'expression consacrée.

11° **Pied dérobé.** Le pied dérobé est celui dont la partie inférieure de la paroi a été plus ou moins détruite, soit par des éclats qui se sont enlevés, quand la corne est de mauvaise nature, soit par usure, quand le cheval a marché déferré. Ce défaut disparaît par la pousse naturelle de la corne; mais, pendant qu'il existe, il rend difficile l'application d'une ferrure solide.

CHAPITRE II.

De la ferrure. — Différentes ferrures selon les défectuosités du pied.

Lorsque le cheval vit en liberté dans les pâturages, le sabot ne s'use que dans la proportion de sa croissance et le pied se maintient dans ses conditions naturelles; mais, lorsque l'animal travaille, l'usure de la corne est exagérée ; alors les tissus vivants ne tarderaient pas à être mis à nu et la marche deviendrait impossible, si l'on ne protégeait la surface plantaire par la ferrure.

La ferrure est donc indispensable à tous les chevaux qui travaillent sur des terrains durs et des routes empierrées ; sans elle, ces animaux seraient inutilisables dans nos contrées. Son importance est considérable en hygiène. Son but conservateur n'est plus atteint lorsqu'elle est pratiquée en dehors de certains préceptes, et elle devient alors le point de départ de certaines altérations du pied, des aplombs des membres et de divers accidents.

La ferrure consiste dans l'application métho-dique d'une lame de fer percée de trous (*les étampures*) (fig. 81, *e*), contournée suivant la forme du pied auquel on la destine et maintenue

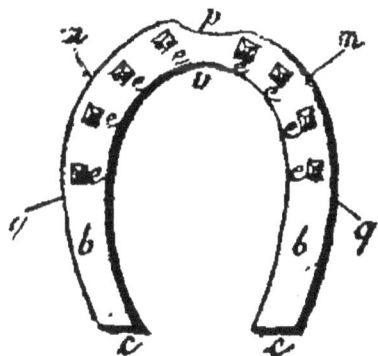 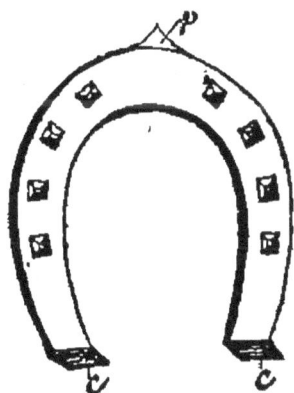

Fig. 81.   Fig. 82.

par des clous implantés dans la paroi et rivés sur sa face externe.

On distingue dans le fer à cheval plusieurs parties : deux faces, l'une supérieure, qui est en

rapport avec le bord inférieur de la paroi ; l'autre
inférieure, qui repose sur le sol, et sur laquelle
sont percées les étampures, qui reçoivent la tête
les clous ; deux *branches* (fig. 81, *b*) distinguées
en externe et en interne ; deux *bords* ou *rives* :
l'un externe qui suit le contour extérieur, et
l'autre interne qui décrit la courbure intérieure
dont le sommet est appelé la *voûte* (fig. 81, *v*).
En outre, les différentes régions de fer ont reçu
les noms des régions du pied auxquelles elles
correspondent lorsqu'il est appliqué. Ainsi, le fer
a une pince (fig 81, *p*), deux mamelles (fig 81, *m*),
deux quartiers (fig. 81, *q*) et deux talons ou
éponges (fig. 81, *e*). Quelquefois ces éponges
portent des *crampons*, c'est-à-dire qu'elles sont
recourbées à angle droit et forment des espèces de crochets pour empêcher les glissades
(fig. 82, *c*).

Avant d'appliquer le fer, le pied exige une
certaine préparation qui consiste à retrancher
l'excédent de corne, à le niveler ; puis le fer,
préparé à la forge, est présenté encore chaud
sous le pied pour vérifier s'il s'y adapte convenablement, s'il a la *tournure*, selon l'expression
consacrée, et s'il porte bien sur la partie de la
surface plantaire qu'il doit protéger ; ensuite, il
est refroidi et cloué.

Les détails de cette opération sont du ressort
des maréchaux ferrants, qu'eux seuls peuvent
convenablement pratiquer ; il suffit d'indiquer
ici les conditions à remplir pour que la ferrure
soit réellement hygiénique, c'est-à-dire conser-
vatrice, ce dont les ouvriers ne se préoccupent

pas toujours, soit par ignorance, soit qu'ils sacrifient les préceptes au désir d'exécuter une ferrure qui flatte l'œil.

On devra donc veiller à ce que les maréchaux ne retranchent de la paroi que ce qui a poussé depuis la dernière ferrure, c'est-à-dire ce qui se serait usé naturellement si le cheval eût marché pied nu sur le gazon des prairies ; qu'ils n'enlèvent de la sole que les lames qui tendent à se détacher d'elles-mêmes et qu'ils respectent les arcs-boutants et la fourchette. Le fer doit porter partout sur le bord inférieur de la paroi et ne pas appuyer sur la sole, qu'il comprimerait ; son pourtour débordera un peu en dehors, c'est ce qu'on appelle la *garniture* ; en dedans, il doit être juste au niveau de la paroi pour éviter que le cheval se coupe en marchant. Les clous seront implantés solidement dans la paroi, mais de manière à ne pas blesser les tissus vivants, les rivets bien écrasés et incrustés dans la corne. Enfin, on s'opposera à ce que les maréchaux terminent l'opération en râpant complètement le sabot ; on ne tolérera l'usage de la râpe que sur la portion de corne située entre les rivets des clous et le fer.

Le volume des fers qui doivent être appliqués aux chevaux de toutes armes a été déterminé par la décision ministérielle du 27 avril 1870. On ne tient plus compte du poids, mais seulement des dimensions en largeur et en épaisseur ; elles ont été ainsi fixées :

ARMES.	FERS antérieurs.		FERS postérieurs.	
	Largeur.	Épaisseur.	Largeur.	Épaisseur.
	mil.	mil.	mil.	mil.
Chevaux de trait de l'artillerie et des différents trains............	23.5	13	27	14
Cavalerie de réserve.............	22	12	25	12.5
Cavalerie de ligne et chevaux de selle de l'artillerie et des trains.	21	11	24	12
Cavalerie légère. {Chevaux français ou d'origine européenne.......	20	10	23	11
{Chevaux arabes.	18	9	21	10

Ces dimensi ns sont maxima; on peut rester en deçà, mais jamais les dépasser; on les vérifie à l'aide d'un calibre dont chaque maréchal abonnataire doit être pourvu.

Ce calibre consiste en une plaque rectangulaire en acier trempé, présentant des échancrures ayant exactement les dimensions en largeur et en épaisseur des fers antérieurs et postérieurs. qui doivent entrer facilement dans lesdites échancrures.

La ferrure doit être renouvelée tous les mois en moyenne, et il est important de tenir la main à ce que cette limite ne soit pas dépassée, sans avoir égard à l'état de conservation des fers. Dans certaines garnisons, si l'on attendait l'usure complète de la ferrure, le pied acquerrait une longueur exagérée qui fatiguerait les articulations et nuirait aux aplombs.

Les fers de devant et de derrière n'ont pas, comme on peut le voir dans le tableau ci-dessus, les mêmes dimensions; ils diffèrent encore par leurs formes ; ceux de devant (fig. 83) sont plus arrondis, leur largeur est partout la même, ainsi

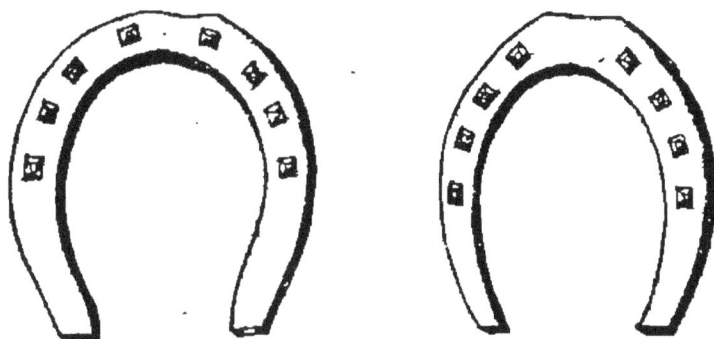

Fig. 83. Fer de devant.   Fig. 84. — Fer de derrière.

que l'épaisseur ; les étampures sont également espacées, rapprochées de la pince et éloignées des talons. Les fers de derrière (fig. 84) sont ovalaires ; la largeur et l'épaisseur sont plus fortes en pince et vont en diminuant insensiblement jusqu'à l'extrémité des branches ; les étampures sont plus éloignées de la pince et réparties sur les branches ; enfin le pinçon (1) est plus fort qu'aux fers de devant.

Pour les fers de devant et de derrière, les étampures sont plus éloignées de la rive extérieure sur la branche externe que sur la branche interne. On dit en termes de maréchalerie que les fers sont étampés *à gras* en dehors et *à maigre* en dedans. Cette disposition est nécessaire pour permettre de donner de la garniture en dehors et de ferrer juste en dedans.

_____

(1) On appelle pinçon une petite griffe levée en pince. destinée à empêcher le fer d'être rejeté en arrière par les percussions du pied sur le sol. (Fig. 82, p. 295.)

En principe, les éponges du fer ne doivent pas être munies de crampons; on ne le fait que par ordre, pour certains chevaux qui en ont besoin et principalement pendant les gelées et les temps de neige. Ce sont ces crampons aux quatre fers, en dedans et en dehors, et des clous d'une forme particulière, qui constituent dans l'armée la ferrure à glace. (1)

§ 6. — *D'autres fers* sont exceptionnellement employés dans le but de remédier à des défauts d'aplomb, défectuosités du pied, ou maladies. Ils sont assez nombreux, mais les plus fréquemment utilisés et les plus importants à connaitre sont :

1° Le *fer à planche* (fig. 85), dont les éponges sont réunies par une traverse : il est employé toutes les fois qu'on veut protéger ou soulager les talons, comme dans les cas de bleimes, seimes quartes, faiblesse des talons. etc.;

2° Le *fer à la turque* (fig. 86) a sa branche in-

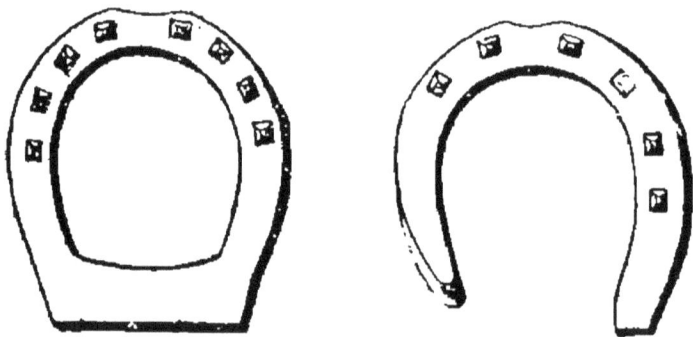

Fig. 85. — Fer à planche. Fig. 86. — Fer à la turque.

terne plus épaisse, plus courte, taillée en biseau et en partie privée d'étampures; on l'ap-

(1) Une décision ministérielle en date du 26 octobre 1889 a adopté le système des crampons mobiles en acier, à vis tronconique et à tête carrée.

plique aux pieds panards et aux chevaux qui se coupent (1);

3ᶜ Le *fer à éponges tronquées* (fig. 87), appelé encore *fer à lunette*, est un fer dont les éponges raccourcies, amincies et taillées en biseau, n'atteignent pas les talons ; il ne s'applique qu'aux pieds antérieurs, quand les talons serrés peuvent supporter l'appui sur le sol, et concurremment avec le suivant, aux chevaux qui forgent (2);

4° Le *fer à pince tronquée* (fig. 88) s'applique aux pieds de derrière des chevaux qui forgent ; comme l'indique son nom, il a la pince moins

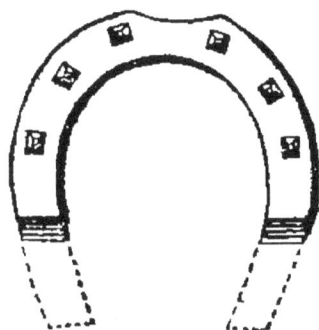 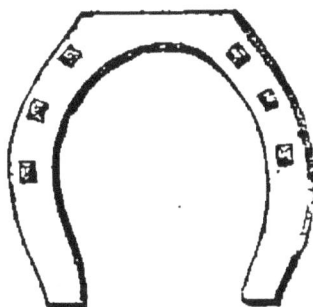

Fig. 87. Fig. 88.

Fer à éponges tronquées. Fer à pince tronquée.

large que le fer ordinaire ; elle est un peu taillée en biseau et laisse déborder la corne ; il n'y a

---

(1) Un cheval se coupe quand, en marchant, un pied frotte contre le membre opposé et le blesse : cet accident s'observe surtout à la face interne du boulet.

(2) On dit qu'un cheval forge quand, dans la marche, les pieds de derrière viennent heurter les pieds antérieurs du même côté : le choc des deux fers produit un cliquetis caractéristique ; ce bruit s'entend surtout au trot.

pas de pinçon en avant, mais on en lève deux
petits sur les mamelles.

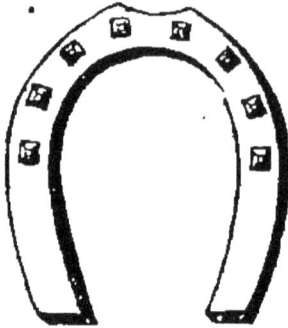

Fig. 89.
Fer à éponges épaisses.

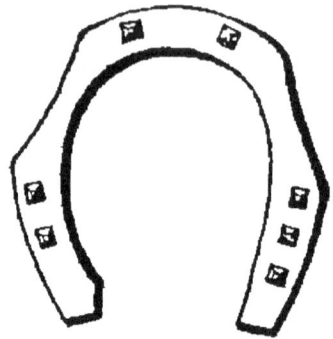

Fig. 90.
Fer à caractère.

5° Le *fer à éponges épaisses* (fig. 89); son
nom indique ce qu'il est; on l'emploie pour les
pieds à talons bas;

6° Le *fer à caractère* (fig. 90) s'applique aux
pieds dérobés. C'est un fer variable dans la disposition de ses étampures; on les perce aux endroits correspondants à la corne susceptible de
recevoir les clous et de donner au fer une attache solide.

CINQUIEME PARTIE.

***

Premiers soins à donner aux chevaux malades. — Blessures et accidents que l'on observe le plus fréquemment dans les corps de troupes à cheval. — Maladies contagieuses et moyens d'en empêcher la propagation.

Il est utile, dans l'armée, que ceux qui sont chargés de la surveillance des chevaux et d'en gouverner un certain nombre puissent, quand ils se trouvent privés du secours d'un vétérinaire ou que celui-ci est absent, faire donner les premiers soins dans quelques cas de maladies, remédier aux accidents les plus fréquents, et enfin qu'ils sachent reconnaître les maladies qui peuvent se communiquer aux autres chevaux, et quelles précautions ils doivent prendre en pareil cas.

Ces connaissances nécessaires seront l'objet de la cinquième partie de ce cours d'hippologie.

CHAPITRE PREMIER.

Premiers soins à donner aux chevaux malades.

On reconnaît qu'un cheval est malade :

Quand il ne mange pas ou qu'il mange moins que d'ordinaire ;

Quand il est triste, qu'il porte la tête basse ou se tient éloigné de la mangeoire au bout de sa longe ;

Quand il tousse, qu'il a la respiration accélérée ;

Quand il s'agite, se tourmente, ou enfin qu'il y a dans sa manière d'être quelque chose d'extraordinaire.

Dès qu'un cheval présente un ou plusieurs de ces signes de maladie, il faut : le sortir du rang, l'isoler dans la partie la mieux abritée de l'écurie, le tenir chaudement en le couvrant, lui faire boire de l'eau blanchie avec de la farine d'orge, lui supprimer l'avoine et le foin et ne lui donner à manger que de la paille et du barbotage, ne pas le sortir et le surveiller.

Si la tristesse persiste, si les yeux sont rouges ou pâles, si le flanc est agité, et la température du corps élevée ou abaissée, l'animal est gravement malade ; il lui faut les soins du vétérinaire.

Quand un cheval tousse seulement, tout en conservant son appétit et sa gaieté, il faut se borner à le tenir chaudement, ne le sortir que couvert et par le beau temps, ne lui donner à manger que de la paille et du barbotage, et si l'on a un peu de miel à sa disposition, lui en faire avaler une cuillerée ou deux, matin et soir.

Si le cheval est triste, a de la peine à manger, s'il a la bouche chaude et baveuse, et rejette des parcelles d'aliments par les naseaux, c'est le signe d'une inflammation de la gorge; le cas peut devenir très grave, il y a urgence d'appeler tout de suite le vétérinaire, et, en attendant, il faut tenir chaudement l'animal, lui envelopper la gorge avec une peau de mouton ou avec toute autre chose capable de maintenir la chaleur dans cette région et ne lui donner que de l'eau blanchie avec de la farine d'orge.

Lorsque le cheval s'agite, se couche, se roule sur le sol, se relève pour se recoucher tout de suite, regarde son flanc, se plaint et se campe comme pour uriner, c'est l'indice qu'il est affecté de coliques; on doit, jusqu'à l'arrivée du vétérinaire, faire bouchonner vigoureusement l'animal, le bien couvrir, le promener, lui donner quelques lavements tièdes, le réchauffer par des breuvages chauds, d'infusion de foin, de plantes aromatiques, de vin ou de bière.

Un cheval qui a une simple diarrhée, mais persistant plusieurs jours, doit être bien couvert jusque sous le ventre; ou lui donnera quelques lavements tièdes d'eau de son ou de mauve, et des breuvages également tièdes d'infusion de foin ou de plantes aromatiques.

Lorsqu'après une grande fatigue ou un très

long repos, un cheval a de la difficulté pour marcher, s'il a les pieds chauds, les membres postérieurs engagés sous le corps et les antérieurs portés en avant, il est fourbu.

Dans ce cas, on lui soulagera les pieds en faisant desserrer les fers et en les maintenant seulement par quelques clous. On entourera les pieds de cataplasmes de terre glaise délayée dans du vinaigre et on les entretiendra humides en les arrosant fréquemment ; si une rivière est à proximité, on y conduira l'animal et on le laissera, si le temps le permet, plusieurs heures dans l'eau jusqu'au dessus des boulets.

Il sera mis au régime blanc, c'est-à-dire à la paille et au barbotage, et on ne lui donnera à manger ni foin, ni avoine surtout.

Une saignée est presque toujours indiquée ; mais il ne faut la pratiquer que dans l'impossibilité de faire prévenir le vétérinaire.

CHAPITRE II.

Blessures et accidents qu'on observe le plus fréquemment dans les corps de troupes à cheval.

Les blessures causées par le harnachement peuvent être de plusieurs sortes. Si, après avoir enlevé la selle, on observe, sur les parties où elle a porté, une grosseur (*tumeur*) plus ou moins volumineuse, il faut tout de suite appliquer dessus et maintenir avec le surfaix une éponge ou même un gazon mouillé avec de l'eau vinai grée ou salée, ou rendue astringente avec un peu d'extrait de Saturne, et, à défaut d'autre chose, avec de l'eau pure. On entretiendra cette éponge ou ce gazon constamment humide en l'arrosant souvent avec le liquide qui aura servi à l'imbiber avant de l'appliquer sur la partie malade.

On peut encore faire disparaître rapidement ces tumeurs par le massage : pour cela, il faut bien enduire les poils de savon pour les rendre glissants, puis avec la main, frotter très longtemps en appuyant sur la tumeur et toujours dans le sens des poils. Quand ceux-ci sont secs, les mouiller et continuer le massage. Si la fatigue oblige le cavalier à suspendre l'opération, il devra la recommencer un peu plus tard, jusqu'à disparition complète de la tumeur.

Lorsque la blessure est avec plaie, il faut l'arroser très souvent avec de l'eau pure, ou mieux de l'eau rendue astringente par l'extrait de Saturne, la poudre de Knop. Si le temps est chaud, on pourrait employer des douches sur la région blessée, mais avant il est toujours nécessaire que le cheval soit complètement refroidi.

Quelle que soit la blessure, le cheval ne doit être sellé et monté qu'après guérison.

Les coups de pied, chutes sur les genoux, *couronnement*, *embarrures*, *enchevêlrures* ou *prises de longe* sont des accidents très fréquents ; s'ils ont lieu en été, le mieux est de baigner les parties blessées ou d'y faire des douches, selon les facilités que donnent l'outillage dont on dispose, les lieux et la région blessée. Dans la saison froide, il faut se borner à des lotions d'eau fraiche ou astringente.

Quand un cheval a l'œil fermé, larmoyant, on doit l'ouvrir et s'assurer si une paille ou autre corps étranger ne s'y est pas introduit; tâcher de le retirer avec précaution et lotionner l'œil avec de l'eau propre et fraiche.

S'il n'y a dans l'œil aucun corps étranger, l'animal peut avoir reçu un coup. Dans ce cas la partie claire de l'œil a pris une teinte blanchâtre, ou présente une tache ou une petite plaie; il faut d'abord lotionner l'œil avec de l'eau fraiche et plus tard avec de l'eau de mauve.

S'il n'y a ni corps étranger ni traces de coups et que la face interne des paupières soit seulement très rouge, c'est le signe d'une inflammation de cette partie de l'œil : il faut lotionner avec de l'eau rendue astringente par le sulfate de zinc (3 grammes pour un litre d'eau); plus tard, si l'inflammation persiste, on la calmera avec de l'eau de mauve.

Dans tous les cas, le cheval doit être abrité d'une lumière trop vive; on ne le sortira pas, surtout lorsqu'il fait du vent et qu'il y a de la poussière dans l'air.

Quand un cheval boite, on doit examiner le membre, le palper dans toute son étendue pour s'assurer si quelque partie est douloureuse ; ce sont surtout les articulations et la région tendineuse du canon qu'il convient d'explorer avec soin, en comparant la sensibilité et le volume avec les mêmes parties du membre opposé.

Si la région tendineuse est engorgée et douloureuse, c'est l'indice d'un effort (*effort de tendon*) ou d'une contusion (*nerf-férure*). Si le boulet est gros, porté en avant, douloureux, il peut y avoir *entorse* ou *effort du boulet;* il faut, dans l'un ou l'autre de ces cas, faire prendre des bains très prolongés au membre malade, soit dans une rivière, soit dans un seau profond dont on renouvellera l'eau très souvent. Si la douleur et l'engorgement persistent, les soins du vétérinaire sont indispensables.

Dans le pli du paturon existent parfois des crevasses ; elles sont communes dans les camps et les bivouacs, lorsque le terrain est boueux ; souvent encore elles sont le résultat de fortes enchevêtrures, très fréquentes quand les chevaux sont à la corde ou au piquet. Il faut toujours couper très ras les poils autour de la plaie ; si celle-ci est récente et douloureuse, on applique dessus des cataplasmes de farine de lin, de son, de mauve cuite ; lorsque la sensibilité est calmée, on saupoudre la plaie avec du charbon de bois pulvérisé. sans aucun bandage. Jusqu'à guérison complète, on doit, autant que possible, éviter de faire passer les chevaux dans l'eau et dans la boue.

Quand les membres ne présentent rien qui puisse donner raison de la boiterie. il faut explorer le pied, qui est le siège du plus grand nombre de boiteries. Beaucoup d'auteurs recommandent même de l'examiner dans tous les cas. On fait donc déferrer le pied, amincir le plus possible la corne de la surface plantaire, sans cependant aller jusqu'au vif ; sonder le pied en le pinçant avec les tricoises, afin de s'assurer des différences dans la sensibilité de ces diverses parties, et l'on peut trouver qu'un ou plusieurs clous de fer, implantés trop en dedans (trop à gras), gênent les tissus vivants ; alors on fait dégager l'entrée de ces clous, on y verse une goutte d'eau-de-vie ou d'essence de térébenthine, puis on la couvre avec une boulette imprégnée d'onguent de pied ou simplement de suif, et l'on fait remettre le fer, moins les clous correspondant à l'endroit lésé.

Un clou étranger (*clou de rue*) peut s'être implanté dans la sole ou dans la fourchette et pénétrer jusqu'au vif. On fait retirer ce clou, amincir la corne autour de son entrée et prendre de très longs et fréquents bains de pieds, ou l'on applique à l'entour un cataplasme de son ou de farine de graine de lin.

On peut encore trouver une *bleime :* c'est une meurtrissure des talons, qui se reconnaît à la teinte rouge de la corne de la sole vers cette région (*bleime sèche*) ; quelquefois il y a du pus sous la corne, alors la bleime est dite *suppurée*. Dans l'un et l'autre cas, on fait amincir la corne sur la partie malade, écouler le pus s'il y en a, abattre un peu les talons, poser dessus des étoupes graissées, qui seront maintenues par la branche élargie du fer ou avec une éclisse. Quand le cheval est en état de travailler, le talon ayant été abattu exige un fer à planche.

Sur la paroi il peut y avoir une *seime :* c'est une fente de la corne ; elle peut aller jusqu'au vif et pincer les tissus dans la marche. Aux pieds de derrière la seime se remarque en pince (*seime en pince*); aux pieds antérieurs on ne l'observe que sur les quartiers externe ou interne (*seime quarte*). Cette dernière est la plus fréquente dans l'armée, surtout dans les régiments montés en chevaux d'Algérie.

Lorsqu'une seime fait boiter, il faut calmer la douleur par des cataplasmes ; on fait diminuer la hauteur de la paroi de chaque côté, et appliquer un fer à planche pour la seime quarte ; pour celle en pince, on serre fortement les pieds par plusieurs tours d'un ruban de gros fil ou avec une simple courroie, afin de limiter l'écartement de la fente du sabot. Une opération est presque toujours nécessaire ; elle ne peut être pratiquée que par le vétérinaire.

Enfin, on peut ne rien remarquer qu'une douleur sourde appréciable au pincement avec les tricoises du maréchal, résultant, soit d'une contusion (*étonnement du sabot*), soit d'une cause inconnue. Dans ce cas on doit se borner à maintenir le fer sous le pied, peu serré avec quatre clous seulement, et faire prendre des bains de pieds très prolongés et très fréquents.

Comme règle hygiénique, les chevaux boiteux ne doivent pas être promenés : on leur procurera une abondante litière, et si leur séjour à l'écurie se prolonge, on diminue leur ration d'avoine et on les rafraîchit par des barbotages.

CHAPITRE III.

Maladies contagieuses.

Les maladies contagieuses sont celles qui peuvent se transmettre d'un animal malade à un animal sain, soit par le voisinage ou la cohabitation, soit par l'intermédiaire des effets de pansage ou de harnachement. L'agent particulier de transmission s'appelle *le virus*. Quelques-unes peuvent encore se communiquer à l'homme, mais heureusement cette contagion est plus difficile que d'un cheval à un autre ; néanmoins des précautions doivent être prises à ce double point de vue.

Les principales maladies contagieuses que l'on observe parmi les chevaux de l'armée sont : la *morve*, le *farcin*, le *charbon*, la *variole equine*, la *gale* et la *gourme*. Si l'on excepte cette dernière, toutes les autres peuvent se communiquer à l'homme.

§ 1. — **La morve** est caractérisée :

1º Par un jetage épais, verdâtre, gluant, adhérant aux ailes du nez et s'écoulant par un naseau, rarement par les deux, et le plus ordinairement par celui du côté gauche ;

2º Par la présence dans l'auge d'une ou plusieurs glandes dures, adhérentes ou non à la mâchoire inférieure ;

3º Par des boutons (*pustules*) ou de petites plaies (*chancres*) sur la membrane qui est à l'intérieur des naseaux.

Un seul de ces symptômes suffit pour faire suspecter cette maladie ; on devra donc prendre des précautions comme si la morve existait réellement, pour tout cheval qui jette, de même pour celui qui présente une glande dans l'auge, et de même encore pour celui qui a des plaies quelconques dans les cavités nasales (1).

§ 2. — Le **farcin** se reconnaît à l'apparition sur la peau de gros boutons, isolés ou réunis entre eux par des sortes de cordes ; ces boutons s'abcèdent et forment des plaies n'ayant aucune tendance à la cicatrisation.

Le farcin peut encore se présenter sous forme de tumeurs ou d'engorgement des extrémités, d'où partent des cordes qui remontent à la face interne des membres.

Cette maladie est de la même nature que la morve et est aussi grave ; on prendra donc les mêmes précautions pour tout cheval qui a des boutons, ou des plaies multipliées, ou des cordes.

§ 3. — Le **charbon** n'est pas très fréquent dans l'armée ; les cas qu'on y observe peuvent être isolés ; mais le plus souvent un certain nombre de chevaux sont attaqués. Dès que cette maladie a été constatée sur un cheval, l'attention doit être éveillée et la surveillance très active. Le charbon n'est guérissable qu'autant qu'il est énergiquement traité dès son apparition. Le vétérinaire doit être immédiatement appelé.

Le charbon est caractérisé par un abattement très grand, un affaiblissement des forces, avec production, principalement au poitrail ou à la

---

(1) Voir page 326 le 2° appendice contenant l'instruction du 29 janvier 1893 sur le mode d'emploi de la *malléine* comme moyen de diagnostic de la morve latente.

face interne des cuisses, de tumeurs qui augmentent très rapidement de volume, se gan-
grènent et entraînent très vite la mort de
l'animal.

§ 4. — La variole équine (*horse-pox*) est
une maladie de la même nature que la petite
vérole de l'homme ; elle est l'origine du préser-
vatif le plus efficace de celle-ci. Après avoir été
transportée sur la vache et inoculée à l'homme,
la variole équine est devenue le vaccin, dont
tout le monde connaît les vertus.

La variole est loin d'être pour le cheval une
maladie aussi grave qu'elle est chez l'homme ;
chez le cheval elle est quelquefois précédée d'un
peu de tristesse et d'inappétence ; le plus souvent
ces symptômes passent inaperçus ; la maladie
est plus spécialement caractérisée par l'éruption
de boutons de la grosseur d'une lentille, aplatis,
creux à leur centre, très disséminés sur le corps,
où ils sont cachés par les poils, mais très visibles
sur les lèvres, autour des naseaux, sur les paupières et dans le pli des paturons. Il en apparaît
aussi dans l'intérieur de la bouche, où ils ont
l'aspect d'ampoules.

Ces boutons suppurent à leur surface, puis se
dessèchent et forment une croûte épaisse qui
tombe d'elle-même.

On remarque plus particulièrement cette affection sur les jeunes chevaux de remonte. Les
malades doivent être tenus chaudement et simplement soumis au régime blanc.

§ 5. — La gale est une maladie de la peau,
remarquable par les démangeaisons qu'elle pro-

duit ; elle est engendrée par un animalcule de l'ordre des avariens, qui se multiplie considérablement et très rapidement. Cet animalcule, presque imperceptible, appartient principalement à deux genres différents. L'un vit à la surface de la peau, s'abrite sous les croûtes dont sa présence provoque la formation : c'est le *psoroptes equi*, et la gale qu'il produit se remarque particulièrement à l'encolure, sous la crinière ; on la connaît généralement sous le nom de *roux vieux*. L'autre s'enfonce sous l'épiderme, où il vit et se cache, irrite la peau, détermine l'apparition de petits boutons surmontés de vésicules ; celles-ci se crèvent et laissent écouler un liquide qui agglutine les poils ; ceux-ci tombent, laissent à nu la peau, laquelle se couvre de croûtes, s'épaissit et se plisse : c'est le *sarcoptes equi*, et la gale qu'il engendre s'observe sur tout le corps, mais le plus souvent c'est à l'encolure, sur les épaules, à la face interne des membres et à la base de la queue. Cette gale est celle qui sévit sous forme épizootique, à la suite des guerres pendant lesquelles les chevaux ont supporté de grandes fatigues et souffert de longues privations ; elle est alors très difficile à guérir, et elle l'est d'autant plus que ces animaux sont plus misérables et en plus mauvais état. Comme elle se communique facilement, une grande surveillance est nécessaire lorsque les cas ont déjà été observés. *Règle générale :* on devra suspecter la gale et prendre des précautions en conséquence, toutes les fois qu'on apercevra la peau dépilée, couverte de croûtes et que les animaux éprouveront des démangeaisons continuelles qui les portent à se gratter.

§ 6. — **La gourme** est une maladie très fréquente chez les jeunes chevaux ; on la reconnaît
à un peu de tristesse et d'inappétence, avec jetage blanc jaunâtre, épais et abondant par les
naseaux, s'accompagnant d'une toux grasse et
fréquemment de l'apparition d'abcès volumineux
dans l'auge ou ailleurs

La gourme est une maladie généralement peu
grave. Il faut séparer les malades des chevaux
sains, mais les placer dans une bonne écurie,
les tenir chaudement, leur supprimer le foin et
l'avoine, ne leur donner que de la paille et du
barbotage et les faire boire tiède. On leur enve-
loppera la gorge avec un morceau de peau de
mouton garnie de sa laine, celle-ci appliquée
sur la peau, ou d'un morceau de couverture ma-
telassé avec une couche d'étoupes ; s'il survient
des abcès, on les ouvre ou ils s'ouvrent d'eux-
mêmes ; la plaie qui donne écoulement au
pus sera tenue propre en la lavant avec de l'eau
tiède.

CHAPITRE IV.

Mesures d'isolement et de désinfection.

ISOLEMENT. — Dès qu'un cheval sera reconnu
atteint ou simplement suspecté de maladie contagieuse, on l'isolera tout de suite, et par isoler
on entend le mettre dans une écurie particulière
ou autre lieu, où il ne pourra avoir aucune
espèce de communication avec les chevaux sains.
Les deux voisins (celui de droite et celui de

gauche) du cheval reconnu malade, sans être retirés de l'écurie, devront être mis à part et spécialement surveillés.

Dans les camps où les chevaux sont à la corde, les malades et les suspects doivent être placés très loin et autant que possible derrière un bois, un pli de terrain qui les mettra hors de la vue des chevaux sains, et pour mieux empêcher toute communication avec ceux-ci, le lieu d'isolement sera entouré d'un fossé ou d'une palissade capable d'en défendre l'approche à ceux du dehors, et ne permettant pas à ceux du dedans de s'échapper.

Les chevaux isolés doivent l'être par catégories de maladies; on ne mettra donc pas ensemble, par exemple, des chevaux suspects de morve avec des galeux, etc. Ces animaux ne doivent pas sortir de l'écurie ou du lieu où on les tient séquestrés; ils ne seront donc pas promenés ni conduits aux abreuvoirs communs, ni à la forge. Tous les effets et ustensiles à leur usage (couvertures, musettes de pansage, etc.) resteront également dans les écuries; ils devront être soignés par les mêmes cavaliers; les gardes ne coucheront jamais dans les écuries de ces chevaux.

Après chaque pansage, on exigera que les cavaliers se lavent le visage à grande eau et se savonnent les mains, ou les trempent dans de l'eau phéniquée.

On n'emploiera pas au service de ces chevaux des hommes d'une santé faible ou qui ont des plaies vives sur le corps et surtout aux mains.

Le harnachement, effets de pansage, couvertures, etc., des chevaux atteints de maladies contagieuses ou simplement en suspicion, devront être placés à part et n'être remis en service qu'après désinfection, s'il y a lieu, c'est-à-dire si la maladie dont sont soupçonnés les animaux auxquels ils auront servi a été reconnue contagieuse.

Dispositions relatives à la désinfection des écuries et infirmeries des corps de troupes à cheval et établissements militaires.

Dans tous les quartiers occupés par des corps de troupes à cheval ou établissements militaires, les écuries sont périodiquement désinfectées, savoir :

Les écuries-infirmeries, tous les trois mois ;

Les écuries ordinaires, une fois chaque année à l'époque où les régiments vont aux manœuvres.

Mode de désinfection.

1° Sauf le cas de maladies contagieuses, la litière est conservée.

Le sol de l'écurie est ensuite lavé à grande eau et fortement balayé avant de commencer aucune opération de désinfection ;

2° Les murs, mangeoires, râteliers et bat-flancs sont lavés à l'eau de potasse et frottés ensuite, soit avec des brosses en chiendent, soit avec des bouchons de paille ;

3º On passe, comme précédemment, à l'aide d'un pinceau, de l'eau phéniquée (10 grammes d'acide phénique liquide pour 1,000 grammes d'eau) sur les murs, mangeoires, râteliers, bat-flancs et sur le sol ;

4ᶜ Toute l'écurie, ainsi que le matériel qu'elle contient, est blanchie à l'eau de chaux, laquelle est mélangée à un dixième de son poids de chlorure de chaux sec ;

5º Enfin, la désinfection n'est considérée comme complète qu'après un dégagement d'acide sulfureux, pendant vingt-quatre heures au moins, dans chaque écurie close, opération facile à obtenir en jetant de la fleur de soufre sur un réchaud rempli de charbons ardents (200 grammes de fleur de soufre suffisent pour des écuries de 10 chevaux dont les portes et les fenêtres restent hermétiquement fermées pendant vingt-quatre heures au moins) ;

6º Toutes les fois qu'un cheval atteint ou douteux de maladie contagieuse entre à l'infirmerie, sa stalle et celles de ses deux voisins sont désinfectées.

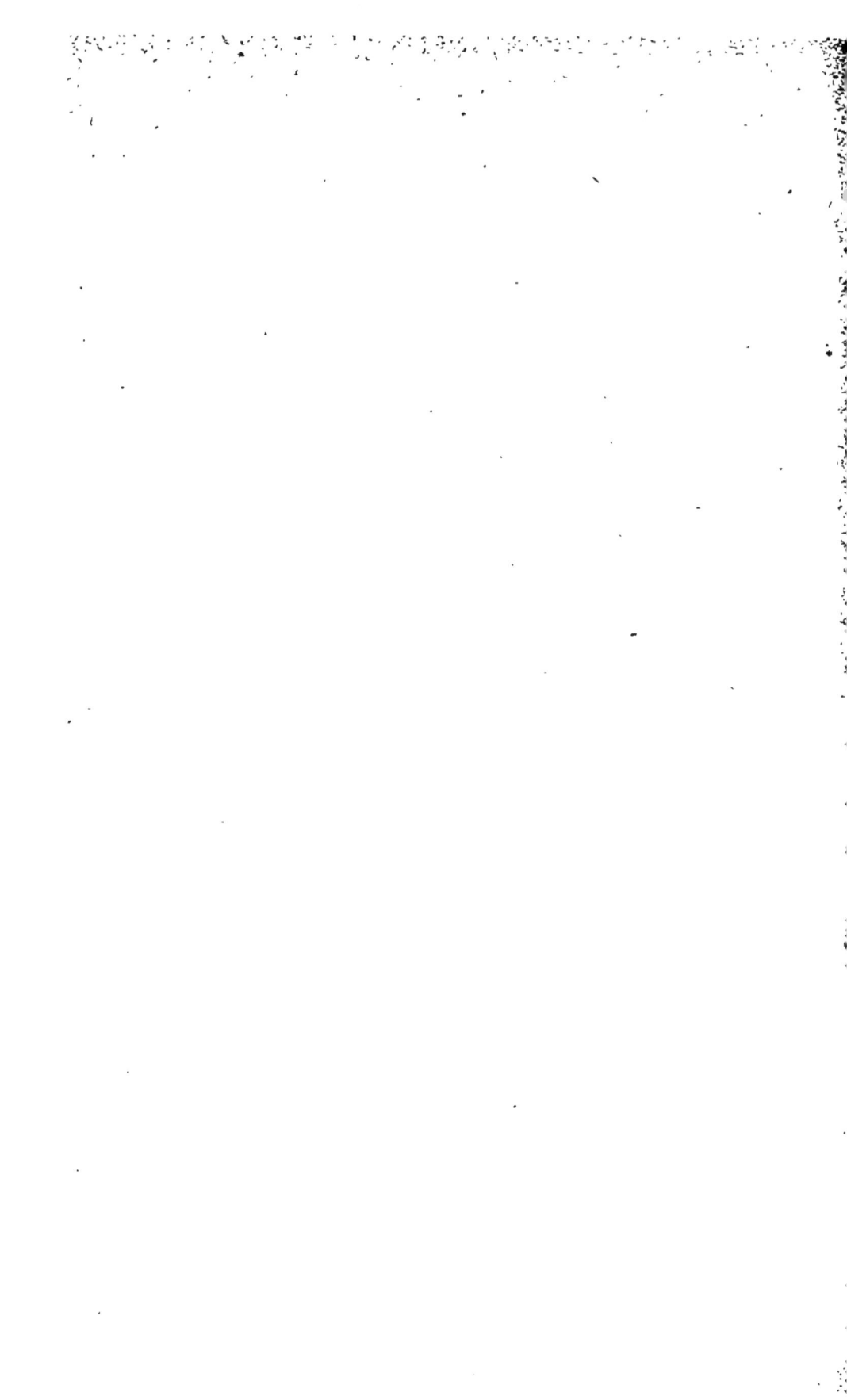

APPENDICES

1ᵉʳ APPENDICE.

On appelle vices ou cas rédhibitoires les maladies ou défauts dont l'existence est une cause de nullité pour la vente d'un animal domestique.

La loi du 2 août 1884 établit une règle uniforme pour toute la France dans le tableau des maladies ou défauts rédhibitoires et prescrit la longueur du délai.

LOI
concernant les vices rédhibitoires
DANS LES VENTES
ET ÉCHANGES D'ANIMAUX DOMESTIQUES.

ARTICLE PREMIER.

L'action en garantie, dans les ventes ou échanges d'animaux domestiques, sera régie, à défaut de conventions contraires, par les dispositions suivantes, sans préjudice des dommages et intérêts qui peuvent être dus s'il y a *dol*.

ART. 2.

Sont réputés vices rédhibitoires et donneront seuls ouverture aux actions résultant des articles 1641 et suivants du Code civil, sans distinction des localités où les ventes et échanges auront lieu, les maladies ou défauts ci-après, savoir :

Pour le cheval, l'âne et le mulet :

La morve ;
Le farcin ;
L'immobilité ;
L'emphysème pulmonaire ;

Le cornage chronique ;

Le tic proprement dit, avec ou sans usure des dents ;

Les boiteries anciennes intermittentes ;

La fluxion périodique des yeux ;

La dourine.

Pour l'espèce ovine :

La clavelée ; cette maladie reconnue chez un seul animal entraînera la rédhibition de tout le troupeau s'il porte la marque du vendeur.

Pour l'espèce porcine :

La ladrerie.

ART. 3.

L'action en réduction de prix, autorisée par l'article 1644 du Code civil, ne pourra être exercée dans les ventes et échanges d'animaux énoncés à l'article précédent lorsque le vendeur offrira de reprendre l'animal vendu, en restituant le prix et en remboursant à l'acquéreur les frais occasionnés par la vente.

ART. 4.

Aucune action en garantie, même en réduction de prix, ne sera admise pour les ventes ou pour échanges d'animaux domestiques si le prix, en cas de vente, ou la valeur, en cas d'échange, ne dépasse pas 100 francs.

ART. 5.

Le délai pour intenter l'action rédhibitoire sera de neuf jours francs, non compris le jour fixé pour la livraison. excepté pour la fluxion périodique, pour laquelle ce délai sera de trente jours francs, non compris le jour fixé pour la livraison.

ART. 6.

Si la livraison de l'animal a été effectuée hors
du lieu du domicile du vendeur, ou si, après la
livraison, et dans les délais ci-dessus, l'animal
été conduit hors du lieu du domicile du vendeur,
le délai pour intenter l'action sera augmenté à
raison de la distance suivant les règles de la pro-
cédure civile.

ART. 7.

Quel que soit le délai pour intenter l'action,
l'acheteur, à peine d'être non recevable, devra
provoquer, dans les délais de l'article 5, la nomi-
nation d'experts chargés de dresser le procès-
verbal; la requête sera présentée, verbalement ou
par écrit, au juge de paix du lieu où se trouve
l'animal; ce juge constatera dans son ordonnance
la date de la requête et nommera immédiatement
un ou trois experts qui devront opérer dans le
plus bref délai. Ces experts vérifieront l'état de
l'animal, recueilleront tous les renseignements
utiles, donneront leur avis, et, à la fin de leur
procès-verbal, affirmeront par serment la sincé-
rité de leurs opérations.

ART. 8.

Le vendeur sera appelé à l'expertise, à moins
qu'il n'en soit autrement ordonné par le juge de
paix, à raison de l'urgence et de l'éloignement.

La citation à l'expertise devra être donnée au
vendeur dans les délais déterminés par les articles 5 et 6; elle énoncera qu'il sera procédé même
en son absence.

Si le vendeur a été appelé à l'expertise, la demande pourra être signifiée dans les trois jours à

compter de la clôture du procès-verbal dont copie
sera signifiée en tête de l'exploit.

Si le vendeur n'a pas été appelé à l'expertise,
la demande devra être faite dans les délais fixés
par les articles 5 et 6.

ART. 9.

La demande est portée devant les tribunaux
compétents, suivant les règles ordinaires du droit.

Elle est dispensée de tout préliminaire de con-
ciliation, et, devant les tribunaux civils, elle est
instruite et jugée comme matière sommaire.

ART. 10.

Si l'animal vient à périr, le vendeur ne sera
pas tenu de la garantie, à moins que l'acheteur
n'ait intenté une action régulière dans le délai
légal, et ne prouve que la perte de l'animal provient de l'une des maladies spécifiées dans l'ar-
cle 2.

ART. 11.

Le vendeur sera dispensé de la garantie résultant de la morve ou du farcin, pour le cheval, l'âne
et le mulet, et de la clavelée pour l'espèce ovine,
s'il prouve que l'animal, depuis la livraison, a été
mis en contact avec des animaux atteints de ces
maladies.

ART. 12.

Sont abrogés tous les règlements imposant une
garantie exceptionnelle aux vendeurs d'animaux
destinés à la boucherie.

Sont également abrogées la loi du 20 mai 1838
et toutes les dispositions contraires à la présente
loi.

2ᵉ APPENDICE.

Note ministérielle portant que les vétérinaires militaires pourront faire usage de
la malléine sur les chevaux de l'Etat
après autorisation ministérielle.

Paris, le 29 janvier 1893.

En raison des opinions divergentes émises au
cours des expériences qui ont eu lieu à Montoire
sur l'emploi de la malléine comme moyen de
diagnostic pour la révélation de la morve latente
et qui ont fait l'objet d'un rapport inséré ci-après,
le Ministre décide, sur la proposition du comité
technique de la cavalerie, qu'il n'y a pas lieu de
soumettre aux inoculations de malléine tous les
chevaux achetés par la remonte avant de les
livrer aux corps.

Toutefois, les vétérinaires militaires pourront,
après autorisation ministérielle, faire usage de
cette substance sur les chevaux appartenant à
l'Etat, reconnus douteux ou suspects de morve,
sous la réserve expresse d'employer comme
moyens de contrôle les procédés ordinaires de
révélation de l'affection morveuse, en se confor-
mant, pour les inoculations de malléine, aux
dispositions contenues dans l'instruction ci-
annexée.

Les demandes d'autorisation devront être
visées par le vétérinaire principal directeur du
ressort.

Instruction pour les vétérinaires militaires sur le mode d'emploi de la malléine comme moyen de diagnostic de la morve latente et sur les inoculations d'essais destinées à en contrôler les indications.

Paris, le 29 janvier 1893.

La malléine étant un moyen de diagnostic de la morve latente, il y aura lieu, pour les vétérinaires militaires, de recourir à l'emploi de cette substance pour éclairer leur diagnostic sur tous les sujets douteux ou devant être considérés comme suspects de morve et, comme tels, mis en observation.

Précautions opératoires. — On ne devra se servir que de malléine fournie par l'institut Pasteur. Elle s'emploie en injection sous-cutanée au milieu d'une des faces de l'encolure et à la dose déterminée par l'instruction qui accompagne chaque flacon (1).

Les indications de la malléine devant surtout ressortir de la différence entre la température ordinaire du sujet et sa plus haute température pendant les vingt heures qui suivent l'injection, on devra, pour éviter toute erreur à cet égard, ne pas se contenter de la température du sujet prise au moment de l'injection, mais relever cette température matin et soir, pendant les deux ou trois jours qui précèdent, et se baser sur la

---

(1) Tout envoi de malléine est, d'ailleurs, accompagné d'une instruction sur le mode d'emploi.

moyenne de ces relevés pour mesurer l'hyperthermie que provoquera la malléine.

Chez les chevaux fébricitants, il vaut mieux ajourner l'opération.

Pour le relevé des températures, on n'emploiera que des thermomètres à maxima, étalonnés et faciles à lire. Tous les relevés d'un même animal seront faits avec le même thermomètre. Les heures des relevés devront être choisies en vue d'éviter les causes susceptibles d'influencer la température normale des animaux, telles que : abreuvoir, travail, bain, etc. Le thermomètre sera laissé au moins cinq minutes dans le rectum (durée variable selon le type de l'instrument).

La seringue à injection qui servira devra être parfaitement aseptique et d'un modèle rendant facile le contrôle de la quantité de liquide injectée. Il faut éviter d'injecter de l'air.

Les relevés de température des sujets malléinés se feront chaque deux heures, à partir de la huitième heure qui suivra l'injection, et comporteront au moins six observations.

On devra noter avec soin l'état du sujet au cours de ces recherches, les symptômes généraux (abattement, anxiété, troubles respiratoires, frissons, tremblements musculaires, etc.) qu'il présentera et les caractères qu'offrira le point de l'injection (tumeur, volume, sensibilité, persistance, etc.).

Tout sujet n'ayant pas réagi à la malléine ne sera pas considéré comme indemne de morve.

Les élévations de température comprises entre 1 et 2 degrés seront considérées comme traduisant chez les sujets un état de suspicion qui devra leur faire appliquer les mesures prescrites à l'article 65 du règlement sur le service intérieur (cavalerie).

Pendant leur isolement, ils seront soumis à nouveau, tous les quinze jours, à l'épreuve de la malléine.

Les sujets qui auront accusé une hyperthermie de 2 degrés au moins seront regardés comme très suspects et donneront lieu à des inoculations de contrôle — directes ou après culture sur pomme de terre — au cobaye mâle et à l'âne.

L'inoculation au cobaye sera intra-péritonéale (1) et portera sur deux sujets au moins.

---

(1) Les injections intra-péritonéales se pratiquent de la façon suivante :

Placer le cobaye sur le dos et le faire maintenir par un aide. Pour l'immobiliser, il suffit de lui souffler sur le nez.

Faire un pli qui comprenne toute l'épaisseur de la paroi abdominale. Enfoncer l'aiguille à la base de ce pli et le traverser. Abandonner ce pli et s'assurer que l'extrémité de l'aiguille est libre dans la cavité abdominale. Ajuster le corps de pompe sur l'aiguille et injecter la quantité voulue de liquide.

Pour bien autopsier les cobayes :

Disposer les sujets le ventre en l'air dans un plateau en zinc mesurant environ $30^c \times 40^c$, ayant des bords saillants de $0^m,02$ au moins percés de trous ou garnis de crochets destinés à recevoir les anses de fil qui doivent fixer solidement la tête et les pattes dans une extension très forte. Il est important que les liquides ne puissent se répandre.

La morve du cobaye étant éminemment conta-

L'inoculation à l'âne aura lieu par scarifications au front ou à l'encolure.

En cas de résultats négatifs des inoculations de contrôle et en l'absence de tout symptôme clinique de morve, les animaux rentreront dans le rang, après les délais de séquestration réglementaire tout en restant l'objet d'une surveillance spéciale.

Des résultats positifs donneront lieu à l'abatage immédiat.

Si les symptômes cliniques de suspicion persistent après trois mois d'observation, les douteux seront abattus alors même que les inoculations seraient restées sans résultat.

En résumé, la malléine ne donne pas de certitudes, mais seulement des présomptions.

En conséquence, les corps où se produiront des cas de suspicion de morve sont autorisés à acheter, même à un prix supérieur à celui fixé par la décision ministérielle du 21 octobre 1886, les ânes nécessaires pour les inoculations de contrôle dont il vient d'être question. Ces ânes, ainsi que les cobayes, seront payés sur les fonds de la masse d'entretien du harnachement et ferrage.

Les vétérinaires sont autorisés, en outre, à entretenir dans leur infirmerie vétérinaire un parc à cobayes.

Signé : Gal LOIZILLON.

---

gieuse, les instruments ayant servi à une autopsie seront immédiatement désinfectés. Le cadavre du sujet doit être détruit par le feu.

Rapport sur les expériences faites à Montoire pour établir la valeur de la malléine au point de vue de la révélation de la morve.

Paris, le 31 octobre 1892.

En exécution des ordres contenus dans la lettre ministérielle du 27 juin 1892, la commission chargée « d'établir la valeur de la malléine au point de vue de la révélation de la morve » s'est réunie, le 30 juin, à l'annexe de remonte de Montoire et a commencé ses opérations le même jour.

Composition de la commission. — Cette commission était ainsi composée :

MM. le général FAVEROT DE KERBRECH, adjoint à l'inspecteur général permanent des remontes, président ;

le docteur ROUX, professeur à l'Institut Pasteur ;

NOCART, professeur à l'Ecole vétérinaire d'Alfort ;

MAURICE, CHARON, FOUCHER, vétérinaires principaux de 1re classe ;

BARRET, FRANÇOIS, PERRIN, LAURAINT (1), vétérinaires en premier ;

HUMBERT, vétérinaire en premier, secrétaire (2).

---

(1) M. Lauraint, malade et en permission, ne s'est pas présenté.

(2) M. Galtier, professeur à l'Ecole vétérinaire de Lyon, avait été désigné par le Ministre pour

De la malléine. Sa nature. Ses propriétés. —
La malléine est un produit des cultures du bacille morveux portées à une haute température
et filtrées, afin de les stériliser et de les débarrasser de ce bacille. Sa propriété principale est
d'avoir une action élective toute spéciale sur les
lésions organiques causées par ce même bacille.

Injectée sous la peau, à la région moyenne de
l'encolure, à la dose de 1/4 de centimètre cube
(2 centimètres d'une dilution au 1/8), elle provoque, chez le cheval morveux, de la huitième à
la quinzième heure, une perturbation signalée
par de l'abattement, des frissons, des secousses
musculaires, un œdème chaud, douloureux,
plus ou moins volumineux, au niveau de l'injection, et une élévation de la température rectale
révélatrice de la maladie. Si l'animal est sain,
la malléine ne produit aucun effet appréciable.

D'après les premières indications de M. Nocard, professeur à l'Ecole vétérinaire d'Alfort et
membre de l'Académie de médecine, « si l'élévation de la température atteint ou dépasse 2
degrés, on peut affirmer que le cheval est morveux ; si elle est comprise entre 1 degré et 2
degrés, on doit le considérer comme suspect ; si,
enfin, elle reste au-dessous de 1 degré, l'animal
est sain ».

---

faire partie de cette commission, lors de sa dernière réunion à Montoire. Mais il s'est excusé et
ne s'est pas rendu à cette invitation.

M. Logeay, vétérinaire principal à l'Ecole de
cavalerie de Saumur, a été adjoint à la commission en même temps que M. Galtier et a assisté
aux dernières séances tenues à Montoire.

En effet, après des expériences qui avaient paru invariables dans leurs résultats et qui avaient été ensuite confirmées par des faits nombreux, M. Nocard avait affirmé, à la Société centrale de médecine vétérinaire (1), que la malléine permettait d'établir, avec certitude, le diagnostic de certains cas de morve, de la morve pulmonaire, la plus fréquente, qui peut rester des semaines, des mois et plus longtemps encore sans que le vétérinaire puisse en reconnaître l'existence. Il ajoutait que la malléine permettait également de déterminer l'étendue de la contamination d'un effectif envahi par la morve, en indiquant les morveux et les sains, et conséquemment de faire disparaître promptement la morve de cet effectif.

L'armée avait donc un intérêt de premier ordre à vérifier les propriétés révélatrices attribuées à la malléine par le savant professeur d'Alfort.

Première injection. Résultats. — Des cas de morve s'étant manifestés à l'annexe de remonte de Montoire, M. le vétérinaire principal Charon demanda et obtint, sur la proposition du général inspecteur permanent des remontes, de faire, avec le concours de MM. les professeurs Roux et Nocard, des injections de malléine sur tous les chevaux de cette annexe.

Ces injections, pratiquées du 28 au 31 mai, dénoncèrent 58 morveux, 73 suspects, 97 sains et 5 non classés (2).

---

(1) Séance du 14 avril 1892.
(2) C'est-à-dire dont la température n'avait pu être prise.

41 pris dans les morveux et 2 dans les suspects furent abattus et reconnus morveux à
l'autopsie.

De toutes les lésions observées, les plus nombreuses consistaient en des tubercules translucides dont il sera question plus loin. Mais on
constata aussi des chancres sur quelques sujets
et, chez la plupart, des tubercules possédant les
caractères fondamentaux du tubercule morveux,
c'est-à-dire ayant un point central caséeux, avec
une auréole inflammatoire, etc.

Telle était la situation sanitaire de l'annexe à
l'arrivée de la commission à Montoire.

Question à élucider. — Dans une première
séance tenue à la mairie le 30 juin, le général
président, ne prenant en considération que les
intérêts matériels considérables qu'il avait à sau-
vegarder, a tout d'abord soumis à la commission
les questions suivantes :

1º Les tubercules trouvés à l'autopsie, encore
à l'état rudimentaire, gélatineux, incolores et
sans inflammation dans leur voisinage, suffisent-
ils pour caractériser la morve chez un sujet ne
présentant aucun autre symptôme, c'est-à-dire
ces tubercules indiquent-ils sûrement que l'animal était dès lors condamné à devenir morveux
au sens habituel du mot ? Peuvent-ils déterminer,
dans un temps plus ou moins long, tous les signes connus de la morve, et, comme moyen de
contrôle, ces tubercules inoculés à un âne lui
donnent-ils bien la morve ?

2º La présence de ces tubercules à l'état rudimentaire suffit-elle pour rendre la contagion
possible ?

3º L'injection de malléine ne peut-elle en aucun cas produire chez un cheval sain ces sortes de tubercules ?

4° Certains chevaux, surtout à un âge avancé, n'ont-ils pas dans leur organisme des tubercules n'ayant aucun rapport avec la morve, mais présentant assez de ressemblance avec ceux dont il est parlé ci-dessus pour rendre une confusion possible à l'autopsie ?

5° Après l'injection de malléine, la température ne peut-elle jamais s'élever chez un sujet, sans que ce sujet ait aucun tubercule suspect, même lorsqu'il est, par exemple, déjà sous l'influence d'une affection quelconque à son début et non encore reconnue par le vétérinaire ?

La commission a considéré ces questions comme un programme renfermant les points principaux à élucider, et ses travaux ont été dirigés en vue de leur donner une solution aussi complète et aussi précise que possible.

Etat sanitaire d'après l'examen clinique. — Après une discussion générale, la commission a décidé qu'il serait procédé d'abord à l'examen clinique des 190 chevaux restant à l'annexe et qu'ensuite une deuxième inoculation de malléine serait pratiquée sur chacun de ces chevaux.

L'examen clinique n'a décelé que 2 animaux morveux et 6 suspects.

La commission a constaté que l'état d'entretien d'un assez grand nombre de sujets laissait à désirer ; mais elle n'aurait pas considéré la situation sanitaire comme très alarmante si de nombreux cas de morve n'avaient pas déjà été signalés par les trois premiers expérimentateurs.

Elle a même été étonnée que, sur un effectif contaminé depuis un temps relativement long, les manifestations ordinaires de la morve ne fussent pas plus nombreuses, plus apparentes et plus significatives.

Deuxième injection. Résultats. — La deuxième injection de malléine, pratiquée sur tous les chevaux de l'annexe les 1er et 8 juillet, a donné les résultats suivants :

8 morveux, 52 suspects, 110 sains, 20 non classés.

Abatage de 18 *chevaux.* — La commission a décidé que 18 chevaux seraient abattus, dont 7 des morveux, 6 des suspects et 5 des sains, ces derniers tarés et sans valeur.

A l'autopsie, 16 ont été reconnus morveux : 8 sans réserve par tous les membres de la commission ; 8 avec certaines réserves, et 2 sains, dont 1 provenant de la catégorie des morveux et 1 de la catégorie des sains.

Lésions. Leur nature. — Les lésions avaient leur siège exclusivement dans les poumons.; elles étaient surtout constituées par des tubercules plus ou moins nombreux et très variables dans leur aspect. Certains de ces tubercules présentaient les caractères classiques de la morve, connus de toute la commission. Mais, chez la plupart des sujets, on a trouvé des tubercules translucides, homogènes, sans point central caséeux, sans zone inflammatoire périphérique, dont la nature a soulevé des contestations ou inspiré des doutes à plusieurs membres qui n'avaient jamais observé de lésions semblables. Ces doutes et ces réserves provenaient surtout de ce que. sur certains chevaux, les tubercules dont il s'agit n'avaient été rencontrés qu'en très petit nombre, deux ou trois.

sans lésions et sans aucun symptôme extérieur apparent.

Dans le but de bien établir leur signification et de trancher le différend scientifique qu'ils ont soulevé, les tubercules contestés ont été inoculés directement à deux ânes. Ces inoculations ont donné un résultat négatif, ou du moins qui a été considéré comme tel, parce que, plusieurs semaines après, ils ne présentaient encore aucun symptôme extérieur de morve, quand ils ont été inoculés avec de nouvelles lésions et finalement abattus comme morveux.

Avec des tubercules identiques, mais ne provenant pas du même cheval, quatre cultures appropriées ont été essayées à l'Institut Pasteur par M. le docteur Roux. Sur ces quatre, une seule a donné une colonie de microbes morveux.

Le produit de cette culture, inoculé à un cobaye, a déterminé la morve chez cet animal, dont l'autopsie a été faite, sous les yeux de la commission, dans une séance tenue à l'Institut Pasteur le 11 juillet.

Trois autres cobayes, inoculés avec la même culture, sont également devenus morveux. Les lésions prises sur ces derniers animaux et inoculées à l'un des deux ânes qui avaient résisté à l'inoculation directe ont provoqué chez cet animal la morve aiguë, avec ses principaux symptômes extérieurs classiques.

La commission ne se trouvant pas suffisamment éclairée pour prendre des conclusions définitives, le général président a demandé au Ministre à continuer les expériences; il a décidé, en outre, qu'une troisième injection serait faite à tous les chevaux et qu'une nouvelle réunion aurait lieu à Montoire, à une date qui serait fixée ultérieurement.

Troisième injection. Résultats. — Les 13 et 17 août, une troisième injection a donc été pratiquée sur les 172 chevaux restants ; elle a donné les résultats suivants :

3 morveux, 55 suspects, 105 sains, 9 non classés.

La commission s'est réunie de nouveau à Montoire, le 21 août.

L'autopsie de l'âne précédemment inoculé n'a pas permis de constater chez lui de lésions pulmonaires suffisamment caractéristiques ; mais il n'en a pas moins été déclaré morveux par toute la commission, qui a reconnu, à l'unanimité, la nature morveuse des tubercules précédemment contestés et au moyen desquels avait été obtenue la culture inoculée aux cobayes. Un membre a, toutefois, fait observer que cette culture avait été obtenue non seulement avec les tubercules contestés mais aussi avec d'autres lésions prises sur le même sujet.

Comparaison des températures après les trois injections. — La commission a comparé ensuite les températures relevées après les trois injections. Les indications qui en résultent ont varié dans des limites assez étendues. Elle n'a donc pu en tirer de déductions précises au point de vue de l'utilité de répéter les inoculations. Mais il lui a semblé cependant que les résultats donnés par la première injection étaient plus exacts que ceux des autres.

La commission a remarqué aussi que les symptômes généraux (abattement, frissons, secousses musculaires) qui accompagnent ordinairement l'élévation, de la température chez l'animal morveux ont été assez prononcés lors de la première injection, mais qu'à la deuxième et à la troisième inoculation, ces symptômes étaient assez fortement atténués, comme s'il y avait eu une sorte d'accoutumance de l'organisme aux effets de la malléine.

Abatage de 31 *chevaux. Résultats.* — Le général président a décidé alors que 20 chevaux, choisis parmi ceux qui avaient le plus fortement réagi à l'une ou à l'autre des trois injections, seraient abattus.

A l'autopsie, 19 ont été trouvés morveux et un a été déclaré sain par la majorité, sous reserve d'inoculations à pratiquer sur deux cobayes (1).

Ensuite, sur la demande de plusieurs membres de la commission, le général a ordonné l'abatage de quelques chevaux déclarés sains par la malléine, c'est-à-dire n'ayant réagi à aucune des trois injections, afin de vérifier aussi sous ce rapport les indications données par cette substance.

---

(1) Le cheval dont il s'agit ne présentait aucun tubercule, mais seulement deux foyers de pneumonie lobulaire et un ganglion bronchique assez volumineux, infiltré, caverné et succulent. Le suc ganglionnaire, prélevé avec soin et inoculé à deux cobayes, a déterminé la morve chez l'un d'eux. Les lésions prises sur ce cobaye, inoculées à un âne, ont reproduit chez cet animal la morve classique, la morve indéniable. Ce fait donne une nouvelle preuve de la nature morveuse des lésions qui avaient été contestées.

11 chevaux déclarés sains par la malléine reconnus contaminés de morve à l'autopsie. — 9 chevaux, en assez mauvais état, et présentant pour la plupart des symptômes cliniques de suspicion de peu d'importance, ont été sacrifiés. Il a été constaté que ces 9 chevaux, contrairement aux indications de la malléine, étaient contaminés de morve au même degré que les autres.

Alors, pour pousser encore plus loin l'expérience, le général a décidé d'abattre deux chevaux en parfait état d'entretien et de santé apparentes n'ayant ni réagi à la malléine, ni présenté jamais aucun symptôme clinique : l'un cryptorchide et méchant; l'autre vieux, usé, couronné, d'une conservation onéreuse pour l'Etat, ayant appartenu à M. le vétérinaire Grosjean, et qui n'avait eu aucun contact direct avec les autres animaux de l'annexe, mais avait quelquefois été lâché dans les parcours aux heures où ils étaient inoccupés.

Tous les deux ont été trouvés morveux au même titre que les premiers.

Les lésions rencontrées sur ces 31 chevaux consistaient soit en tubercules translucides, avec ou sans point central caséeux et presque tous dépourvus de zone inflammatoire périphérique, soit en foyer de pneumonie lobulaire coexistant avec lesdits tubercules.

En présence des résultats donnés par les derniers abatages, la commission a éprouvé un sentiment d'incertitude facile à expliquer. Elle se trouvait, en effet, devant une forme peu connue de la morve, ne se manifestant, dans la grande majorité des cas, par aucun symptôme extérieur significatif, ayant son siège uniquement dans les poumons, avec des lésions dont les caractères, la nature et la gravité étaient ignorés jusqu'à ces dernières années.

Elle avait espéré que la malléine servirait à dénoncer tous les chevaux atteints de cette redoutable maladie, et cette substance venait de déclarer sains plusieurs animaux contaminés au même degré que les autres.

Réponse aux questions posées lors de la première réunion. — Aussi, dans une dernière réunion tenue à la mairie le 23 août, le général président a-t-il repris les questions qu'il avait posées à la première séance. Après une discussion approfondie, la commission y a répondu de la manière suivante, en se renfermant uniquement dans les enseignements ressortant des faits constatés :

1re question. — *a*). Les tubercules trouvés à l'autopsie, encore à l'état rudimentaire, gélatineux, incolores et sans inflammation dans leur voisinage, suffisent-ils pour caractériser la morve chez un sujet ne présentant aucun autre symptôme ?

A l'unanimité, la commission a répondu : « Oui ».

b). Ces tubercules indiquent-ils sûrement que l'animal était dès lors condamné à devenir morveux au sens habituel du mot, et peuvent-ils déterminer, dans un temps plus ou moins long, tous les signes connus de la morve ?

A l'unanimité moins une voix, la commission a répondu : « Les chevaux porteurs de ces tubercules peuvent devenir cliniquement morveux, mais ne sont pas condamnés fatalement à le devenir. »

c). Ces tubercules, inoculés à un âne comme moyen de contrôle, lui donnent-ils bien la morve ?

A l'unanimité, la commission a répondu : « Oui, quand les tubercules ont été l'objet d'une culture appropriée, et que les produits de ces cultures ont été inoculés au cobaye et du cobaye à l'âne. »

2° *question*. — La présence de ces tubercules à l'état rudimentaire suffît-elle pour rendre la contagion possible ?

A l'unanimité moins une voix, la commission a répondu : « La présence de ces tubercules suffit pour rendre la contagion possible dans certains cas. »

3e *question*. L'injection de malléine ne peut-elle, en aucun cas, produire chez un cheval sain ces sortes de tubercules ?

A l'unanimité moins une voix, la commission a répondu : « L'injection de malléine est inoffensive sur les chevaux sains et incapable de produire ces tubercules. »

4° *question*. — Certains chevaux, surtout à un âge avancé, n'ont-ils pas dans leur organisme des tubercules n'ayant aucun rapport avec la morve, mais présentant assez de ressemblance avec ceux dont il est parlé ci-dessus pour rendre une confusion possible à l'autopsie ?

A l'unanimité moins une voix, la commission a répondu que ces tubercules ne se rencontrent que sur les chevaux morveux. Plusieurs membres reconnaissent, du reste, ne pas les avoir observés avant les expériences de Montoire.

5e *question*. — Après l'injection de malléine, la température ne peut-elle jamais s'élever sur un sujet sans que ce sujet ait aucun tubercule suspect, même lorsqu'il est, par exemple, déjà sous l'influence d'une affection quelconque à son début et non encore reconnue par le vétérinaire ?

A l'unanimité, la commission a répondu que la température peut s'élever sur des sujets atteints d'autres affections que la morve, et qu'il ne faut pas tenter les injections de malléine sur les chevaux malades ou fébricitants.

Conclusions. — Ces réponses faites, la commission a voté les conclusions suivantes, qui lui paraissent résumer les enseignements à tirer des expériences de Montoire :

1º La malléine est un moyen de reconnaître la morve chez le cheval, mais ce moyen n'est pas sûr (voté à l'unanimité).

2º Au point de vue pratique, tout cheval qui, sans présenter aucun symptôme clinique, a réagi à la malléine, doit être considéré, non pas comme morveux (voté par six voix, dont celle du général président, contre six), mais seulement comme suspect (voté à l'unanimité).

3º Tout cheval qui n'a pas réagi à la malléine ne doit pas être considéré comme indemne de morve (voté à l'unanimité).

4º Il y a lieu d'employer, dans l'armée, la malléine comme moyen de diagnostic de la morve (voté à l'unanimité moins une voix).

Vœux. — Avant de se séparer, la commission a cru devoir émettre les vœux suivants :

1º Que, dans toutes les autopsies, l'examen des poumons soit fait avec une minutieuse attention ; que toutes les lésions tuberculeuses, même les moins apparentes, soient toujours signalées et parfaitement décrites ; que les vétérinaires soient vivement engagés à en rechercher et à en établir la nature, et qu'ils reçoivent l'ordre d'adresser hiérarchiquement à la section technique de la cavalerie copie de tous leurs procès-verbaux d'autopsie ;

2º Que des instructions précises soient formulées par la section technique de la cavalerie sur la marche à suivre pour obtenir de la malléine les résultats que l'on est en droit d'en espérer, et que ces instructions soient envoyées à tous les vétérinaires chefs de service ;

3º Enfin qu'un certain nombre de chevaux de l'annexe de Montoire qui ont réagi à la malléine soient soumis à un régime particulier, susceptible de hâter l'évolution de la morve et l'apparition des symptômes par lesquels elle se caractérise cliniquement, et que d'autres chevaux, choisis parmi ceux qui ont donné la plus faible élévation de température, soient également soumis au même régime.

Le Vétérinaire en premier, secrétaire,

Signé : E. HUMBERT.

Le Général président,

Signé : Gᵉˡ FAVEROT.

TABLE DES MATIÈRES.

—

PREMIÈRE PARTIE.

DEUXIÈME PARTIE.

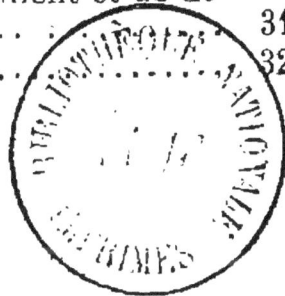

Paris et Limoges, — Impr. milit. Henri CHARLES-LAVAUZELLE.

www.ingramcontent.com/pod-product-compliance
Lightning Source LLC
Chambersburg PA
CBHW050455270326
41927CB00009B/1749